《文史哲》与共和国人文学术的初创

1951~1966

陈峰 董彩云 著

《文史哲》与共和国人文学术七十年书系／主编 王学典

山东大学出版社
SHANDONG UNIVERSITY PRESS
·济南·

图书在版编目(CIP)数据

《文史哲》与共和国人文学术的初创. 1951～1966/
陈峰，董彩云著. —济南:山东大学出版社,2021.7
(《文史哲》与共和国人文学术七十年书系/王学典主编)
ISBN 978-7-5607-7082-6

Ⅰ. ①文… Ⅱ. ①陈… ②董… Ⅲ. ①文史哲－中国－1951－1966－文集 Ⅳ. ①C53

中国版本图书馆 CIP 数据核字(2021)第 136455 号

责任编辑 郭凯迪
封面设计 午 云

出版发行 山东大学出版社
社 址 山东省济南市山大南路 20 号
邮政编码 250100
发行热线 (0531)88363008
经 销 新华书店
印 刷 山东新华印务有限公司
规 格 720 毫米×1000 毫米 1/16
14.25 印张 229 千字
版 次 2021 年 7 月第 1 版
印 次 2021 年 7 月第 1 次印刷
定 价 86.00 元

山东大学20世纪50年代文科辉煌的由来

（代序）

王学典

山东大学的文科，改革开放以来，发生了巨大的变化，取得了长足的进步。这一巨变和进步，正在孕育山大文科的“第三次辉煌”。这一辉煌，主要基础在于学科门类齐全，结构合理完整，专业配套成龙。这是前三十年，包括我们所说的20世纪辉煌的“50年代”所没有的，而且也是不可能有的。

更重要的一个方面，是山东大学在近三十年间，培养了或者说在这里成长起来一代青年学人，这是整整一层人，各个学科、各个领域、各个方向上，都出现了带头人，而且阵容比较整齐。这一层人，目前在一定程度上，支撑着山东大学的门面。与此形成对比的是，20世纪50年代的辉煌，文学院所谓冯、陆、高、萧，历史系所谓“八马同槽”，这12位著名教授全部是从校外过来的，没有一个是山大自己培养出来的。这和北京大学、南开大学、复旦大学等不一样。他们都是在已经成名，甚至是已经成大名以后，在院系调整或者新中国成立以后来到山东大学的，从这一点上来说，山东大学是坐享其成的。而近三十年来，这一代学人的成长和崛起，是山东大学自己培养和造就的。严格说来，这是山东大学文科再现辉煌的关键所在。

当然，不能回避的是，山大在发展，别的院校也在发展，而且有的比山大发展得还快。这就形成了一个较大的反差，这个反差在“50年代”辉煌的映照下，显得益发巨大。因此，许多人包括我自己，就油然而生一种失败主义、悲观主义情绪，竟有今不如昔之感。

这里存在着一个如何估计“50年代”文科发展的实际水准问题。笔者的基本看法是:山东大学文科在20世纪50年代的辉煌(包括在整个60年代的发展),以及后来的所谓中衰,是成于意识形态,也毁于意识形态。也就是说,山大的兴衰隆替,都跟意识形态有关。

为什么这样说呢?我以山大历史系为例来说明这个问题。历史系的"八马同槽"是非常耀眼的,这一点没有问题,但是当年的历史系从实力上来讲,整个50年代,绝不是一流的历史系:一个一级教授没有,只有一个二级教授——杨向奎先生。仅就此点而言,不仅无法与北京大学比,也无法与南开大学、武汉大学、中山大学的历史系相比,它们都有一级教授,而且不止一位。

同时,与上述大学比,山东大学历史系的建系时间最晚。这跟北大历史系不能比,1899年北大就有史学堂,它的正式建系时间是1919年;跟南开历史系也不能比,它的正式建系时间是1923年,而山大历史系的正式建系时间是1951年。

一个建系时间如此之短、实力如此一般的学校,为什么在一段时间内走在全国的前列,引领史界学术潮流?整个50年代,山东大学历史系的教师,以《文史哲》为平台,引发了一系列论战:亚细亚生产方式论战、古史分期问题论战、农民战争史问题论战,还包括由《红楼梦》问题引发的资本主义萌芽论战。严格来说,正是这些论战把山大历史系突出地摆在了全国同行面前。与此同时,北京大学在干什么呢?北京大学在整理资料。著名的《中国近代史资料丛刊》,是翦伯赞先生主持的,其中有好几部是北大历史系做的。但在20世纪50年代那种举国学习马列主义、学习毛泽东思想的气氛之下,学术界的中心问题是如何在史学界贯彻马克思主义,而不是整理史料。这时,谁用马列主义研究历史,谁就走在全国学术界前列。所以在那个时代山大历史系一时"号令天下",绝非偶然。历史系是这样,我想,中文系同样如此。尽管中文系的实力比历史系要强得多,但一时能达到左右整个文学界发展方向的程度,同样和意识形态相关。

《文史哲》曾经连续18期连载过陆侃如、冯沅君的《中国文学史简编》,而且这是新中国成立后第一部贯彻马克思主义、用马克思主义来指导文学变迁研究、梳理文学进程的著作。其在当时产生的影响可以想见。然后,《文史哲》曾经连续4期连载过萧涤非的《杜甫研究》。杜诗的人民性、民主性,也和我们强调人民创造历史的意识形态相关。再下一步,就是关于《红楼梦》的讨论,这一讨论成为当时一个重大的意识形态事件,使山东大学在海内外名声大噪。当全国的中文系都处在彷徨茫然、不知所措状态的时候,山大中文系的师生能如此坚定而熟练地运用马克思主义开展研究,这在当时可以说一时无两。

所以,山东大学文科在20世纪50年代的辉煌,在相当大的程度上,是借助了当时特定的时代、特定的政治形势。换句话说,它所达到的辉煌程度,其实与实力并不完全相称。这其中,特定的政治因素极大地膨胀了其学术影响。"文化大革命"结束,政治因素的作用消退,学术真正回归学术之后,山大就回到了原来的实际水准上。

那么,为什么山东大学能借助当时的特定政治形势而一时走在全国前面,而其他大学则不能?我想,这是因为在20世纪50年代山东大学有两大因素是全国其他学校所没有的。一大因素是华岗出任山东大学校长,这是政治家办学、革命家办学、理论家办学的典型。20世纪50年代仍处在革命的余波荡漾之中,在这个特定的时期,要想办好大学,仅有一个学问家的身份固然是远远不够的,仅有一个革命家的身份同样是不够的,集革命家与学问家于一身,才是那个时代所需要的最佳校长。华岗恰好满足了这种需要。另一个因素是山东大学和华东大学的合并,这个影响更加深远。山东大学和华东大学的合并,是政治与学术的合并,是学院与意识形态的合并,是时代需要与科研的合并。这种情形在全国几乎没有第二例。50年代初的院系大调整,没有一家正规大学和山东大学一样,是和一所革命大学合并,和一所党校型的大学合并,和一所政治短训班型的大学合并。这种合并,给山东大学注入了更为特殊的政治因素,促使山大迅速地走在时代的前列。

鉴于上述,笔者的结论是,在20世纪50年代那种特定的政治氛围下,政治与学术,这两种因素恰好在山东大学达到某种平衡,这种平衡又恰好为时代所需,所以山东大学远远地把其他实力更强的大学抛在后面,从而独领风骚若干年!

目 录

引言　与共和国学术同行的《文史哲》

“人事有代谢，往来成古今。”学术的兴衰隆替、因革创化亦如流水东去，不可阻遏，正所谓“一时代有一时代之学术”。1949年中华人民共和国成立，不但带来了社会政治方面翻天覆地的巨变，也昭示着学术上一个新的时代的降临。群星闪耀、色彩斑斓的民国学术即将终结，百川归海、万山红遍的共和国学术正徐徐拉开帷幕。民国学术堪称春秋战国以降中国学术的又一高峰。这一学术高峰的形成，既是中国学术两千年积累演进的结果，又是西学植入、与中学碰撞交流的产物。民国学术高峰的铸就，不但是思想学术自身发展的逻辑使然，更与近代中国社会结构的剧烈变动相表里。民国学术已经不再是民国时期学术的简称，而成为中国学术史上一个专有名词，一个象征符号，以至于近年来，在学界与民间的双重驱动下，民国学术被罩上了一道神圣的光环。

那么，何为民国学术？其令一些当代学人心驰神往的魅力究竟何在？台湾学者王汎森对近代中国“新学术运动”的概括和描述可为我们回答这一问题提供一种参考。王汎森并非纯粹就学术论学术，而是将民国学术置于20世纪的社会思想转型中去分析。所谓“新学术运动”，就是从清末以来，尤其是新文化运动以后，一批废科举之后与传统文化决裂且受西方文化熏陶的“新知识阶层”，为救国向西方学习“思想、学术、文化”，从而为中国奠定一个“非政治的基础”，寄望以政治之外的途径解救国家。他们受19世纪德国洪堡大学改革的影响，主张“学术、文化发展的基础是自由，是不受任何教条的指导或干涉”，刻意创造一种“自我疏离感”。具体说来，这一运动具有以下特质：第一，在对待知识的态度上，由“求道”转为“求知识”。第二，“他们并非不理会学术致用的问题，而是主张提高到另一个层次来看‘用’，‘无用之用，是为大用’”。第三，“大学”性质发生变化，“新文化运动前后，‘大学’逐渐脱胎为一种追求高深学问的机构”。第四,刻意提倡“教育独立”与“学术独立”,“20 世纪 20 年代中期,尤其是北伐以后,则是不想受到来自左(马列)、右(国民党)两种主要及政党的干扰”,倡导“为学问而学问”。第五,他们认为,“应该由潜心于各种专业的现代专家来指导社会,而不是由旧士大夫或革命家来指导社会”。①

欧阳哲生则指出:“民国学术之所以自成一个单元,其根据在于它拥有区别于前之清代学术、后之新中国学术的精神特征、学术制度和学术风貌。”其学术形态是“以引进西方学术制度为主导,以现代学科体系为架构,以新型的大学研究院为学术单位,以生产新学术成果为导向”。他将民国学术称为“中国现代学术形态的生成时期”。② 左玉河则强调民国学术的体制化为民国学术发展提供了必要的体制保障。③

不管从何种视角来看,民国学术的成就都是空前的,足以令后世学者仰望。它是中国学术史上的一个黄金时代,构成了中国学术现代化进程中不可或缺的一个阶段。可以肯定地说,民国学术是超迈于清代学术之上的。④ 清代学术尽管是中国传统学术的集大成者,但仍不能与民国学术比肩。比如,疑古派领袖顾颉刚曾坦承,自身的功力虽远逊于清代学者、宋代学者,但能超迈其上,青出于蓝而胜于蓝,凭借的优势在于“所处的时代太好,它给予我们以自由批评的勇气”,从而解除了道统的束缚、家派的束缚。疑古思潮、“古史辨”史学之所以能够取得前无古人的成就,首先得益于民国初年新文化运动所造成的学术风气。自由开放的学术风气,是学术上产生伟大创造发明,涌现大师、经典的前提和土壤。这一外部环境显然是思想文化专制登峰造极的清代所不具备的。另外,民国时期西学的大规模引进给中国学术古老的躯体输入了新鲜血液,甚至是全身血液的置换,这种学术上的大变革、大改造、大转折,又岂是清代学者所能梦想得到的?

至于民国学术的成就是否高于共和国学术,二者的优劣短长如何评判,目前学界或者立足于对当下学术的反思,或出于为共和国学术辩护,观点存

---

① 参见王汎森:《“主义”与“学问”:1920 年代中国思想界的分裂》,许纪霖主编:《启蒙的遗产与反思》(《知识分子论丛》第 9 辑),南京:江苏人民出版社,2010 年,第 221～255 页。

② 欧阳哲生:《民国学术之历史定位》,《史学理论研究》2020 年第 1 期。

③ 参见左玉河:《民国学术研究的体制化及其局限性》,《史学理论研究》2020 年第 1 期。

④ 学界对此有不同看法,具体可参见葛剑雄:《被高估的民国学术》,《文汇报》2015 年 10 月 17 日。

在明显分歧。[1] 此点最后再作讨论。这里要着重指出的是，民国学术与共和国学术并非截然两分，而是存在很大的关联性，从民国学术过渡到共和国学术不仅是时势转移的结果，更有其学术上的内在逻辑。

以上论者多着眼于民国学术的主流或正统，往往忽略了民国学术本身的复合性、动态性，忽视了民国学术内部存在的歧异和分化，笼统而言往往容易造成偏差。其实，民国学术并非整齐划一、一成不变，而是多种路向并存、不断变动的。王汎森所指出的"新学术运动"与"主义"的紧张关系就说明了这一现象。在五四前后，俄国十月革命成功及一战结束，国内无政府主义与俄国共产主义等"主义崛起"，关于救国道路，思想世界逐渐出现严重的分裂。在主张学术救国与学习英美一派之外，发展出步趋俄国、走社会革命的一派。20 世纪 20 年代起，中国的政治文化迅速地"主义化"，"新学术运动"的发展遭到了以布尔什维主义者为主的新主义者的抵制。"新主义者与晚清以来各种主义者有一个根本的不同，他们想用一种最新的、最进步的主义来指导一切，涵盖一切，解释一切，尤其是在人文社会的领域。"[2]在对待学术的看法上，新主义者认为救国的学问是"社会科学"，甚至有意排斥"社会科学"以外的学问，甚至包括"自然科学"。他们将"为学问而学问"的学术斥为"虚伪的旁观主义"，认为所有学问都应该是"社会的""阶级的"。这里强调的政治、法律、社会、经济等学科为主的"社会科学"，是马列主义的社会科学，它将科学与实用合而为一，正是解决"社会问题"、进行社会改造的出路。试图把"主义"与"学问"合为一体的不仅有马列主义者，还有三民主义者，左、右两派青年都主张用学问来支持三民主义的正确性。"当主义广泛地影响各个领域时，它标志着近代中国思想、学术意识形态化的开端，也是近代中国转型时代的结束。"[3]

---

① 参见苏全有：《为民国学术热降降温、消消毒》，《中国社会科学报》2014 年 12 月 8 日；李方祥：《被禁锢的民国"学术自由"》，《中国社会科学报》2015 年 3 月 13 日；姚正平：《从普通读书人的史地知识看民国学术》，《中国社会科学报》2016 年 11 月 10 日；汪朝光、杨瑞、薛其林：《高估民国学术有失科学理性》，《中国社会科学报》2017 年 3 月 28 日。

② 王汎森：《"主义"与"学问"：1920 年代中国思想界的分裂》，许纪霖主编：《启蒙的遗产与反思》（《知识分子论丛》第 9 辑），南京：江苏人民出版社，2010 年，第 255 页。

③ 王汎森：《"主义"与"学问"：1920 年代中国思想界的分裂》，许纪霖主编：《启蒙的遗产与反思》（《知识分子论丛》第 9 辑），南京：江苏人民出版社，2010 年，第 235 页。

循此思路继续分析，我们发现民国学术是晚清至新文化运动时期，儒学意识形态被摧毁后，由传统向现代转型的复杂过渡形态。学术不再是学问的累积，而变成救国的“道路”，抑或是一种“工具”。在民族危机与阶级冲突下，多种政治势力尖锐对峙，错综复杂的社会形势恰为学术的多元性发展提供滋生的土壤。“为学问而学问”与“为主义而学问”是左右民国学术发展的两种紧张力量。人文学科与社会科学、自然科学等学科成为各派知识分子不同的追逐对象。但是，无论哪派学术主张、哪种学科，民国学术都深受“科学”观念影响。“自五四新文化运动将科学观念泛化为普适性观念后，将科学方法由自然科学扩展到社会科学，成为民国学界共识”①，人文学科领域也受欧洲的实证主义、美国杜威的实验主义等新式观念的影响。这些观念中蕴含的“科学”方法以新文化运动为契机，注入清代考据学的原生肌体，成为新历史考证学，构成民国学术的主流形态。学人中以胡适、陈寅恪、陈垣、顾颉刚、傅斯年等为代表，他们以史料为据，秉承科学之精神，“重估一切价值”，以达学术求真之目标。这些知识分子的学术实践是“为学问而学问”的主要体现。他们的研究并非完全出于兴趣，而是一种职业化的工作。1928 年，“中央研究院”设立历史语言研究所，学术研究进入国家体制。② 以研究机构或报纸杂志为依托，逐渐形成了各种取向的学术流派或学人团体。此外，受科学观念的影响，“为主义而学问”在学术理念上的重要体现是寻求社会发展规律。比较有代表性的学术现象就是 30 年代的“社会史论战”，它在探讨“中国向何处去”问题的过程中，与现实革命实践汇流，催生出中国的马克思主义史学。

总之，民国学术是一个多元复合体，其内部有中心与边缘之分，而中心和边缘是相对的、不固定的，一旦均势被外来的某种力量打破，中心与边缘的易位也就在所难免。如同王汎森所言，自 20 世纪 20 年代后“主义”的崛起，是促使民国学术转变航向的重要因素。当马克思主义作为“主义”的一支，伴随着政权更迭的政治力量开始支配思想文化领域时，旧的正统也就走向了末路，民国学术的主体宣告陷落。

宏观而言，从民国学术到共和国学术，即通常所说的五四以后的中国现代学术史，可以视为实验主义和马克思主义两大思潮的对抗史。大体说来，实验

---

① 阎书钦：《民国时期社会科学理论体系构建的双重路径》，《史学理论研究》2020 年第 1 期。

② 参见左玉河：《民国学术研究的体制化及其局限性》，《史学理论研究》2020 年第 1 期。

主义在民国时期特别是抗战以前居于正统地位、主流地位，马克思主义则处于边缘地位、半地下状态。民国时期重要的学术机构、学术团体和学术刊物大部分是实验主义的阵地，核心学术资源几乎全部被实验主义的领袖胡适的门生故旧掌控。马克思主义于五四前后开始被大规模引入和传播，至20世纪20年代末平地崛起，尤为青年群体所追捧。但由于马克思主义与左派革命运动的合流，当时学院派多不认可其为纯学术、真学术，而视之为半政治、半学术，或学术与政治的混合体，因而马克思主义学派很少有资格进入最高学术殿堂。1947年郭沫若当选"中央研究院"院士，凭借的是其在甲骨文字研究上的成就，而非马克思主义史学上的建树。抗战时期，国难当头，学风丕变，实验主义开始走下坡路，马克思主义能够与现实相呼应，地位呈上升态势。同时，马克思主义由于能够反思自身存在弊病，汲取实验主义之长，不断走向成熟，为日后进入主流埋下了伏笔。

1949年后，随着政权鼎革，学术界也乾坤倒转，从民国学术急速转向共和国学术。很大程度上，共和国学术取代民国学术，即是马克思主义取代实验主义，新中国成立初大大小小的政治运动，最终指向的矛头就是胡适的实验主义。从马列主义理论学习运动到《红楼梦》事件，最后到全国性胡适思想大批判，《文史哲》均积极参与其中，促进了新中国成立初期的意识形态传播与学术转型。1958年后，实验主义偃旗息鼓，在学术界声名狼藉，马克思主义取得了独一无二的权威。此后共和国学术的演化，马克思主义学术内部激进派与稳健派之间的冲突上升为主要矛盾。"文化大革命"时期在极"左"路线的支配下，马克思主义学术陷入巨大的危机之中。"文化大革命"结束后，"回到乾嘉去"暗流涌动，实验主义再度抬头，中国现代学术又回归到两大思潮、两大学派相互制衡、相互推动的道路上。但这是一种更高层次的回归，一种新的语境下的回归。

民国学术与共和国学术代表着两个不同的学术时段，两者的差异实质上是两种学术路数的分野，主要表现为以下四端。第一，在学术与时代的关系上，前者执守"为真理而求真理"的为学理念；而后者则主张撤除学术与时代、历史与现实之间的藩篱，力倡学术向政治靠拢。第二，在理论与材料的关系上，前者强调"拿证据来"，"有一分材料说一分话"，"没有材料就不说话"①；后者则强调理

① 傅斯年：《历史语言研究所工作之旨趣》，《国立中央研究院历史语言研究所集刊》第一集第一分，1928年10月。

论的先决地位，尤其将理论作为治学的首要环节，甚至认为用“不正确的理论来分析研究，史料等于废物”[①]。第三，在宏观与微观的关系上，前者认为对一个字的古义的辨识与天文学上发现一颗恒星有同等价值，主张小题大做，选题越小越好、越冷偏越好，走向极端者则沉醉于对细枝末节的追逐而不能自拔；后者则一直致力于研究社会文化的大变动、大关节和大转折，倾心于宏大叙事的建构。第四，在普及与专精的关系上，前者走的基本上是一种学院派的路子，注重研究高深学术；后者强调知识学问向大众普及，为大众所接受，发挥思想改造和精神动员作用。[②] 这两种学术路数的较量博弈发端于1949年之前，前者一度占据上风。而1949年之后的中国学术史，是民国学术步步退却、共和国学术强势推进的历史。

共和国早期“革命”在场，使学术不但没有游离于政治，反而实现了与政治的全面接轨和整合。1949年新政权建立，马克思主义、毛泽东思想随之跃居主流意识形态位置，成为全国性指导思想。在新意识形态之下，学术领域被革命意识形态话语所主导，这就造成人文学术话语系统“充斥着20世纪政治与文化诉求”[③]。“人文社会科学在这一期间整体上处于被‘改造’的境地，既被作为揭示和强调‘原始社会结束以来的人类文明史都是阶级斗争史’的工具，又被作为现实中正在进行的‘阶级斗争’的武器来使用。”[④]在对封建、资产阶级的旧学术的思想领域大清扫中，以实证主义为主流的民国学术彻底失去了地位合法性，代之的是以马克思主义唯物史观为指导思想的共和国学术。随之而来的是学术体系的转轨，从学术建制到学术研究主体、学术研究客体等各方面都由“河东”转向“河西”。史学领域内，从旧时代过来的史料派学人，被当作“封建文人”“资产阶级学者”“旧式学者”，成为革命的对象，被推向了学术乃至政治的“审判台”。[⑤] 与此同时，他们丧失了学术机构的领导权和学术期刊的经营权。[⑥] 此外，自民国时期传入并发展起来的社会学、人类学、心理学等社会科学内容也因被

---

① 翦伯赞：《目前历史教学中的几个问题》，《红旗》1959年第10期。

② 参见王学典：《近五十年的中国历史学》，《历史研究》2004年第1期。

③ 参见王学典：《近五十年的中国历史学》，《历史研究》2004年第1期。

④ 王学典：《学术上的巨大转型：人文社会科学40年回顾》，《中华读书报》2019年1月2日。

⑤ 参见王学典：《六十年来中国史学之变迁》，《文史知识》2009年第8期。

⑥ 参见蒋海升：《从主流到边缘：20世纪50年代初期的史料考订派》，《山东大学学报》(哲学社会科学版)2005年第6期。

视为带有“资产阶级”性质而遭到全部否定。而唯物史观派学人，由学术边缘走向学术中心，在科研机构、高校机关及学术期刊等占据显要地位。他们借此掌握和控制了学术建制的主导权，积极参与到新意识形态的构建中。学术本身以及学人需要持有阶级立场，因而成为意识形态的一部分。为与政权意识形态构建相适应，共和国学术在研究课题上多围绕“人类文明史是阶级斗争的发展”的命题展开，关注重大理论问题的讨论。因而，相关学术探讨往往具有浓重的意识形态色彩，这正是与实证主义的超阶级、超政治的纯学术命题的不同之处。

在新旧学术更迭转型之际，一个不容忽视的现象就是民国时期创办的许多期刊报纸因政治变化而被迫停刊。新中国成立之初，全国仅有1949年创刊的《新建设》《学习》，1951年创刊的《新史学通讯》等杂志，刊物数量非常少。学术刊物是开展学术研究的基础设施，这种情形之下自然难以出现学术研究的活跃局面。但是“50年代初，‘百家争鸣’的方针虽然还没有明确提出，而有着优秀历史传统和‘五四’革命传统的马克思主义理论家和进步的思想家，都热切希望在新中国学术文化发展上有所作为”①。也就是说，一方面，在民国旧学术改造基础之上、唯物史观指导下的新学术体系与范式的建立需要更广阔的讨论平台；另一方面，马克思主义主导地位的确立、国家新意识形态的构建等新政权合法性的建设要求，也需要学术杂志来进行传播与贯彻。显而易见，期刊报纸在学术、政治两个领域有着破旧立新的重要性与必要性。正是在全新的社会政治环境与学术生态之下，《文史哲》顺应时局需求，应运而生，“以学术研究的身份介入意识形态建立过程，立破兼行并举，成为在学术界推动观念转变和话语转换的排头兵”②。

《文史哲》杂志正是诞生和成长于从民国学术向共和国学术转型时代，不但是这场学术转型的亲历者和见证者，而且一度充当了推动者和引领者。《文史哲》杂志既载入了这一段学术史，又堪为这一段学术史的代表。那么，1951年诞生的《文史哲》是如何与共和国人文学术大转型紧密缠绕联结在一起的？为什么这样一份产生于政治中心、文化中心之外的刊物竟能主动承担起引领学术转型的重大使命？这就必须考察《文史哲》创刊的种种机缘。

正如罗志田所言，新中国成立初期的“几份史学刊物都带有地方特色，与一

① 李希凡：《华岗校长与“百家争鸣”》，《文史哲》2003年第3期。

② 蒋海升：《政治与学术的互动——20世纪50年代的〈文史哲〉》，《文史哲》2001年第4期。

些学者个人兴趣和努力相关”[①],《文史哲》的创建便离不开一个关键性人物——华岗。在某种意义上而言,没有华岗就没有《文史哲》,没有华岗主政下的山东大学就没有《文史哲》20 世纪 50 年代的辉煌发展。有学者更是作了这样的评价:“华岗是 20 世纪 50 年代《文史哲》的代名词,华岗的思想是《文史哲》的灵魂。”[②]我们且先看华岗与《文史哲》的因缘。

华岗于 1925 年加入中国共产党,积极投身革命事业。抗战爆发后,华岗在国民党统治区从事党的理论宣传工作,任《新华日报》总编辑、中共南方局宣传部部长等职。同时,他又将革命现实斗争的需要和经验投射于学术领域,其史学研究重点就集中于“中国革命史”范围内。此外,他又在哲学、文学等诸多领域均有涉足,是中国马克思主义学术范式的主要缔造者之一。华岗集革命家与学问家于一身,可以说是一位将“严肃的学者”与“热情的老布尔什维克”两种素质完美结合在一起的“党内学者”性人物。[③] 正是华岗“敏锐的政治嗅觉”和“新闻宣传工作者特有的敏锐眼光”对其日后山大的教学科研主持工作起了推动和引领作用。[④]

1950 年 4 月,华岗出任山东大学校长兼党委书记。他非常重视学术发展,1951 年春的一个夜晚,华岗邀请副校长陆侃如、历史系主任杨向奎、教师孙思白等在家中商讨创办综合性学术刊物问题,后来此议又得到童书业、赵俪生、冯沅君等人的支持。经讨论,刊物宗旨确定为“繁荣学术,培养人才,发现人才”,推举华岗为杂志社社长,副校长陆侃如和文学院院长吴富恒为副社长,杨向奎为主编,编委会由历史系和中文系教师组成,负责日常工作。1951 年 5 月 1 日,《文史哲》创刊号发行。《文史哲》创刊之初为同人杂志,自办发行,具有“自治”性质,是全国高校第一家文科学报。当时“全国无人敢办同人刊物”[⑤],可见《文史哲》的诞生恰得益于华岗的魄力与胆识。

---

① 罗志田:《“文革”前“十七年”中国史学的片段反思》,《四川大学学报》(哲学社会科学报)2009 年第 5 期。

② 刘培平:《华岗与 20 世纪 50 年代山东大学的辉煌》,《山东大学学报》(哲学社会科学版)2003 年第 5 期。

③ 参见王学典、黄广友:《华岗:中国马克思主义学术范式的构建者》,《文史哲》2011 年第 5 期。

④ 参见刘培平:《华岗与 20 世纪 50 年代山东大学的辉煌》,《山东大学学报》(哲学社会科学版)2003 年第 5 期。

⑤ 刘光裕:《华岗与〈文史哲〉》,周广璜、李扬眉编:《继绝开新:作者读者编者回忆〈文史哲〉》,北京:商务印书馆,2011 年,第 72 页。

可以说，华岗是一位有出色才干的学术领袖式人物。华岗对新中国学术发展是具有宏观的判断和谋划的。典型的是，对胡适实验主义的批判不是心血来潮之举，而是有计划的、有步骤的行动。从批判“古史辨”到批判“井田辨”、《红楼梦》考证，这一系列动作就说明了这一点。据吴富恒的回忆，华岗之所以创办《文史哲》，不仅仅是为开辟新学术园地，而且是“要通过《文史哲》打破旧有的、单一的学术模式，建立起一种辩证唯物主义、历史唯物主义指导下的新的学术范式”①。进一步讲，华岗的办刊理念与其政治理念密不可分。他认为新中国高校改革的成败关键在于党的理论和政策的落实与否，因而尤为重视政治思想工作和理论工作的领导。在教学科研中，华岗尤为重视马克思主义的宣传和落实工作，不仅亲自给全校师生开设“社会发展史”政治大课以及作时事报告来讲解马列主义，使“学习马列很快成为山大教师的一种时尚”②，而且将马列主义理论与实际相结合的理念运用到《文史哲》办刊中。

一方面，华岗通过《文史哲》的工作，鼓励山大文科教师“运用马克思主义批判唯心史观，联系自己学术思想，重新研究中国古代文化遗产”③，使教师于无形中掌握了马列主义新观点来从事科研工作，《文史哲》因而也得到有新意的文稿。华岗在坚持为《文史哲》终审文稿的同时，又带头写稿，为那时知识分子学习马克思主义起到了表率作用。从1951年至1955年，他先后在《文史哲》上发表了近40篇文章，“这些文章的主题，集中到一点就是结合中国革命实际和历史实际阐明马克思列宁主义、毛泽东思想”④。另一方面，华岗又提倡学术自由讨论，反对将马克思主义定于一尊。“虽然他反对为学术而学术的超阶级、超政治的‘纯技术主义’，但他认为，让人们接受马列主义最好的方法与途径，是自由讨论或辩论。”⑤华岗在主持《文史哲》工作时，顺应学术的本性，充分发扬学术民主，在明确学术与政治问题界限的基础上，重视组织学术上不同意见的争论。譬如《文史哲》中关于“中国古史分期问题”的讨论，有关“战国封建论”“魏晋封

① 吴富恒：《〈文史哲〉的创刊与发展》，《文史哲》2001年第3期。

② 刘光裕：《华岗与〈文史哲〉》，周广璜、李扬眉编：《继绝开新：作者读者编者回忆〈文史哲〉》，北京：商务印书馆，2011年，第63页。

③ 葛懋春：《回忆早期〈文史哲〉杂志社社长华岗同志》，周广璜、李扬眉编：《继绝开新：作者读者编者回忆〈文史哲〉》，北京：商务印书馆，2011年，第54页。

④ 葛懋春：《回忆早期〈文史哲〉杂志社社长华岗同志》，周广璜、李扬眉编：《继绝开新：作者读者编者回忆〈文史哲〉》，北京：商务印书馆，2011年，第53页。

⑤ 杨敏：《〈文史哲〉的1950年代：在学术与政治之间》，《中国新闻周刊》2011年第44期。

建论”等文章的发表便与华岗倡导学术争鸣密切相关。正是出于学风上的民主,《文史哲》延揽了一批老学者,又扶植培养了诸多中青年学者乃至“小人物”等新生力量。正因华岗的审时度势、洞察先机,《文史哲》得以开风气之先,在马克思主义体制化的进程中,摇身充当了弄潮儿,引领了全国学术潮流。

如果说华岗为《文史哲》的创刊“掌舵”的话,那么山东大学则为《文史哲》的发展奠定了雄厚的根基与强大的学术保障。具体而言,山东大学的“红色”基因及名家学者的汇集是不得不提的两大因素。

山东大学作为一所国立大学,在 20 世纪 30 年代就麇集了老舍、闻一多等名流,诸学派云集,古典学术研究力量雄厚。1951 年 3 月,山东大学与华东大学合并。华东大学是山东解放区为培养急需的党政干部而创办的兼具党校性质与政治短训班性质的政治大学,其学生多为革命青年,教师则为参加革命较早的知识分子,政治意识更加自觉,这使得山东大学革命氛围愈加浓厚。两个学校的合并,“是政治与学术的合并,是学院与意识形态的合并,是时代需要与科研的合并”①。新山东大学在华岗主政下,由旧大学向新型社会主义大学转型,在 50 年代“以不守旧、趋时而著名”②。

50 年代,山东大学文史哲领域的学者班底的招集延揽还要回溯至抗战胜利后的复校时期。当时校长为赵太侔,他吸收蔡元培兼收并蓄的办学思想,营造学术自由的宽松氛围,不拘一格招揽人才,这些因素促使一批学者在抗战胜利后纷纷投奔山大。③ 华岗主政山大后,为完善学校学科建设,于 1951 年单独成立历史系,由杨向奎担任主任,并增聘文史学者来山大任教。1952 年院系调整,齐鲁大学被撤销后的文史系师资并入山东大学历史系,进一步增强了山东大学文史人才力量,“文史见长”的学科发展战略于此提出。

就当时具体学科情况来说,山东大学因地利之便,拥有了一批已经成名的文史领域的教授。就历史系而言,除以杨向奎、童书业、黄云眉、张维华、郑鹤声、王仲荦、赵俪生、陈同燮为首的“八马同槽”外,还有吴大琨、许思园、华山、丁

---

① 王学典:《学术与意识形态的高度缩合——山东大学 1950 年代文科辉煌的由来》,《把中国“中国化”:人文社会科学的近期走向》,上海:上海人民出版社,2017 年,第 239 页。

② 赵俪生:《篱槿堂自叙》,上海:上海古籍出版社,1999 年,第 240 页。

③ 参见刘光裕:《华岗与〈文史哲〉》,周广璜、李扬眉编:《继绝开新:作者读者编者回忆〈文史哲〉》,北京:商务印书馆,2011 年,第 61 页。如冯沅君、陆侃如、杨向奎、丁山、童第周、萧涤非等知名学者就于此时加盟山东大学。

山、卢振华、莫东寅、袁寿椿、韩连琪、孙思白、蒋捷夫等一大批优秀历史学者，他们在中国古代史、近代史、思想史、农民战争史等研究领域均有代表性建树。[①] 因而，山大历史系在当时国内综合性大学的历史系中实力不俗。在中文系方面，号称“四大金刚”的冯沅君、陆侃如、高亨、萧涤非以及其他的著名学者为山大中文系的强盛增添了强大动力。[②] 哲学方面，华岗则亲自领导，积极开展对于马克思主义的哲学探讨。这些学者构成了《文史哲》的编辑班底，同时也是《文史哲》的主要供稿者。如罗竹风所言：“《文史哲》的诞生绝不是什么偶然的，而是在当时山大学术空气浓厚的具体历史背景下合乎规律的事态发展。”[③]

由于历史系建制是在新中国成立之后，如果将当时的山东大学与北京大学等老牌名校相比，其学术力量还是稍逊一筹的。但是它出彩在哪里呢？出彩之处正在于这些学者掌握了马列主义这一学术研究的思想武器，并以此来指导学术研究。“在五十年代那种举国学习马列主义、学习毛泽东思想的气氛之下，学术界的中心问题，是如何在史学界贯彻马克思主义，而不是整理史料。”[④]同时，这些被纳入计划管理体制内的学者又在华岗的领导下，以《文史哲》为平台，展开一系列学术论战，从而走在全国学术发展的前列。《文史哲》“不但把已有地位的山大中文系突出地摆在同行面前，也使刚刚从中文系独立出来的山大历史系陡然崛起于兄弟大学历史系甚至于一些老牌历史系之间”[⑤]。可以说，《文史哲》使年轻的山大历史系脱颖而出、锋芒毕露，而历史系学者又推动了《文史哲》的兴盛。

新中国成立初期的山东大学文史学科形成了一个与环境气候高度匹配、生机勃勃的学术群落。不难发现，新山东大学实际上达到了政治和学术两种因素的嫁接平衡，这种平衡正是时代所需；《文史哲》又借此平台，由政治家与学问家联手办刊，以政治为学术导向，学术与意识形态并联，实现了新旧范式的转型。

---

① 具体而言，杨向奎专攻中国古代社会和思想领域，童书业的春秋史研究国内一流，王仲荦的魏晋封建论自成体系，赵俪生的中国农民战争史、土地制度史研究颇为精深，吴大琨以中国经济史见长。

② 如冯沅君、陆侃如的中国古典文学研究，高亨的文字训诂，萧涤非的杜甫研究等，均在学术界首屈一指。

③ 罗竹风：《回顾以往 激励未来》，《文史哲》1986年第5期。

④ 王学典：《学术与意识形态的高度缩合——山东大学1950年代文科辉煌的由来》，《把中国“中国化”：人文社会科学的近期走向》，上海：上海人民出版社，2017年，第237页。

⑤ 徐显明：《〈文史哲〉与山东大学文科建设——〈文史哲〉创刊50周年献辞》，《文史哲》2001年第3期。

1953年,《文史哲》从教师们的同人刊物改成由山东大学学报委员会编辑出版,正式成为"山东大学学报之一"。它"背靠山大面向全国","有山大强大的文史阵营作后盾,又得到全国文科学界的有力支持"。[①] 实际上,它早已超出了一校学报的范围,成为社会性的学术刊物,成为全国学术界的一个重要阵地。

《文史哲》创刊之始,将"刊载应用新观点、新见解的研究文章,提高自己的理论水平与学术水平,推进学校文科的教学与科研"[②]作为办刊宗旨,而后又以"扶植小人物,延揽大学者"为方针。在刊物发展过程中,《文史哲》以"百花齐放,百家争鸣"为办刊原则,坚持走"专家办刊,学者立刊"之路,以"'预'学术潮流为使命,不断发掘新的选题,展开大规模的争鸣"[③],成为20世纪50年代思想文化领域的一面旗帜。《文史哲》作为20世纪后半期诸多学术思潮的策动者和参与者,最能折射出当代中国学术发展的轨迹。透过《文史哲》这个窗口,我们可以观测到共和国人文学术的早期发展特别是学术政治化模式的形成及其成败得失。

---

① 孔繁:《我所知道的〈文史哲〉》,周广璜、李扬眉编:《继绝开新:作者读者编者回忆〈文史哲〉》,北京:商务印书馆,2011年,第27页。

② 《编者的话》,《文史哲》1951年第1期。

③ 刘京希、李扬眉、郭震旦:《学术期刊的学术史角色建构——以〈文史哲〉的历史变迁为视角》,《中国编辑》2017年第10期。

第一章　从清算胡适学术思想到《红楼梦》事件

20世纪初，中国社会政治跌宕起伏，西方各种思潮传入国内后发生激烈碰撞，进而构成一道绚丽的景观。马克思主义自五四传入中国后，作为新民主主义革命的指导思想，开始在思想领域内占有一席领地。除此之外，实验主义也是五四时期最有影响力的西方哲学理论。实验主义在民国学术界的勃兴离不开一位关键性人物——胡适。新中国成立后要铸造新的学术范式，树立新的思想权威，必须肃清胡适的影响，新中国成立之初大大小小的政治运动，矛头最终指向的就是胡适的实验主义。新政权以磅礴之力推动旧知识分子改弦更张，从实验主义的信徒转化为马列主义的传道士。从马列主义理论学习运动到《红楼梦》事件，最后到全国性胡适思想大批判，《文史哲》在这些政治运动中充当了一个引人注目的角色。

第一节　破与立：用马克思主义取代胡适实验主义

1910年，胡适赴美留学，在哥伦比亚研究院求学期间，师从实验主义哲学家杜威，系统学习并接受了实验主义哲学。1919年4月15日，胡适在《新青年》上发表《实验主义》一文，成为他在中国系统介绍美国哲学的开始。杜威来华讲学期间，胡适为其讲演担任口译。此后，胡适在北大开设"杜威著作选读"，"毫不掩饰地多次公开宣布自己是'实验主义的信徒'"[①]。胡适对杜威实验主义哲学的接受特点是，"忽视实验主义的本体论、认识论，侧重强调实验主义的方法论"[②]。因而，胡适所传播的实验主义的方法正是以解决问题为中心，这些问题

---

① 欧阳哲生：《中国现代哲学史上的胡适》，《学术界》2006年第1期。

② 洪认清：《中国史学思想会通·近代史学思想后卷》，福州：福建人民出版社，2018年，第115页。

既涵盖社会问题，也包括学术问题。实验主义的两个根本观念是“科学实验室的态度”和“历史的态度”。所谓“科学实验室的态度”，便是将西方研究自然科学的方法演绎推广开来，尤为强调在“尊重事实，尊重证据”的同时，进行“大胆的假设，小心的求证”，此即“科学的方法”。“历史的态度”，就是用历史的眼光客观地看待一切制度和学说，考察其所发生的原因以及产生的客观效果，还历史以本来面目。

胡适作为“现代中国文化学术领域的大师和自由主义思想的主要代言人，相当长一段时间，在文化、教育、科学方面发挥了重要领导作用，在社会政治方面也有其特殊的影响力”①。胡适的实验主义思想具有多维特性，影响领域颇多。一方面，就学术领域而言，胡适将实验主义的方法论与中国传统考据学相结合，形成了一套具有范式意义的“科学方法”，尤其对以顾颉刚为代表的“古史辨”运动影响巨大。另一方面，杜威受“格林一派自由主义影响甚深，也提倡公领域的干预和控制”，因而“从哲学角度关注社会问题乃成为杜威实用主义哲学的一大特色”。② 这种将实用主义工具化的思想正是胡适将其引入国内后所强调的，于政治领域而言便是主张学习美国渐进式的改良或改革。

反观同时，马克思主义作为一套完整的“改造世界”的理论体系，政治上被革命者运用，并与中国革命实践相结合，同时它也是部分学者用来考察中国历史与社会发展进程的历史观和方法论。无论是政治立场还是学术理念方面，马克思主义与实验主义之间都存在着不可消解的对抗。早在新文化运动时期，以李大钊为代表的马克思主义学者与以胡适为代表的实验主义学者之间就“问题与主义”展开一系列论战。及至新中国成立前，马克思主义学者一直未停止对非马克思主义思想的批评，其中又以胡适的实验主义为最。而新中国成立后，马克思主义随着新民主主义革命的胜利跃居意识形态主流地位。为与新民主主义社会向社会主义社会过渡时期的政治、经济领域的革命性改造相适应，思想文化领域在传播马克思主义的同时，肃清旧意识形态也成为重要任务。而胡适当时被视为“资产阶级反动”的旧社会人物，以其为代表的实验主义思想顺理成章地成为旧意识形态的思想符号。

---

① 欧阳哲生:《序:孤寂的狮子》,欧阳哲生编:《容忍比自由更重要:胡适与他的论敌》上册,北京:时事出版社,1999 年,第 1 页。

② 罗志田:《杜威对胡适的影响》,《四川师范大学学报》(社会科学版)2002 年第 6 期。

“1949年后，所有的知识分子都被称为‘接受革命’或者‘参加革命’”，“而且大家从不讳言‘思想改造’”，“与此同时还有学习”，“学习与改造是一而二、二而一的”。[①] 在此背景之下，《文史哲》甫一创刊，便积极介入新政权意识形态的破与立的过程中，“成为在学术界推动观念转变和话语转换的排头兵”[②]。《文史哲》在创刊号社论中指出，《实践论》是“克服教条主义和经验主义的有力武器”，“是马列主义及中国哲学思想的巨大发展”，是学习和工作的最好指南，“是我们开辟学术研究的正确方向和最高准则”。[③] 用马列主义、毛泽东思想指导学术研究，以改进思想方法和工作方法为手段，达到“改造客观世界与改造主观世界的伟大目标”。这不仅是《文史哲》的立刊准则，也是《文史哲》所代表的学术界的意识形态宣教。具体而言，《文史哲》通过刊登政治理论学习与思想改造文章的举措，在传播马克思主义的同时清理旧意识形态，以完成思想和学术的新旧置换。

一、新意识形态塑造：马克思主义理论学习

政治学习最早作为一场运动，开始于1949年解放战争胜利前夕，持续至1950年下半年。1949年京津冀大城市相继解放，新区学校因而陆续向社会主义学校过渡。当年12月，第一次全国教育工作会议确定“新区学校安顿以后的主要工作，是进行政治与思想教育”。会议之后，政治学习立刻在全国范围内展开并迅速掀起高潮。[④] 学习对象以全国的高校教师为主，同时兼及中小学教师。1950年6月6日，毛泽东在中共第七届中央委员会第三次全体会议上发表《不要四面出击》讲话，其中明确了政治学习的要求和内容：“对知识分子，要办各种训练班，办军政大学、革命大学，要使用他们，同时对他们进行教育和改造。要让他们学社会发展史、历史唯物论等几门课程。”[⑤]

随着政治学习的开展，毛泽东思想成为思想教育学习的首要内容。1950年12月29日，《人民日报》重新发表毛泽东的《实践论》。1951年1月29日，《人民日报》发表社论《学习毛泽东同志的〈实践论〉》。2月16日的社论又强调“要

---

① 谢泳：《思想改造运动的起源及对中国知识分子的影响》，《思想利器——当代中国研究的史料问题》，北京：新星出版社，2013年，第249页。

② 蒋海升：《政治与学术的互动——20世纪50年代的〈文史哲〉》，《文史哲》2001年第4期。

③ 《〈实践论〉——思想方法的最高准则》，《文史哲》1951年第1期。

④ 参见于风政：《改造：1949～1957年的知识分子》，郑州：河南人民出版社，2001年，第30页。

⑤ 毛泽东：《不要四面出击》，《毛泽东文集》第六卷，北京：人民出版社，1999年，第74页。

把辩证唯物论和历史唯物论应用于各种的学术部门”，以进行“学术革命”，同时指出要把对《实践论》的讨论与自己学术界内工作检讨相联系。[①] 学术界此后掀起学习宣传的热潮。《文史哲》自4月创刊开始，便紧跟政治思想动向，刊登《实践论》的学习文章。杨向奎作为《文史哲》首任主编，在创刊号上发表《学习〈实践论〉——一个史学工作者的体会》一文。杨向奎从自身史学研究工作出发，阐述《实践论》及认识过程，并指出《实践论》具有阶级性，有变革现实的意义，这是与中国传统知行学说的不同之处；他对考证与理论指导的关系进行探讨，指出胡适考据学尚属于认识的感性阶段，历史研究中要掌握运用辩证唯物论的历史方法，历史讲授中要根据感觉材料，产生正确的概念与理论，再把理论应用到材料的解释上去。车载通过《实践论》系统阐述思想改造的必要性，指出“《实践论》是从中国革命的具体实践中证实并发展马列主义的辩证唯物论的认识论”，因而在《实践论》的指导下，无产阶级及革命人民改造世界的斗争，任务就是“改造客观世界，也改造自己的主观世界”，因而“新民主主义社会建设的过程，同时也是全体人民自我教育自我改造的过程”。[②]

华岗于1951年6月2日在山东大学政治讲座上作的报告《学习〈实践论〉和改进教学工作》，也刊登在《文史哲》上。报告不仅阐述了《实践论》的基本精神，指出“克服经验主义”是“当前的紧迫任务”，而且指出新民主主义社会中，教育工作的紧迫任务就是“从各方面来肃清封建思想、买办思想和法西斯思想及其变形和化装”。严北溟也指出，要利用《实践论》“彻底清算在教学工作中所存在的教条主义和经验主义——资产阶级教育思想的残余影响”。[③] 人类认识自然界是以实践为基础的，专长于马克思主义哲学的罗克汀发表文章，就《实践论》丰富和向前发展了自然辩证法方面有所论述。[④]

1952年4月1日，《人民日报》又发表了毛泽东的《矛盾论》。当时正值山大的思想改造运动时期，《文史哲》刊发了山大教师联系思想改造运动来学习《矛盾论》的文章。石父指出，旧知识分子的最大弱点就是看不出事物的矛盾，尤其不善于解决矛盾，而《矛盾论》“教导我们要善于去观察和分析各种事物的矛盾

---

① 参见《〈实践论〉开辟了我们学术革命的思想道路》，《人民日报》1951年2月16日。
② 车载：《〈实践论〉——改造自己与改造世界的指南》，《文史哲》1951年第2期。
③ 严北溟：《〈实践论〉——教学工作的指南》，《文史哲》1953年第6期。
④ 参见罗克汀：《〈实践论〉对研究自然科学的指导意义》，《文史哲》1954年第7期。

和运动”，“指出解决矛盾的方法”，因而应在《矛盾论》中得到启示，以推进思想改造。①

童书业用《矛盾论》的观点阐述思想改造的必要性和意义，“在有阶级的社会中，主要矛盾是阶级的矛盾”，“所以思想改造，就是阶级斗争”，“要站稳人民立场，就必须以无产阶级思想改造自己”，进行批评和自我批评。同时，他批判了旧史学工作者思想改造不彻底的三种类型——典型的考据家拒绝接受马列主义理论且抱着考据包袱不放，自高自大的类型往往抱着显著唯心论思想，还有部分“无所谓者”随波逐流，他们的共同特点是严重地脱离实际、脱离群众。②

赵俪生认为，《矛盾论》的目的就是使各教育部门工作者学会分析问题、解决问题的方法。就史学工作而言，存在着片面地运用历史唯物主义的情况。他继而批评，在历史人物评价的时候过分夸大阶级矛盾、民族矛盾的两种片面性，同时指出在史学研究处理理论与史料的关系问题上，出现了蹈袭考据学的形而上学方法的“顽固倾向”以及忽视史料的“教条主义倾向”。这两种倾向存在的原因“就在于这些人没有掌握住马列主义与考据学中间的矛盾，及这一矛盾的主要点之所在”③。

孙昌熙、刘泮溪联系《矛盾论》谈对新现实主义创作方法的体会，指出革命文艺工作者如果掌握了《矛盾论》这个思想武器，就可以“在广阔而丰富的人民革命斗争生活中，选取最生动最典型最富有教育意义的事件”，站在工人阶级立场，“运用唯物辩证法，以文艺手腕去反映一个社会或者一个运动的矛盾和斗争”，以艺术形象“宣传马列主义和毛泽东思想”。④

除刊登《实践论》与《矛盾论》的针对性学习文章之外，教师对《毛泽东选集》的学习体会也成为《文史哲》的重要稿源之一。1951 年 10 月 12 日，《毛泽东选集》第 1 卷在全国发行，《文史哲》在这一年的第 4 期上便刊登了孙思白的《为〈毛泽东选集〉出版而欢呼》。该文联系中国社会革命现实状况阐发了《毛泽东选集》出版的伟大意义。吴大琨认为，《毛泽东选集》的第 1 卷第 1 篇《中国社会各阶级的分析》，“确切性规定了在中国近代社会中的每一阶级的地位和作用”，

---

① 参见石父：《学习〈矛盾论〉，推进思想改造》，《文史哲》1952 年第 3 期。

② 参见童书业：《学习〈矛盾论〉认识思想改造的真义》，《文史哲》1952 年第 4 期。

③ 赵俪生：《学习〈矛盾论〉，联系史学工作的一点体会》，《文史哲》1952 年第 4 期。

④ 孙昌熙、刘泮溪：《学习〈矛盾论〉——对新现实主义创作方法的体会》，《文史哲》1952 年第 5 期。

因而这篇文章对革命工作者是个启发和指示。[①] 周清和学习了毛泽东在延安整风运动时期所写的《改造我们的学习》这篇文章,并强调毛泽东思想就是在与反马克思主义的教条主义和经验主义进行斗争中发扬光大起来的,把毛泽东思想与学术研究结合考察可知,理论脱离实际的倾向"在高等教育和学术研究工作中,一方面表现是'为学术而学术'的空洞理论研究,另一方面表现为只顾实用忽视理论的狭隘实用主义"[②]。

可以看出,《文史哲》在关于毛泽东思想的宣传中,表现出明显的特点。相关学者本身是山东大学的教师,如杨向奎、童书业、赵俪生等,他们从事文史相关领域的专业研究,可以将毛泽东思想学习与自身专业工作相结合,发表的政治学习体会"专业性"较强,因而这种自我政治教育并不空洞,并非机械引用"马列主义"话语。如杨向奎指出,"为了改造中国历史",为了寻求中国历史若干关键性问题的结论的解决方法,需要"学习毛泽东思想中的历史学说",从而掌握阶级分析方法。[③] 在思想改造运动中,教师往往自觉联系政治学习来分析当下学术研究或高校教育中存在的问题。但是这种检讨并无个别针对性,自我深度剖析与批判他人的色彩并不浓重。

然而,《文史哲》所表现的这种毛泽东思想学习特点并不能完全代表当时学术界政治理论学习的普遍情况以及山东大学思想改造的整体状态。当时不乏"有些知识分子思想混乱、意识不清"的情况,有人对政治学习表示疑问:"解放后我已读了不少马列主义的文献和毛泽东主席的著作,我对政府政策是拥护的,为什么还有再学习的必要?"[④]由此对比,更可以看出山大教师等学者对于马列主义等政治理论学习的积极性。就山大而言,华岗曾指出思想改造中存在三种不同态度:"第一种是愿意参加并在实际上进行了不同程度的自我教育和自我改造,第二种是以两面派的态度对待思想改造,第三种是反对自我改造。"其

① 吴大琨:《向毛主席的近代中国社会阶级结构理论学习——学习〈毛泽东选集〉的笔记之一》,《文史哲》1952 年第 6 期。

② 周清和:《读〈改造我们的学习〉》,《文史哲》1953 年第 4 期。

③ 参见杨向奎:《学习毛泽东思想中的历史学说》,《文史哲》1954 年第 1 期。

④ 张少鹏:《建国初期知识分子与思想改造运动》,《湖北大学学报》(哲学社会科学版)2010 年第 3 期。

中，第一种人占最多数，第二种人次之，第三种人最少。①《文史哲》所体现的恰是属于第一种态度的教师知识分子。这显然与《文史哲》以宣传学习马克思主义和以马克思主义为指导思想开展学术研究的办刊初衷密不可分。

除了宣传毛泽东思想之外，《文史哲》也注重对马克思主义经典理论的阐发以及对马克思主义经典作家文献的译介。自 1953 年 4 月至 1954 年6 月，《文史哲》先后刊载了华岗在山东大学"辩证唯物论与历史唯物论"的数次学习报告会上的报告摘要。② 这些文章报告系统讲解了马克思主义哲学的基本原理，带动了校内师生对马克思主义理论的学习。在系统学习结束后，校领导要求各教师结合自己的业务写心得或学习论文。《文史哲》先后于 1954 年第 10 期、第 11 期、第 12 期发表了吴大琨的《辩证唯物论与政治经济学》。在直接介绍马克思主义理论之外，《文史哲》也译介了马克思等经典作家的文献。从 1951 年至 1954 年间，《文史哲》先后发表了十几篇翻译的经典文献。③ 其中，马克思的《前资本主义的生产形态》一文，由日知翻译，并且从 1953 年开始 3 期连载。总之，

① 华岗：《目前形势、思想改造和学制改革——一九五一年十一月十七日在本校政治讲座上的报告》，《文史哲》1952 年第 1 期。

② 据笔者统计，山东大学开展的华岗关于"辩证唯物论与历史唯物论"的学习报告会共 13 次，《文史哲》上刊载了 12 篇。先后为《辩证唯物论——马克思列宁主义政党的宇宙观》(1953 年第 4 期)、《哲学上的两大阵营——唯物论和唯心论》(1953 年第 4 期)、《宇宙的物质性及其发展的规律性》(1953 年第 5 期)、《物质第一性和意识第二性》(1953 年第 5 期)、《宇宙可知性及实践在认识过程中的决定作用》(1953 年第 6 期)、《唯物辩证法的历史根源和意义》(1954 年第 1 期)、《唯物辩证法论宇宙间诸现象的互相联系和互相制约》(1954 年第 2 期)、《自然界和社会中的运动、变化和发展》(1954 年第 5 期)、《从量变到质变的发展规律》(1954 年第 6 期)、《辩证法的核心——发展是对立面的斗争》(1954 年第 7 期)、《辩证法和形式逻辑(上)》(1954 年第 8 期)、《辩证法和形式逻辑(下)》(1954 年第 9 期)。

③ 据笔者统计，相关文章有：A. H.布洛夫作，金诗伯、吴富恒译：《马克思列宁主义的美学反对艺术中的自然主义》(1951 年第 2 期)；A. H.布洛夫作，金诗伯、吴富恒译：《马克思列宁主义的美学反对艺术中的自然主义(续完)》(1951 年第 3 期)；布洛克作，张轶东译：《普希金对历史的研究》(1951 年第 3 期)；D.扎斯拉夫斯基作，张建人译：《萨尔蒂可夫-锡且特林》(1951 年第 4 期)；刘祚昌译：《马克思论北美内战》(1952 年第 2 期)；欧阳珍：《马克思恩格斯论雅[鸦]片战争》(1952 年第 2 期)；艾拉斐建慈作，吴富恒、金诗伯合译：《巴甫洛夫关于条件反射的学说》(1952 年第 5 期)；A.斯梯作，黄嘉德译：《战斗的作家》(1952 年第 6 期)；H.舒思丁作，吴富恒、金诗伯合译：《巴甫洛夫关于大脑皮质抑制作用的学说》(1952 年第 6 期)；马克思著，日知译：《前资本主义生产形态》(1953 年第 1 期)；马克思著，日知译：《前资本主义生产形态(续)》(1953 年第 2 期)；马克思著，刘祚昌、潘洛基合译：《评基佐著〈英国革命为什么成功?〉》(1953 年第 3 期)；马克思著，日知译：《前资本主义生产形态(续完)》(1953 年第 3 期)；马克思著，刘祚昌译：《资产阶级与反革命》(1953 年第 4 期)；布尔索夫著，徐维垣译：《在高尔基的小说〈母亲〉中的社会主义现实主义》(1953 年第 4 期)；F.梅林著，徐维垣译：《论趣味》(1953 年第 6 期)；B.M.卡伊亮作，杨振辉节译：《苏联哲学家的当前任务》(1954 年第 5 期)；勃鲁舒林斯基、普列依斯作，余铁石节译：《评考茨基编〈剩余价值学说史〉》(1954 年第 9 期)。

这些文章或为马克思的经典著作，或为苏联、法国、德国等马克思主义理论家的著作，都对山大教师乃至学术界对于经典马克思主义的学习具有较强的推动意义和参考价值。同时，《文史哲》编者也与读者形成互动，积极推动马克思主义的学习。如1951年第4期，《文史哲》刊登了《关于学习社会发展史的问题解答两则》，这是编者提供的有关社会发展史问题的一种意见。同时，《文史哲》也关注国际学术动态，如1953年第2期开辟“文化消息”这一栏目，介绍了英国马克思主义学者创办的进步历史杂志《过去与现在》。

1953年1月，中共中央成立马克思、恩格斯、列宁、斯大林著作编译局，开始有计划地、系统地翻译出版马恩列斯的全部著作。早在1952年第6期，《文史哲》就刊载了华岗于1952年11月11日在山东大学全体师生学习报告会上的报告——《学习斯大林论语言学著作的意义》，随后在1953年第1期，又刊载了这篇报告的续篇。这篇文章是对斯大林所著《马克思主义与语言学问题》的学习报告。华岗在报告中指出，这个著作以及最近《论苏联社会主义经济问题》的发表，是马克思列宁主义发展史上的大事情，“希望科学有所发展和进步的人们，都应该努力学习，以提高自己和改进工作”①。校内教师积极响应学习，赵俪生就在这一期发表学习文章，指出要从方法论的角度去学习《苏联社会主义经济问题》这一经典，并认为斯大林在这篇著作中“精确地运用马克思主义的唯物辩证法”②。

3月5日，斯大林逝世，国内开始举行大规模悼念活动，同时展开的还有学术界对于斯大林著作及理论的学习。1953年第3期“编者的话”中，编者表示“为了哀悼我们中国人民最敬爱的朋友与伟大导师斯大林同志，为了深入学习斯大林学说”，因而刊载了一组文章。华岗表示斯大林的“思想光辉将永远照耀着中国人民走向社会主义和共产主义的道路”③，吴大琨就斯大林在资本利润率法则上的贡献、赵俪生就斯大林的民族问题理论、葛懋春就斯大林关于历史唯物论的基本问题中经济基础和上层建筑理论的问题的论断、陈云章就斯大林关于由社会主义向共产主义过渡的条件与途径的理论方面分别发表了心得体会。其中，吴大琨在学习《马克思主义与语言学问题》一书时做了笔记，并结合《联共

① 华岗:《学习斯大林论语言学著作的意义(续)》,《文史哲》1953年第1期。
② 赵俪生:《学习〈苏联社会主义经济问题〉,体认唯物辩证法的威力》,《文史哲》1953年第1期。
③ 华岗:《沿着斯大林所指示的道路前进》,《文史哲》1953年第3期。

(布)党史简明教程》的学习，阐述了斯大林关于从资本主义到社会主义过渡期的"飞跃"理论，以此说明斯大林对我国新民主主义社会稳步地过渡到社会主义社会的实践性意义。[①]

由上可见，《文史哲》对毛泽东思想、马列经典理论、斯大林著作等的宣传与山东大学的政治学习组织领导工作密切相关。《文史哲》成为当时开展政治学习的一个平台，在学习过程中，"马克思主义"政治理论学习已内化为山大学者的"理性自觉"。同时，外部形势的影响更是不容忽视。接下来，我们考察《文史哲》的政治理论宣传是如何与国家和社会形势同步的。

1950 年 6 月，朝鲜战争爆发，10 月中国人民志愿军入朝作战。为巩固国家政权认同，配合"共同纲领"的学习和宣传，在抗美援朝运动中，又渗透着爱国主义教育，由此"'抗美'与'爱国'互为一体，共同构成了'抗美援朝爱国运动'的整体"[②]。《文史哲》在展开时事学习的同时，对爱国主义教育也有所呼应，在其创刊号的"编者的话"中，意旨明确："我们为了使爱国主义教育深入到每一处每一人，本刊发表了三篇这方面的文字。"刘泮溪的"《通过国文教学贯彻抗美援朝的政治思想教育》是说明国文教学在爱国主义教育上的重要，并提供出教学经验和心得，阐发了阅读写作和政治思想教育的相互联系"。对赵俪生的《爱国主义思想家顾炎武的反清斗争》一文，《文史哲》编者介绍道："作为朴学大师的顾炎武，也是一个爱国主义者；但由于他的士大夫阶级的局限性，使他不能有所作为。"而卢南乔的《十六世纪中朝联合抗日的新认识》一文，则厘清了过去对中朝人民反抗日本侵略斗争的"不正确的看法"，并且提出了新认识。不难发现，《文史哲》以爱国主义教育为出发点，开展的是对中国历史以及民族知识的重构，目的在于使大众建立与"帝国主义立场"相对立的"中华民族立场"。

1950 年至 1952 年间，为彻底铲除封建剥削制度，中国共产党领导人民进行了一场土地革命。其间，知识分子作为"土改"工作队员，也参加了这场土地改革运动，如冯友兰、雷海宗等。1950 年 11 月，山大文史系同学就参加了昌潍专区"土改"工作，葛懋春便是其中一员。他说："先后在潍县、安邱与广大农民一

---

① 参见吴大琨：《学习斯大林对从资本主义到社会主义过渡期中的"飞跃"理论》，《文史哲》1953 年第 5 期；吴大琨：《关于从资本主义到社会主义过渡期的基本规律问题的讨论》，《文史哲》1953 年第 6 期。

② 何吉贤：《"新爱国主义"运动与新中国"国际观"的形成》，《文化纵横》2014 年第 4 期。

起过了两个多月战斗生活，使我受了很多教育。这里预备介绍一些封建剥削事实。”[①]为此，他写了《从昌潍土改工作中看封建剥削》一文作为毕业论文。这篇文章由赵俪生教授推荐，经华岗审定，最终刊登于《文史哲》。[②] 该文旨在“说明旧中国农村封建统治严重性及土改的必要性”。继而指出，农民阶级矛盾是地主与农民的封建性对立，中国的民主革命依靠农民和工人阶级得以实现。从这篇文章可以看出葛懋春对“土改”工作的理解与支持，并在实地实践的过程中确立了劳动观点和无产阶级立场，运用马克思主义唯物史观来形成理性认识。这是当时广大知识分子在实践中认识反封建主义而引起思想变化的一个缩影。

在进行抗美援朝、土地改革、思想改造等一系列运动之后，国家开始按照苏联国家工业化道路建设工业，大规模实行经济建设和文化建设计划。1953 年 9 月至 1954 年 12 月间，是 50 年代山东大学政治学习的巅峰时期，高校教师的政治理论学习和时事政策学习转入常规化。[③]《文史哲》不仅反映了新中国成立初各项社会改革运动，而且积极响应国家建设性政策，刊发了一系列文章。郭根在《迎接大规模建设的新时期》中便提到：“在新的建设年展开之际，我们全国人民都要下决心从事学习，以便将来参加祖国建设或者在目前的建设岗位上精益求精。”[④]1953 年 3 月，全国开展了贯彻婚姻法的群众运动，朱作云发表《贯彻婚姻法，树立新民主主义的婚姻制》一文，其中不仅强调了贯彻婚姻法运动的意义，而且号召大家做好准备，“为肃清封建婚姻制度与树立新民主主义的婚姻制度而斗争”[⑤]。童书业则撰文指出婚姻法的颁布是反封建的民主改革，可以彻底肃清封建制度的残余，孕育着社会主义的前途，因而全国人民都应该仔细学习，“而历史工作者，更应当就历史的观点，说明婚姻法在整个中国历史上的伟大意义”[⑥]。

1953 年 6 月 15 日，毛泽东在中央政治局扩大会议上提出党在过渡时期的路线和任务。随后，《文史哲》在 1954 年第 2 期《编者的话》中指出：“本刊今后

① 葛懋春：《从昌潍土改工作中看封建剥削》，《文史哲》1951 年第 3 期。

② 参见葛懋春：《回忆早期〈文史哲〉杂志社社长华岗同志》，《文史哲》1981 年第 4 期。

③ 参见徐畅：《政权更替与大学重塑——20 世纪 50 年代初期山东大学思想改造初探》，王育济主编：《中国历史评论》第四辑，上海：上海古籍出版社，2014 年，第 236 页。

④ 郭根：《迎接大规模建设的新时期》，《文史哲》1953 年第 1 期。

⑤ 朱作云：《贯彻婚姻法，树立新民主主义的婚姻制》，《文史哲》1953 年第 2 期。

⑥ 童书业：《从历史上看婚姻法的伟大意义》，《文史哲》1953 年第 2 期。

的编辑方针是遵照总路线总任务，从理论上阐释社会主义工业化及对农业、手工业和对私营工商业实行社会主义改造的必要和意义，更有系统地批判各种各色的资本主义思想，加强马克思列宁主义、毛泽东思想的学习，密切结合教学工作，开展文学、历史、哲学等方面的学术研究。"接着，《文史哲》先后发表了孙思白的《学习总路线，推进学术研究》(1954 年第 1 期)、吴大琨的《学习国家总路线的一些体会》(1954 年第 1 期)、王肇新的《国家总路线和大学教育》(1954 年第 2 期)、蒋捷夫的《国家总路线的根据和意义》(1954 年第 2 期)，这些文章或根据总路线为学术思想改造提供政治合法性，或阐述大学教育在国家总路线实施过程中的地位和发展要求等，均贯彻了《文史哲》的编辑方针。值得一提的是，项文和与吴大琨就过渡时期社会发展规律问题予以争鸣讨论①，可见学者对社会动态与国家发展方针的关注。

就整体而言，山东大学的政治思想教育与全国思想运动发展态势是同步的。华岗曾在文章中总结了山大在与华北大学合并前后的思想政治教学进展：山大在解放前进步力量薄弱，有声望的教授、学者由于长期忽视政治仍保持超然立场。在合校之前，思想政治教学先后经过暑期夏令营学习时事及历史唯物论，分期教学新民主主义课程，政治大课教授共同纲领、社会发展史、新民主主义论，师生通过这三段政治学习过程，理论上接受了劳动观点、群众立场。合校之后又通过抗美援朝爱国主义教育、党史学习等方式面向现实、联系实际，切实打破了知识分子的唯心史观和守旧习气。创刊于 1951 年 5 月的《文史哲》恰好反映了山大两年以来的政治理论学习成果。透过《文史哲》刊载的学习马列主义、毛泽东思想的相关心得体会文章可见，教师确实获得了新的立场、观点和方法，取得了显著学习成效。

二、旧意识形态破除：思想改造运动

《文史哲》参与新中国意识形态重构，除进行政治理论与马克思主义经典原著的学习之外，还在那场全国范围内掀起的思想改造学习运动中有相当积极的表现。

1951 年秋，北大校长马寅初设立"暑期学习会"，要求北大教师必须跟上政

---

① 参见项文和：《对过渡时期社会发展的基本规律的认识》，《文史哲》1954 年第 4 期；吴大琨：《答项文和同志》，《文史哲》1954 年第 4 期。

治形势,跟上时代向前跑,积极学习马克思主义理论,开展批评与自我批评。同年 8 月 22 日,周恩来为全国 18 个专业会议代表和中央人民政府各部负责人作题为《目前形势和任务》的报告,从官方层面首次提出知识分子"要为新中国服务,为人民服务,思想改造是不可避免的"。9 月 3 日,北大 12 位教授响应周恩来 8 月关于进行思想改造的号召,发起了北大教员政治学习运动。9 月 29 日,周恩来在京津高校教师学习委员会作《关于知识分子的改造问题的报告》,从知识分子的立场、态度、为谁服务、思想问题、知识问题、民主问题、批评与自我批评等 7 个方面发表看法,号召各高等学校教师认真展开批评与自我批评。

10 月 23 日,毛泽东在全国政协一届三次会议发出继续抗美援朝、增产节约、思想改造的号召,提出知识分子的思想改造是实现民主改革和实现工业化的重要条件之一。《人民日报》也于同日刊发《认真展开高等学校教师中的思想改造学习运动》,高度评价知识分子思想改造运动,助推思想改造运动的开展。11 月 30 日,中共中央发出《关于在学校中进行思想改造和组织清理工作的指示》,要求各大中小学教职员和高中以上学生普遍开展政治学习运动。11 月成立的"京津高等学校教师学习委员会"计划学习改造的第二个阶段重点是"批判胡适",将其作为"一个在旧学术界集反动之大成的人物"来批判。由此,全国范围内的知识分子思想改造运动迅速开展起来。山东大学顺势而为,积极投入这场思想改造洪流之中。

山东大学的思想改造运动与华岗的组织领导密不可分,始于 1951 年 11 月 17 日华岗所作《目前形势、思想改造和学制改革》的动员报告,至 1952 年 1 月转入"三反"运动。"三反"运动作为一场实际行动,与思想改造相互糅合,实际上是思想改造的一部分。"三反"运动结束后,转入全面的思想分析和批判。华岗于 1952 年 5 月 1 日作的报告《本校三反运动总结与全面转入思想改造的意义和方针》,刊登在《文史哲》1952 年第 4 期。该期还刊登了华岗的《思想改造中的根本问题》一文。至 1952 年 7 月 3 日,全校思想改造运动总结大会上,华岗作了《山东大学思想改造运动总结和今后努力方向》报告,思想改造作为一场运动结束,历时 7 个多月。对以上标志着山大思想改造运动起始结束的重要报告文章,《文史哲》1952 年第 1 期、第 2 期、第 4 期、第 5 期予以刊载。因而可以说,透过《文史哲》不仅可以寻到山大思想改造运动的大致脉络,而且可以进一步透视胡适实验主义的旧意识形态如何通过"自我批评"与"批评"的方式被逐渐驱逐的。

华岗在《文史哲》所发表的动员报告和文章，不仅强调了思想改造的原因及现实意义，而且直接点明了高校教师自我改造批判的具体目标及要求。在"目前中国的教育阵地上"，仍存在"资产阶级和小资产阶级的教育思想"，这种思想一方面表现为"书本和实际生活的脱节"，另一方面表现为表面上标榜"为学术而学术"和"纯技术主义"而实际上散播资产阶级的反动观点，这种思想的消极因素就在于"得过且过和反对根本改革的改良主义"。① 要想彻底实现民主改革，在文化教育方面，就要清算教育工作者中的资产阶级思想，"肃清一切封建的、买办的、法西斯主义的思想意识，建立新民主主义的文化教育"。就山东大学的思想改造而言，其具体工作要求是与新学制改革联系在一起的，这就要求原有教育工作者必须重新实行自我教育和自我改造，"清除存在大学教师里面的坏习惯和坏思想，如个人主义、本位主义、宗派主义和保守主义等"，建立爱国主义和集体主义思想，"肃清帝国主义和封建主义的反动思想，批判资产阶级和小资产阶级的错误思想，确立革命的和全心全意为人民服务的新人生观，以便彻底改革旧教育"。② 也就是说，思想改造的目的就是"让知识分子放弃原有的非马列主义思想，去学习马列主义和毛泽东思想，并以这样的立场、方法、观点去解决各种工作中的实际问题"③。

在思想改造运动期间，山东大学师生发表了大量自我批评的文章。除了刊登在当时山大有重要影响的舆论阵地山大校刊《新山大》之外，《文史哲》也刊登了数篇文章。在 1952 年第 3 期中，《文史哲》发表了《山东大学教师对于资产阶级教育思想的自我检讨》，此文即为《新山大》所发表的文章摘录的一部分，这篇文章刊登了山大各院系教师甚至是系主任的自我检讨。在 1952 第 4 期里，《文史哲》集中发表了 8 篇山大师生"思想改造"的文章，标志着当时思想改造运动达到高潮。④ 就"自我批评"内容而言，自我检讨者多就家庭出身、教育背景、教

---

① 华岗：《清算教育工作者中的资产阶级思想》，《文史哲》1952 年第 2 期。

② 华岗：《目前形势、思想改造和学制改革——一九五一年十一月十七日在本校政治讲座上的报告》，《文史哲》1952 年第 1 期。

③ 谢泳：《思想改造运动的起源及对中国知识分子的影响》，《思想利器——当代中国研究的史料问题》，北京：新星出版社，2013 年，第 238 页。

④ 相关文章分别为高兰的《改造思想，改进工作》、黄嘉德的《彻底清除我反动的买办思想》、张维华的《清除我的封建、买办思想》、赵俪生的《我的初步检讨》、陈云章的《我要脱胎换骨地改造自己》、李希凡的《批判我的教条主义脱离实际的文艺学习》、吕家香的《我在文艺学习中走了弯路》、杨汉昭的《清算官僚资产阶级家庭给我的毒害》。

学工作等与旧社会相关的方面剖析自己思想，并将其与华岗在报告文件中提出的思想改造要求“对号入座”，即批判自己的封建的、买办的及法西斯主义的思想。

胡适实验主义思想及方法在史学界的影响是巨大的，对其进行学术思想的检讨必然会牵扯到受胡适思想影响的学人。在思想改造运动开展之际，1951 年秋，北京大学及上海《大公报》先后举办了“胡适思想问题”以及“胡适思想批判”的座谈会，其间与胡适有关系的顾颉刚在自我检讨的同时公开批判了胡适。不久，顾颉刚和以其为首的“古史辨派”思想同样受到了来自其弟子同时也是原“古史辨派”健将的批判。这两篇批判“古史辨派”的文章刊登于《文史哲》1952 年第 6 期，分别是童书业的《“古史辨派”的阶级本质》以及杨向奎的《“古史辨派”的学术思想批判》。

童书业将自己的学术思想批判分为三部分：一是疑古的史学，乃其《“古史辨派”的阶级本质》一文；二是地理经济史观与“三合史观”，见于其《学习党史后的自我检讨》，该文刊于 1951 年 8 月 21 日及 9 月 1 日《新山大》；三是行为主义的变态心理学，该学术思想批判则见于《文史哲》1953 年第 6 期的《“行为主义”批判》。① 其中，最具代表性和影响的正是童书业对顾颉刚及“古史辨派”学术思想的批判一文。这篇文章的“出笼确实是当时运动气氛所迫”，但童书业“在那样的氛围中清理古史辨派学术思想却发自内心的真诚”。② 在文章开头，童书业交代了批判的缘起：过去只对自己的“反动思想和错误思想”进行批判，未曾对其所属的疑古学派作整个检讨。然而，就其与“古史辨派的关系而言，这批判是不能回避的”，同时，童书业认为“自己是疑古派的一员，批古史辨派也是批自己”。③ 在文中，童书业从“疑古派史学”的思想基础和阶级属性出发进行批判。“所谓‘疑古派史学’是美国实验主义传到中国后的产物，它的首创者是‘五四’时代资产阶级的代言人、当前的战犯胡适。”“顾颉刚所谓‘西洋的史学方法’，实际上即指实验主义的史学方法”，而实验主义与马列主义的辩证法在本质上有区别。童书业批判道：“用实验主义的方法是永远建设不起真古史来的。”他还

---

① 参见童书业：《学习〈论马克思主义在语言学中的问题〉，批判〈经济史观〉》，《文史哲》1952 年第 5 期。

② 童教英：《童书业传》，北京：中国大百科全书出版社，2017 年，第 217 页。

③ 童教英：《童书业传》，北京：中国大百科全书出版社，2017 年，第 215 页。

对顾颉刚的观点进行了剖析,认为顾颉刚所说的一系列不反对人们运用唯物史观的话,“其实都只是抗拒唯物史观的一种巧妙手段”,反对唯物史观的“方法不必一致:或者尽情诋毁,或者托词抗拒,或者截取变质;而这三种方法我们这批人之中就都用过的”。童书业将疑古派史学定位在五四运动这一在“民主”和“科学”的口号下展开的反封建的文化运动中“后起的一环”,本质上是资产阶级的史学。虽然“‘疑古’精神在某些时候是勇敢的,是打击了些封建偶像和‘圣经贤传’的”,可是用的实验主义方法是不科学的。“疑古派史学的真实企图,是右面抵抗封建阶级,而左面抵抗无产阶级”,后来“这派的史学家多数与封建阶级妥协,只坚决抗拒无产阶级了,这表现在‘疑古’精神的降落,考据精神的加强,同时诋毁或不睬唯物史观”。童书业最后表明立场:“当前的思想改造运动,是要肃清封建思想和改造资产阶级意识,疑古派的史学思想是资产阶级阶级斗争的工具,正是应改造的对象之一。”①

杨向奎从“古史辨派”的学术思想渊源、古史学说及主要方法等方面对顾颉刚及“古史辨派”展开更猛烈的批判。“顾颉刚教授的疑古精神,是接受了‘公羊学派’的法宝,这同时也说明着顾颉刚教授的思想还是在半封建半殖民地时代的开明地主阶级的思想”,所以“他接受了公羊派的学说而有推翻古史的计划,接受了买办资产阶级的实验主义的方法而有古史演变的主张,又接受了清代的考据学派的方法而对于古经古书发生怀疑”,这三派学术思想的混合运用造成了顾颉刚的疑古运动。“顾颉刚教授的古史学说,前后有两个主要的课题:一是‘层累地造成的古史说’,一是‘五德终始说下的政治和历史’。”但实际上,“他是一个彻头彻尾的唯心论者,他是说观念在支配着历史,在支配着历史传说,在支配着社会的变化”。同时,顾颉刚“站在今文学派的立场来攻击古文,丝毫不明白产生今古文学的社会条件”,甚至将古史学玄学化。杨向奎追问道:“层累地造成的古史说,有没有学术上的价值呢?肯定地,没有。”而《五德终始说下的政治和历史》一文,“同样没有而且也不能解决任何问题”,这些正表明顾颉刚的学术研究离开了唯物论的武器。②

在山大的思想改造运动中,除了自我批评外,还有来自他人的批评,这主要是来自“三反”学习代表团的批判。在1952年第3期中,《文史哲》刊登了山东

① 童书业:《“古史辨派”的阶级本质》,《文史哲》1952年第2期。
② 杨向奎:《“古史辨派”的学术思想批判》,《文史哲》1952年第2期。

大学历史系学生“三反”学习代表团的《把历史唯物主义的思想树立起来》和山东大学地矿系学生“三反”学习代表团的《资产阶级腐朽的教育思想是我们的大敌》两篇文章。

三、《文史哲》在思想改造运动中的特点

对于山东大学思想改造运动过程中的成就和问题，华岗作出了总结，其文章《山东大学思想改造运动总结和今后努力方向》以及《思想改造中的根本问题》也刊登于《文史哲》。就成就而言，华岗指出，思想改造运动“克服了一定程度上的个人主义、本位主义、宗派主义、纯技术观点与做客思想及雇佣观点，消除了某些不团结现象，增进了整体观点和谦虚作风”①，“进一步打击了亲美崇美思想”，“树立了工人阶级立场和观点”，“发挥了批评与自我批评的伟大效能”，同时进一步增进了党群关系，大家“对于中国共产党与毛主席有了比较深切的认识”，“从思想到感情都有了很大改变”，阶级立场有了转变后，“大家纷纷要求入党、入盟、入团”。② 思想改造的目的在于肃清三大敌人思想，划清工人阶级思想和资产阶级思想的界限，而个人主义思想和自由主义思想“并不是这次思想改造的主要斗争对象”，但是在过程中由于“对运动意义以及如何进行批判认识不足”，因而在个人思想认识上出现了一些问题，比如，自满情绪，避重就轻、自暴自弃的态度，不愿意暴露自己的真实缺点和错误，检讨一般化和公式化等。③童书业在自我检讨中就指出：“在思想改造当中，有的人替自己扣上许多帽子，这个主义那个主义的，找不出主导思想来，因此就不能正确地全面地认识自己。”④

如果抛开运动组织者华岗的官方总结的话，我们再看《文史哲》所刊登的批判文章本身，也会发现一些问题和特点。第一，在自我批判中，知识分子已经“无意地”运用了自我贬抑式的话语，大有放弃自我尊严的意味。如陈云章指出：“我已下定决心在思想改造运动中，彻底暴露并批判我的肮脏思想与行动，洗清旧社会的所遗留给我的污毒，痛改前非，重新作人。”⑤由对自己政治思想与

---

① 华岗：《本校三反运动总结与全面转入思想改造的意义和方针》，《文史哲》1952 年第 4 期。

② 华岗：《山东大学思想改造运动总结和今后努力方向》，《文史哲》1952 年第 5 期。

③ 参见华岗：《思想改造中的根本问题》，《文史哲》1952 年第 4 期。

④ 童书业：《学习〈矛盾论〉认识思想改造的真义》，《文史哲》1952 年第 4 期。

⑤ 陈云章：《我要脱胎换骨地改造自己》，《文史哲》1952 年第 4 期。

立场的否定上升到对自我存在的根本性否定，这种思想状态甚至潜存于后面一系列政治批判运动中。此一过程正是知识分子由“资产阶级知识分子”变为“无产阶级知识分子”所必经的思想纠结历程。

第二，思想改造和学术批判本是两码事，但通过《文史哲》也可以发现，不少学者已经将对旧学术的批判与政治学习及思想改造联系起来。“有人认为以批判的精神对待旧学术，也是能否真正进行思想改造的重要标志。有人认为，应当把学习马列主义、毛泽东思想作为批判旧学术的前提。”[①]旧学术被批判的原因就在于它的资产阶级唯心论属性与本质，与新政权以劳动群众为本位、阶级斗争为历史发展动力的思想是格格不入的。“通过政治上的‘分清敌我’，将思想与学术政治化，将学术问题化约为思想立场，将思想取向化约为政治态度。”[②]但是此时期的学术批判除了《文史哲》上对“古史辨派”的批判比较突出外，未有其他更深入的针对性批判，这也正是后期开展胡适思想大批判的必要性所在。

第三，就整体而言，思想改造运动是中国知识分子在新中国成立后经历的第一次大规模的思想观念与话语形式的转换。[③] 知识分子在思想改造运动中的自我批评大同小异，甚至有一定的批评模式可遵循，多用“带有很强政治色彩的官方正式的政策性用语”[④]来彻底否定自己、颠覆自己。在重新进行政治表态、表明自己阶级立场的同时，自己最拥有什么，就要特别批评什么，从而否定自己的工作、学术知识等过去的方方面面。实际上，这是知识分子利用学习到的新式意识形态话语，去清理自己原有话语的一个过程，而这个行为的结果就是知识分子也在无形中建立起了自己的“代表权威与支配的正式语言”[⑤]。《文史哲》通过刊登思想改造的文章，实际上也融入新政权旧意识形态的破除与新意识形态的建构过程中去了。

---

① 于风政：《改造：1949～1957年的知识分子》，郑州：河南人民出版社，2001年，第103页。

② 许纪霖：《读书人的面子》，《东方早报·上海书评》2013年6月30日。

③ 参见谢泳：《思想改造运动的起源及对中国知识分子的影响》，《思想利器——当代中国研究的史料问题》，北京：新星出版社，2013年，第264页。

④ 谢泳：《思想改造运动的起源及对中国知识分子的影响》，《思想利器——当代中国研究的史料问题》，北京：新星出版社，2013年，第263页。

⑤ 谢泳：《思想改造运动的起源及对中国知识分子的影响》，《思想利器——当代中国研究的史料问题》，北京：新星出版社，2013年，第264页。

第二节 《红楼梦》事件的来龙去脉

“红学”这门学问是伴随着《红楼梦》的诞生而产生的，自晚清以来，它作为一门显学，一直备受学界关注。在五四运动之前，对《红楼梦》的批点研究以“索隐派”为最，因其产生于“封建社会”的背景属性，又被称为“旧红学”。1921 年，胡适发表《〈红楼梦〉考证》，“由于胡适的提倡，《红楼梦》的考证工作已和中国近代学术的主流——从乾、嘉考据学到‘五四’以后的国故整理——汇合了”[①]。他将实验主义尤其是考证方法与《红楼梦》研究相结合，开创了“新红学”，其核心观点为“自传说”，即认为《红楼梦》是“曹雪芹的自叙传”，具体研究方法是运用历史考证的方法把《红楼梦》展现的内容与曹家一一对应，研究内容主要包括曹雪芹生平及家世、《红楼梦》版本的考证等。俞平伯便受胡适《红楼梦》研究的影响，于 1923 年出版了奠定他红学地位的《红楼梦辨》。他的主要观点与胡适相似，此外，在辨伪存真的考据工作中，他证明前八十回为曹雪芹所作，后四十回为高鹗所续，与胡适一同成为“新红学派”的创始人。当时俞平伯并非马克思主义者和革命者，他研究《红楼梦》主要是出于个人学术兴趣和爱好。

一、两个“小人物”引发的《红楼梦》事件

新中国成立后，俞平伯继续从事《红楼梦》研究工作，并迎来自己学术研究的又一黄金时期。1952 年，俞平伯将《红楼梦辨》修订为《红楼梦研究》并出版。此时其学术观点已与 20 年代的研究有所不同，他改变了《红楼梦》是作者的“自叙传”的看法。受新中国成立初思想改造意识形态政治环境的影响，俞平伯努力使自己的思想跟上时代，在研究过程中自觉运用马列主义的观点和方法，并学习运用了带有时代色彩的话语，发表了如《红楼梦简说》《红楼梦的思想性与艺术性》等文章。同时，在学术惯性的作用下，他仍沿用考据老路子治学，因而“这些文章却不怎么引起人们注意”[②]。尽管如此，俞平伯此期仍发表了多篇红学

---

① 余英时：《近代红学的发展与红学革命——一个学术史的分析》，《中国思想传统的现代诠释》，南京：江苏人民出版社，2003 年，第 238 页。

② 苗怀明：《青史凭谁定是非——从学术史角度对 1954 年批判俞平伯运动的重新考察》，《明清小说研究》2004 年第 1 期。

研究的文章。在新中国成立初较为冷清的红学界，俞平伯的红学研究则格外引人注目。1954 年3 月，俞平伯在《新建设》杂志上发表了《红楼梦简论》，简明扼要地总结了自己的《红楼梦》研究心得。山东大学毕业生李希凡和蓝翎对此产生不同看法，遂合写了《关于〈红楼梦简论〉及其他》一文。该文运用马克思主义理论对俞平伯的《红楼梦简论》展开剖析，对文中一些思想、观点予以了批评否定。此文发表在《文史哲》1954 年第 9 期。同年 9 月，李、蓝两人又写了《评〈红楼梦研究〉》一文，并发表在《光明日报》“文学遗产”栏目上，继续阐发他们的观点，向“新红学”权威的观点公然发出挑战。正是借此机会，“《文史哲》对俞平伯的批判在 20 世纪中国学术史上打响了用唯物史观来研究《红楼梦》的第一枪，成为一场全面清算旧学术的导火线”①。

在此，有几个疑问需要进一步探讨：李、蓝两人的《关于〈红楼梦简论〉及其他》一文主要批判了俞平伯哪些观点？该文在《文史哲》上是如何发表的？为何是《文史哲》而非其他报刊打响了《红楼梦》讨论的第一枪？

李希凡、蓝翎在《关于〈红楼梦简论〉及其他》一文中“破立结合”，一方面指出了俞平伯关于《红楼梦》研究的观点和方法所存在的问题及唯心主义倾向，另一方面也间接提出了关于《红楼梦》研究的建设性意见。其一，批判了俞平伯未能从现实主义创作的角度“探讨《红楼梦》鲜明的反封建的倾向，而迷惑于作品的个别章节和作者对某些问题的态度”，他们认为应“从作者所表现的艺术形象的真实性的深度”方面来正确评价《红楼梦》的现实意义，亦即“只有从现实主义创作的角度上来探讨古典作家的倾向性才能得出正确的结论”。其二，就具体学术观点而言，俞平伯是“以反现实主义的唯心论的观点分析和批评了《红楼梦》”。他所提出的“怨而不怒”说，“离开了现实主义的批评原则，离开了明确的阶级观点”，力图贬低《红楼梦》反封建的现实意义及倾向性；“色空”说将人物形象作唯心主义的理解，便否认了《红楼梦》这样一部作者忠于现实生活描写的现实主义作品；“钗黛合一”说“调和了其中尖锐的矛盾，抹杀了每个形象所体现的社会内容，否定了二者本质上的界限和差别，使反面典型与正面典型合而为一”，从文学形象内涵的意义而言，“暴露了俞先生对现实主义人物创造问题的混乱见解”。其三，俞平伯关于《红楼梦》传统性的论述也表现出唯心主义观点，

① 蒋海升：《政治与学术的互动——20 世纪 50 年代的〈文史哲〉》，《文史哲》2001 年第 4 期。

他将《红楼梦》与传统文学作品进行简单比附,"单纯的以考证其中某些情节或文字和古典书相似或受其影响来论断其传统性",不加具体分析,否定了《红楼梦》的独创性。李、蓝两人指出,一部现实主义作品更根本的是它"源于现实,而绝不是源于某一作品","现实才是源,传统只是流"。"文学的传统性意味着现实主义创作方法的继承与发扬,人民性的继承与发挥,民族风格的继承革新与创造。而最根本的是艺术的美学态度问题,即它与现实生活的关系。从这些方面去探讨《红楼梦》的传统性就容易接触到问题的中心。"总之,"从《红楼梦研究》到《红楼梦简论》,俞平伯研究《红楼梦》的观点和方法基本上仍旧没有脱离旧红学家们的窠臼,并且与新考证学派在某种程度上保持着密切的联系","把考证方法运用到艺术形象的分析上来了",并用考证方法"代替了文艺批评的原则,其结果就是在形式主义的泥潭中愈陷愈深"。

不难看出,李希凡、蓝翎两人虽是以学术批评的方式来探讨俞平伯的红学研究,但囿于所见红学资料,他们对红学研究并不精深,同时又在批评中简单套用新理论,掺杂了诸多意识形态色彩浓厚的政治话语。就红学自身发展而言,新中国成立初红学发展,如余英时所指出的,"自传说"受到三种不同的挑战,第二个挑战来自"封建社会阶级斗争论"。[①] 他们理应批判的是考证派红学自身,但是不仅"在红学的考证上,李、蓝二人基本没有涉及",而且"实际上又以新红学的考证成果为立论基础"。[②] 他们批判的焦点问题在于俞平伯否认《红楼梦》的现实意义,因而他们只是将马克思主义的一般理论移植到已有的红学成果中,甚至是有些粗糙的。然而,"对俞平伯的批评所要显示的是,两名青年批判者所代表的党训练的学生们的思想战斗精神,对于中国共产党来说,其价值比俞平伯所代表的学术和学院的训练成果要大"[③]。李、蓝两人这篇文章正是借政治的东风,率先以新话语形式与批判的红学研究出现在《文史哲》中。

实际上,《关于〈红楼梦简论〉及其他》这篇文章的发表过程却有些曲折。据李希凡本人回忆,1954 年春,两人合作完成此文后,写信询问《文艺报》通讯组,

---

① 余英时:《近代红学的发展与红学革命——一个学术史的分析》,《中国思想传统的现代诠释》,南京:江苏人民出版社,2003 年,第 242 页。

② 苗怀明:《青史凭谁定是非——从学术史角度对 1954 年批判俞平伯运动的重新考察》,《明清小说研究》2004 年第 1 期。

③ [美]R.麦克法夸尔:《剑桥中华人民共和国史:革命的中国的兴起 1949～1965 年》,[美]费正清编,谢亮生等译,北京:中国社会科学出版社,1990 年,第 250 页。

可否批评俞平伯,但未正式投稿,结果并未得到回音。稿件几经周折,后又投寄给《文史哲》。《文史哲》编辑葛懋春是李希凡的学兄,在接到稿件后,又将稿件连带初审意见交给杂志编委会。《文史哲》常务编委杨向奎审稿后又将其转给山东大学校长兼《文史哲》杂志社社长华岗,得到华岗的支持。最终,华岗决定采用,这才有了 1954 年 9 月 1 日在《文史哲》上所发表的文章。对于当时事件缘起的情况,近年来学界有些争论。[①] 2011 年,王学典在《中华读书报》上发表《"红楼梦研究"大批判缘起揭秘——两个"小人物"致函〈文艺报〉的事实是否存在?》一文质疑了两个问题:一是李希凡、蓝翎二人"究竟给没给《文艺报》写过那封'被置之不理'的信"?二是"《关于〈红楼梦简论〉及其他》一文究竟是《文史哲》编辑部的约稿还是作者'不得已'的投稿"?该年4 月 11 日,李希凡又在该报发表《李希凡驳〈"红楼梦研究"大批判缘起揭秘〉》一文予以回应。至此,红楼梦事件的谜团虽未最终揭开,但是已经距离真相不远了。

王学典的文章指出,在毛泽东关于《红楼梦》研究的信于 1967 年 5 月 27 日在《人民日报》公开披露之前的材料中,看不到任何有关那封被"置之不理"的信的存在痕迹,包括李、蓝在文章中屡次提及那封"探询"信,都是在毛泽东的信披露之后。李希凡、蓝翎驳俞平伯的文章是《文史哲》主动约稿的可能性极大,这是因为《文史哲》杂志需要批评俞平伯的稿子。当时,批判胡适及其实验主义、确立马克思主义在学术界的地位是主流意识形态的迫切任务,由革命家、政治家华岗掌舵的《文史哲》自然对上层的意图心领神会。"古史辨"和"红楼梦辨"是使胡适暴得大名的两大学术主干。批倒"古史辨"和"红楼梦辨",就等于摘掉了胡适学术的心脏,这自然成为善于把握学术潮流的《文史哲》的批判矛头所向。1952 年第 2 期的《文史哲》发表了童书业的《"古史辨派"的阶级本质》及杨向奎的《"古史辨派"的学术思想批判》,首先对胡适的学生顾颉刚及"古史辨派"进行了猛烈挞伐。两个月后的第 3 期,又发表了陆侃如的《纪念五四,批判胡适》,严厉地批判胡适"甘心做帝国主义和蒋匪帮的走狗"。打倒"古史辨"之后,推倒胡适学术大厦的另一个支柱——"红楼梦辨",自然就被提上日程。而俞平伯是胡适"红楼梦辨"的代表,批俞平伯,就等于把胡适推上了审判台。李希凡、蓝翎的文章只是不自觉地充当了一系列环环相扣的学术批判的工具而已。从

① 具体讨论的综述情况参见李长银:《"两个小人物"致函〈文艺报〉事件真相再探》,《中华读书报》2014 年 5 月 14 日。

当时的情势看，批判胡适已箭在弦上，即使《文史哲》不发表《关于〈红楼梦简论〉及其他》，胡适批判也一定会以另外的方式展开，一定会有其他“小人物”来担任李、蓝的角色。①

《关于〈红楼梦简论〉及其他》这篇文章最终传到长期阅读《文史哲》杂志的毛泽东手中，他看到此文后，十分赞赏，并对该文详加批注，并建议《人民日报》予以转载。由于当时《人民日报》领导层的意见不统一，认为这是“小人物的文章”，“党报不是自由辩论的场所”等，人民日报社最后决定不刊登。② 后来，在江青、胡乔木、邓拓、林默涵等主管宣传工作的高层领导的指示下，《文艺报》于当年第 18 期转载了该文。当时《文艺报》的主编为冯雪峰，他认为这篇文章有些地方是粗糙的，便亲自写了编者按，指出“作者的意见显然还有不够周密和不够全面的地方，但他们这样地去认识《红楼梦》，在基本上是正确的”。毛泽东在对《文艺报》转载《关于〈红楼梦简论〉及其他》一文所加编者按的批注中说：“不应当承认俞平伯的观点是正确的。不是更深刻周密的问题，而是批判错误思想的问题。”③毛泽东从李、蓝文章里发现了文艺界存在的问题，也从《人民日报》《文艺报》对李、蓝文章的态度中觉察出文艺界领导某些思想倾向性的问题。④ 而这些问题的根源便是文艺界未真正树立起马克思主义指导思想的地位，仍存在资产阶级唯心主义思想倾向。10 月 16 日，毛泽东向中共中央政治局的同志和其他同志发出《关于〈红楼梦〉研究问题的信》，并将李、蓝的两篇文章附在文后。这封信的文稿排印本自 1967 年 5 月 27 日公开发表后，被收入毛泽东著作选编。信中说：

> 这是三十多年以来向所谓《红楼梦》研究权威作家的错误观点的第一次认真的开火。……看样子，这个反对在古典文学领域毒害青年三十余年的胡适派资产阶级唯心论的斗争，也许可以开展起来了。事情是两个“小人物”做起来的，而“大人物”往往不注意，并往往加以拦阻，他们同资产阶级作家在唯心论方面讲统一战线，甘心作资产阶级的俘虏……这是值得我

---

① 参见王学典：《“红楼梦研究”大批判缘起揭秘——两个“小人物”致函〈文艺报〉的事实是否存在？》，《中华读书报》2011 年 9 月 21 日。

② 参见林木：《五十年代中期批判俞平伯始末》，《南京党史》1996 年第 3 期。

③ 毛泽东：《对〈文艺报〉转载《关于〈红楼梦简论〉及其他》一文所加编者按的批注》，中共中央文献研究室编：《建国以来毛泽东文稿》第四册，北京：中央文献出版社，1990 年，第 570 页。

④ 参见林木：《五十年代中期批判俞平伯始末》，《南京党史》1996 年第 3 期。

们注意的。[①]

毛泽东的这封信在对李、蓝文章进行高度评价的同时，更将对俞平伯的批判从学术层面的讨论升级为一场在整个文化领域内由高层组织的政治运动。这场批判超越单纯的学术争论最终演化为一场阶级斗争。

10 月 23 日，《人民日报》发表钟洛的署名文章《应该重视对〈红楼梦〉研究中的错误观点的批判》，称赞李、蓝二人的文章“是三十多年来向古典文学研究工作中胡适之派的资产阶级立场、观点、方法进行反击的第一枪，可贵的一枪”[②]，阐明开展《红楼梦》研究批判运动的目的和意义。10 月 24 日，中国作家协会古典文学部举行《红楼梦》研究问题的讨论会，提出对《红楼梦》研究中的资产阶级唯心论进行批判，运用马克思主义的观点与方法对《红楼梦》的思想性和艺术性作出全面分析、评价。11 月 8 日，郭沫若在《文化学界应开展反对资产阶级思想的斗争》中指出，关于俞平伯《红楼梦》评论的讨论，“应该看作是马克思列宁主义思想与资产阶级唯心论思想的斗争”，同时表示要将这场思想斗争从古典文学领域拓展到文化学术界的各大领域。至此，在领袖人物及高层领导的介入与影响下，国内掀起了《红楼梦》大讨论的热潮，“《红楼梦》研究”成为整个学术界的中心话题。[③] 除了刊登大量批判文章外，从 1954 年 10 月 24 日起，全国各地还陆续召开了各种层次的《红楼梦》研究问题座谈会。据不完全统计，这类座谈会至少开了 110 多次。哪里有批判，俞平伯就会被“邀请”到哪里去。

1955 年1 月，经周扬审阅后，俞平伯的自我检讨《坚决与反动的胡适思想划清界限——关于有关个人〈红楼梦〉研究的初步检讨》定稿，这篇文章后来发表于《文艺报》1955 年第 5 期。在检讨中，俞平伯说：“近四个月来，各方面通过对《红楼梦》研究的批判，热烈地展开了反资产阶级唯心论的斗争。我认为这是必要的、及时的”，“这是社会主义思想体系对非社会主义思想体系的斗争”。他检讨到，进行《红楼梦》所谓的“研究”工作，“主要的错误在于沿用了资产阶级唯心论的思想方法”，“在学术思想上并没有跟胡适划清界限”，并且“不曾积极地发

---

① 毛泽东：《关于〈红楼梦〉研究问题的信》，《毛泽东文集》第六卷，北京：人民出版社，1999 年，第 352～353 页。

② 钟洛：《应该重视对〈红楼梦〉研究中的错误观点的批判》，《人民日报》1954 年 10 月 23 日。

③ 参见郭震旦编撰：《〈文史哲〉与中国人文学术编年（1951～2011）》，北京：商务印书馆，2011 年，第 47 页。

掘《红楼梦》内涵丰富的反封建的意义”。至此，以俞平伯的公开检讨为标志，这场新中国成立初期对《红楼梦》研究的批判前后持续了两个月后暂时结束。同时，随着1955年年初，中共中央发表《关于在干部和知识分子中组织宣传唯物主义思想批判资产阶级唯心主义思想的演讲工作的通知》，思想领域又展开了关于胡适思想以及胡风一派文艺思想的批判。

从批判俞平伯及《红楼梦》的发起来看，这似乎具有偶然性；但若纵观整个事件发展演化的过程，这场批判运动其实是早已注定、不可避免的。自胡适离开大陆后，新政权对胡适思想的批判从思想改造运动开始，未曾中止过。而“新红学”权威俞平伯只不过是胡适思想在古典文学领域乃至文艺界的一个典型，批判俞平伯成为进一步批判胡适资产阶级唯心主义思想的一个靶子。学术层面与政治领域之间的界限在此逐渐模糊。现在反观运动的缘起，既然这场批判运动不可避免，那为何是《文史哲》而非其他报刊打响了《红楼梦》讨论的第一枪？若仔细分析，这里有几方面因素是需要纳入考量范围的。

其一，《关于〈红楼梦简论〉及其他》一文的发表是新中国巩固新意识形态过程中不可缺少的一步，而这又与《文史哲》对时代思想动态的敏感性把握息息相关。俞平伯作为“胡适派”重要的一员，他和他的《红楼梦》研究必然要经过一场彻底改造才能跟上时代要求。早在1951年1月，白盾便写了《〈红楼梦〉是“哀而不怒”的吗》来批判俞平伯的红学观点，只不过被《文艺报》退稿了。也就是说，“即使李希凡、蓝翎不写批评俞平伯的文章，其他人也照样会写”①。关键在于，新中国成立初思想改造后，思想界虽又进行了武训批判活动，但收效甚微。毛泽东在关于《红楼梦》的信中直接指出：“被人称为爱国主义影片而实际是卖国主义影片的《清宫秘史》，在全国放映之后，至今没有被批判。《武训传》虽然批判了，却至今没有引出教训。”②学术文化界的资产阶级唯心思想仍需要彻底清除。对于此篇文章的刊登，编者指出：“这种对于问题展开讨论的精神是好的，况且《红楼梦》这部古典现实主义的作品，因为内容丰富，引起人们的误解也最多，澄清关于其中某些问题的看法，对于读者会有帮助。”③可见，《文史哲》杂

① 孙玉明：《“〈红楼梦〉研究批判运动”发生的偶然与必然(上)》，《新文学史料》2012年第4期。

② 毛泽东：《关于〈红楼梦〉研究问题的信》，《毛泽东文集》第六卷，北京：人民出版社，1999年，第352～353页。

③ 《编者的话》，《文史哲》1954年第9期。

志正是将《红楼梦》作为古典文学领域批判“胡适实验主义”等资产阶级唯心思想的突破口。

其二，这篇文章是《文史哲》办刊方针与特点的必然产物。它之所以能在这里找到发表的园地，“固然与所谓‘清算资产阶级学术’这个当时的特定语境有关，更与《文史哲》的办刊理念有关”[①]。《文史哲》一向本着“扶植小人物”“百家争鸣”的办刊理念，“通过刊载应用新观点、新见解的研究文章，提高自己的理论水平与学术水平，推进学校文科的教学与科研”[②]，杂志自创刊号始，每期都力求坚持与倡导学术讨论。这篇文章的发表同时也“和华岗同志领导下的《文史哲》，比较重视批判胡适实用主义哲学，比较重视刊登不知名的年轻人的文章是有关系的”[③]。另外，《文史哲》根植于山大繁盛的古典文学研究基础，汇聚了一批著名的文学大家，给李、蓝两人上古典文学课讲解《红楼梦》的教授，正是当年与俞平伯同时驰名五四文坛的女作家冯沅君，因而新中国成立后山东大学关注古典文学变革的研究与新观点的探讨也是必然的。这篇文章乃是新中国成立初期山大师生学习马克思主义、构建新学术形态的必然产物。

其三，李希凡、蓝翎虽是刚涉足中国古典文学的青年，是相较于俞平伯这种“大人物”而言的“小人物”，但他们的专业素养和政治氛围熏陶却使这篇文章的写作成为可能。他们在山大上学期间，一方面受新中国成立初的政治学习及思想改造教育的影响，同时较少有思想包袱，从而自觉运用马列主义开展学术研究；另一方面，如韩毓海在《“人心似水，民动为烟”——1954，〈红楼梦〉讨论再回首》中所言，山东大学偏离北京这样的“文化中心”，就给师生提供了一套新的文化秩序。在这种前提下，李、蓝二人“可以少拜，起码是少拜胡适这个大把头”，没有什么“文化负担”。而“中国古典文学的研究、讲授与训练，历来是山东大学的强项，对明清几部小说的探讨与评论，自然也在其中”，他们在校期间又受了古典文学专业的学习训练，这篇文章正是“两个青年学生受时代的感召用新的研究观念和新的研究方法所写的一篇探索之作”[④]，代表着共和国初期成长起来

① 徐显明：《〈文史哲〉与山东大学文科建设——〈文史哲〉创刊50周年献辞》，《文史哲》2001年第3期。

② 《编者的话》，《文史哲》1951年第1期。

③ 葛懋春：《回忆早期〈文史哲〉杂志社社长华岗同志》，《文史哲》1981年第4期。

④ 徐显明：《〈文史哲〉与山东大学文科建设——〈文史哲〉创刊50周年献辞》，《文史哲》2001年第3期。

的新生代学人的思想路向和学术选择。

二、《文史哲》与《红楼梦》批判运动

《文史哲》在打响运用唯物史观研究《红楼梦》的第一枪之后，又积极投入到这场学术批判及《红楼梦》研究中去。山东大学分别于1954年11月7日、13日、20日、26日及12月18日，组织了5次关于《红楼梦》研究的讨论座谈会。这几次讨论会主要围绕三方面要求展开：第一，批判用资产阶级唯心论研究古典文学的态度和方法；第二，对于《红楼梦》一书的社会意义及文艺价值的初步探讨；第三，提高有关古典文学的教学及研究水平。① 为配合《红楼梦》研究批判运动，《文史哲》刊登了座谈会发言，并选择其中17篇具有代表性的文章编辑为"《红楼梦》研究讨论专辑"，刊登在1955年第1期中。具体批判内容如下。

华岗在11月7日的《红楼梦》讨论会上的发言中指出，这次《红楼梦》讨论的目的是，在各方面清除资产阶级反动立场、观点和方法，对《红楼梦》本身作出正确的评价。他进一步批判到，胡适和俞平伯借"考证""研究"的名义，用资产阶级反动思想歪曲了《红楼梦》。具体表现为"为艺术而艺术"、从多方面掩饰或调和阶级社会中客观存在着的各种矛盾，最终表现为走向神秘主义和不可知论的反动道路。②

在讨论中，部分学者从阶级立场批判的角度集中对胡适和俞平伯的观点和方法展开批判。陆侃如认为，胡适的资产阶级思想对古典文学研究有两个方面的毒害：一是对为研究而研究、为考据而考据的提倡，二是歪曲古典杰作的积极意义，抹杀了作品的政治内容与斗争作用。③ 童书业提出，对历史与古典文艺进行考据时要有阶级立场，胡适和俞平伯的考据是为反动实验主义服务的，他们的研究只停留在皮毛阶段，用考据代替文艺批评，而没有认识到思想本质。④ 高兰认为，俞平伯先生主要的错误是以封建士大夫阶级和资产阶级的主观唯心论，以及反动的实验主义思想、观点、方法，抹杀了《红楼梦》这一伟大的现实主义作品的社会内容、社会作用，把《红楼梦》降低到自然主义艺术作品的地步，顽

---

① 参见《编者的话》，《文史哲》1955年第1期。

② 参见华岗：《怎样在古典文学研究领域清除资产阶级反动思想——在一九五四年十一月七日本校红楼梦讨论会上的发言摘要》，《文史哲》1955年第1期。

③ 参见陆侃如：《胡适反动思想给予古典文学研究的毒害》，《文史哲》1955年第1期。

④ 参见童书业：《论考据方法在研究古典文学上的作用和限度》，《文史哲》1955年第1期。

强地宣扬了反马克思列宁主义的文艺观点。[①] 冯沅君指出，俞平伯“研究《红楼梦》，抹杀了事物间的矛盾，也抹杀了事物间的联系。他的研究方法是胡适所传播的反动实验主义的方法，完全是唯心主义的错误方法”[②]。

许文雨、关德栋、琦书畊、吴富恒则从古典文学文艺理论的角度，认为俞平伯没有分清“艺术的真实”和“历史的真实”；他用考据方法得出《红楼梦》是记录客观现实作品的结论，歪曲了《红楼梦》的现实主义特性；在研究中采取自然主义观点方法，割裂了《红楼梦》的艺术形象和社会概括的完整性，这种思想根源是受了反动的买办资产阶级知识分子胡适的资产阶级唯心论思想影响。[③] 此外，肯定《红楼梦》一书的社会意义，即认为它是一部伟大的现实主义作品是学者的共识，并对其人民性作了阐发。孙昌熙认为要对《红楼梦》作客观评价，他既肯定了《红楼梦》作为伟大的现实主义作品的这种优良特性，又指出应站在无产阶级立场以马克思主义的观点去作分析研究，批判古典作品中的毒素，挖掘其民主精粹。[④] 冯沅君称：“《红楼梦》是一部思想性与艺术性高度结合的现实主义杰作。”[⑤]潘颖舒从《红楼梦》的时代背景及其中间所反映的有关清代社会经济制度的特点出发，认为这部作品的人民性就在于作者采取了现实主义的写作方法。[⑥]

值得一提的是，张维华、吴大琨分析了《红楼梦》写作的时代背景。张维华认为《红楼梦》反映了晚明到清前期资本主义萌芽因素出现、封建主义逐渐被瓦解、封建社会走向没落的景象。[⑦] 吴大琨则持相反观点，他透过《红楼梦》所反映的清代社会经济制度的特点，认为《红楼梦》的人民性就在于作者采取了现实主义的写作方法，对18世纪中叶满洲贵族地主的家庭社会作了典型描写，也反映

---

① 参见高兰：《批判俞平伯主观主义的考证方法》，《文史哲》1955年第1期。

② 冯沅君：《试论红楼梦的人物塑造——以刘老老为例——在红楼梦第三次讨论会上的发言》，《文史哲》1955年第1期。

③ 相关论文参见许文雨：《从历史的真实和艺术的真实的区别来看过去研究红楼梦路线的错误》，《文史哲》1955年第1期；关德栋：《关于艺术的所谓真实感和细节描写》，《文史哲》1955年第1期；琦书畊：《红楼梦的历史真实与艺术真实兼谈考据》，《文史哲》1955年第1期；吴富恒：《论现实主义与自然主义的区别——批判俞平伯研究红楼梦的错误观点和方法》，《文史哲》1955年第1期。

④ 参见孙昌熙：《从考证谈到红楼梦的评价问题》，《文史哲》1955年第1期。

⑤ 冯沅君：《试论红楼梦的人物塑造——以刘老老为例——在红楼梦第三次讨论会上的发言》，《文史哲》1955年第1期。

⑥ 参见潘颖舒：《略谈“红楼梦”的人民性》，《文史哲》1955年第1期。

⑦ 参见张维华：《红楼梦写作的历史背景》，《文史哲》1955年第1期。

出那个时代的清朝统治正处于由盛转衰的过程,这是由于中国封建社会的固有发展规律在发生作用,而非由于产生"资本主义萌芽"①。

陆树仑认为李希凡、蓝翎将宝黛的艺术形象看作"概括了广大群众愤怒反抗情绪"的形象这个观点是值得商榷的,这是将封建统治阶级内部的封建思想的维护者与反抗者的矛盾,转为剥削阶级与被剥削阶级的矛盾,忽视了剥削阶级与被剥削阶级的矛盾,这是错误的。他强调"宝黛的反贾政的斗争,决不能同农民与地主的斗争混为一谈",只有这样才能正确认识《红楼梦》的人民性。② 梁希彦从文学遗产的高度出发,指出要以历史唯物论及马克思主义文艺理论做武器,去其糟粕,取其精华,把祖先优良的斗争传统突出地显示出来,建设社会主义现实主义的新文学。③

此后,《文史哲》又陆续发表殷孟伦、杨向奎、映白和孙慎之等人的文章,对曹雪芹的语言艺术思想及《红楼梦》的人物语言、性质问题,作出分析与批判。④对于这五次有关《红楼梦》研究的讨论会,《文史哲》编者肯定了其意义,"同时一般也确认了《红楼梦》是一部古典现实主义的伟大作品,否定了把它当作自然主义是唯心论的解释"⑤。总体而言,在讨论中,学者虽然首先从思想批判的角度划清阶级立场,但是在分析《红楼梦》时,都还是在学术探讨范围内,而思想界则更注重俞平伯批判所带来的政治影响。但吊诡之处在于,作为新政权的积极拥护者,俞平伯在政治上是个"好人",这也恰是毛泽东在指示中要求对"俞平伯这一类知识分子"要采取"团结态度"的关键所在。归根结底,对俞平伯和《红楼梦》的批判最终要"归结为阶级斗争而不是学术问题"⑥。因而,在这种大前提之下,意识形态下的革命话语占据主流地位,《文史哲》也势必难有纯粹的脱离政治的讨论。关于这场批判,胡绳后来在《在庆贺俞平伯先生从事学术活动六十五周年大会上的讲话》中肯定了俞平伯的学术贡献,公开为这场批判"翻案",《红楼梦》研究问题是学术领域的问题,"一九五四年下半年因《红楼梦》研究而

---

① 参见吴大琨:《略论"红楼梦"的时代背景》,《文史哲》1955年第1期。

② 参见陆树仑:《谈谈贾宝玉和林黛玉的形象》,《文史哲》1955年第1期。

③ 参见梁希彦:《我们应该怎样对待文化遗产》,《文史哲》1955年第1期。

④ 参见殷孟伦:《略谈红楼梦作者曹雪芹对语言艺术的认识》,《文史哲》1955年第2期;袁世硕:《怎样对待"红楼梦"》,《文史哲》1955年第3期;映白、孙慎之:《关于红楼梦所表现的矛盾的性质问题》,《文史哲》1955年第4期;殷孟伦:《略谈红楼梦的人物语言》,《文史哲》1955年第4期。

⑤ 《编者的话》,《文史哲》1955年第1期。

⑥ 于风政:《改造:1949～1957年的知识分子》,郑州:河南人民出版社,2001年,第316页。

对他进行政治性的围攻，是不正确的”，这种做法不符合“双百方针”的指示。①

由《文史哲》刊发的“小人物”的文章而引发的关于《红楼梦》的学术大讨论，正是新中国成立后运用马克思主义观点研究《红楼梦》的开端，在参与讨论的过程中，《文史哲》也担负了学术与政治的双重使命。马克思主义唯物史观的运用，“使《红楼梦》研究成为继20世纪20年代胡适、俞平伯为代表的考证派建立的‘新红学’之后，实现了‘红学’史上的第二次飞跃”②。如果将眼光置于整个20世纪中国学术，这实际上是对民国考据学传统的一次具有决定性意义的反拨，意味着对胡适所代表的旧“文化秩序”和学术世界的彻底否定，从而开启了从民国学术向共和国学术转型的进程。于政治领域而言，后来领袖指示等政治因素的介入，使红学讨论演变为一场意识色彩浓重的政治性批判。胡适及胡适派的学术思想成为矛头所向，表明新意识形态在学术领域的清算正式开始。

第三节　全国性胡适思想大批判

一、胡适思想批判的缘起

“《红楼梦》事件”引发了学术界的资产阶级唯心思想大批判。其实，从这场运动的发动到铺开，它批判的最终目标是胡适，俞平伯不过是整个胡适学术思想批判的一个序曲而已。也就是说，《红楼梦》研究的讨论“应该看作是马克思列宁主义思想与资产阶级唯心论思想的斗争”③，因而对于胡适思想的全国性大批判势必不可避免。

具体而言，引发胡适思想批判的因素是多方面的。其一，从历史角度而言，胡适与中共素有不可调和的政治矛盾。自1919年“问题与主义”之争后，胡适所持实验主义观点与中共理论家的马克思主义相对抗。尤为关键的是，“胡适的立场、观点及其后期的具体表现，已然引起了毛泽东对他的极大反感”④。

① 胡绳：《在庆贺俞平伯先生从事学术活动六十五周年大会上的讲话》，中国社会科学院文学研究所编：《俞平伯先生从事文学活动六十五周年纪念文集》，成都：巴蜀书社，1992年，第3页。

② 周广璜、王静：《〈文史哲〉与中国古典小说研究》，《中华读书报》2015年3月4日。

③ 郭沫若：《中国科学院郭沫若院长关于文化学术界应开展反对资产阶级错误思想的斗争对光明日报记者的谈话》，三联书店编辑：《胡适思想批判(论文汇编)》第一辑，北京：三联书店，1955年，第3页。

④ 孙玉明：《红学：1954》，北京：人民文学出版社，2011年，第273页。

1945年以后,胡适在政治上彻底倒向蒋介石,逃离北平后最终去了美国。其间中共对其进行过争取活动,代表者当数陈垣于1949年5月11日发表在《人民日报》上的《给胡适之先生一封公开信》一文。这篇文章不仅是陈垣自身政治立场的表态——与胡适思想分手,也是带有官方意图的劝告:“你应该转向人民,幡然醒悟”,只要批判改正错误,仍可成为与“我们”——人民大众走在同一条路上的一名“同志”。胡适再三辨别这封信的真伪后,于1950年1月9日在《自由中国》第2卷第3期上发文,拒绝了新政权主动送出的“橄榄枝”,同时,胡适又陆续发表了种种反共言行。①

其二,胡适作为“中国资产阶级思想的最主要、集中的代表者”②,胡适思想本身已经成为“资产阶级唯心论思想”的代名词,这与新政权建立后建构意识形态、传播马克思主义的任务格格不入。新中国的思想文化建设力度与经济、社会等其他方面建设不相匹配,“批评和讨论的风气就不够旺盛”,思想文化领域内胡适“反动哲学的遗毒”正与此难逃干系,虽然“在政治上已经宣布胡适为战犯,但在某些人的心目中胡适还是学术界的‘孔子’”。③ 换句话说,胡适的学术思想的影响广泛,“他提供了一种方法——治学方法和思想方法,好像在哪一个学术部门都用得上”④,这些思想的根源正是资产阶级唯心论实用主义哲学。虽然自新中国成立以来,学习马克思列宁主义、毛泽东思想与思想改造运动破立并存,但这些思想建设主要集中在政治思想范畴,学术文化领域内思想的批判并不深入,资产阶级唯心论学术思想“在人民和知识分子的头脑中还占有很大的地盘”⑤。当时总数五百万的知识分子,大多数还“处在一种中间状态”,他们“想学习马克思主义,并且也学了一点,但是还不熟悉”。⑥ 在这方面,既有官方的总结批判,也有学人自身的心声。如郭沫若批评文化学术界所言:“有些人虽

① 胡适:《〈自由中国〉的宗旨》,《我的歧路》,沈阳:万卷出版公司,2014年,第267页;原载《自由中国》1949年11月20日第1卷第1期。

② 周扬:《我们必须战斗》,张炯主编:《中国新文艺大系——1949～1966(理论史料集)》,北京:中国文联出版公司,1994年,第289页。

③ 郭沫若:《中国科学院郭沫若院长关于文化学术界应开展反对资产阶级错误思想的斗争对光明日报记者的谈话》,三联书店编辑:《胡适思想批判(论文汇编)》第一辑,北京:三联书店,1955年,第4页。

④ 嵇文甫:《胡适唯心论观点在史学中的流毒——十二月十九日中国史学会河南分会对开封市大中小学历史教师的报告》,《新史学通讯》1955年第1期。

⑤ 周扬:《我们必须战斗》,张炯主编:《中国新文艺大系——1949～1966(理论史料集)》,北京:中国文联出版公司,1994年,第289页。

⑥ 黎澍:《中国社会科学三十年》,《历史研究》1979年第11期。

然也学习了马克思列宁主义，在思想上却并没有接受马克思列宁主义。”[①]高兰感慨道：“解放以来，大家虽然都学习了马克思列宁主义，大体上可以划分无产阶级思想与资产阶级思想的基本界限。但无可讳言的，在研究工作的一些具体问题上，一般的说，还是看不准，拿不稳，掌握不好马克思列宁主义这一思想武器的。”[②]又恰如孙玉明所言：“统治中国思想界长达三十余年的胡适思想，已成了普及马列主义的最大障碍。”[③]因而要在中国学术界真正树立马克思主义的领导地位，就不得不开展对胡适的批判。

二、“胡适思想批判运动”的发展

其实，在胡适拒绝接受新政权对其“劝归”的同时，大陆对他的批判已经相继展开了。“1949 年下半年开始，在北京大学等高等学校内，已开始了对胡适的实验主义等旧的治学方法的批判，但这时所注重的只是方法上的反思”[④]，真正具有批判火力的是胡适的儿子胡思杜于 1950 年 9 月 22 日发表在香港《大公报》上的《对我父亲——胡适的批判》一文。在文章中，胡思杜首先表明了他对父亲由“好人”看法到“反感”的态度转变，在学习社会发展史之后，他意识到自己在此问题上“仍是站在反动的臭虫立场”，因而他又以历史唯物主义的天平来衡量胡适在历史上的作用。在阶级分析上，胡思杜“明确了他是反动阶级的忠臣，人民的敌人”，更是“自己的敌人”。[⑤] 显然，胡思杜在父亲问题上已经“划分敌我”。既然“亲情”都可以作为“非无产阶级的个性感情”被划出阶级敌我界限，那么与胡适有交集的“旧学人”在学术思想问题上又何尝不可适用于阶级分析呢？

1951 年 11 月，第一次“胡适思想批判运动”开始。它是以“京津高等教师学习改造运动”的面目出现的，“同时配合北大、清华两校(后加上燕京大学)的院

---

① 郭沫若：《中国科学院郭沫若院长关于文化学术界应开展反对资产阶级错误思想的斗争对光明日报记者的谈话》，三联书店编辑：《胡适思想批判(论文汇编)》第一辑，北京：三联书店，1955 年，第 4 页。

② 高兰：《批判俞平伯主观主义的考证方法》，《文史哲》1955 年第 1 期。

③ 孙玉明：《红学：1954》，北京：人民文学出版社，2011 年，第 282 页。

④ 孙玉明：《红学：1954》，北京：人民文学出版社，2011 年，第 285 页。

⑤ 胡思杜：《对我父亲——胡适的批判》，欧阳哲生编：《容忍比自由更重要：胡适与他的论敌》下册，北京：时事出版社，1999 年，第 796～800 页。

系调整,稍后又有'北京文艺界整风学习运动'推波助澜,呼应配合"①,又与知识分子的思想改造运动相糅合。根据胡明在《胡适传论》中的记述,我们大致可知悉这次"批胡运动"的具体发展情况。在运动初期,由于没有中央明确的高压性文件政策,而胡适和胡适思想多是高校知识分子作为"教育工作者"在自我改造中所批判提及的一部分,并无专门的针对性。如钱端升于11月6日在《光明日报》上发表《为改造自己更好地服务祖国而学习》一文,文章批评北大长期的自由散漫未能得到纠正,这个责任主要应由蔡元培和胡适来负,认为"我们除了宣布胡适的思想为敌人的思想外,还应该好好地批判蔡元培的思想和这思想所遗留在我们中间的影响"。此后,《人民日报》又发表了北大、清华等高校的教师的思想改造文章。1951年11月12日起,北京大学文法两院开始讨论对胡适的看法,罗向培、向达等十几位老教授在进行政治立场表态后,公认了胡适在旧学术界的反动性。同时明确应扩大批判范围,"不应该单纯地批判胡适个人,而应该在北大和受过胡适影响的人身上搜寻胡适的影子"②。可见,在这里,批判的核心任务已经发生转向了——批判胡适思想。随即,"京津高等教师学习改造运动"进入第二阶段,即"研究文件,批判帝国主义、封建主义反动思想,划清敌我",这一阶段的任务是"控诉胡适""批判胡适","批判运动"迅速波及京津沪各高校。③ 1951年12月2日,上海《大公报》召开了"胡适思想批判座谈会",沈尹默、顾颉刚等学者在会上发言。这些发言公开刊登在报纸上,如顾颉刚的《从我自己看胡适——我和胡适的学问关系》就发表在1951年12月16日的《大公报》上。顾颉刚表示与胡适公开决绝,他"觉悟到应该严格分清敌我","胡适是政治上的敌人,也是思想上的敌人"。然而1952年1月4日,中共中央发出《关于立即限期发动群众开展"三反"斗争的指示》。由于全国范围内"三反"运动的兴起,这场学习改造运动在完成第二阶段任务后,于1952年1月21日不得不暂停,第一次胡适批判也因此中止,并未深入和扩散。

全国性的大规模的"胡适思想批判运动"始于1954年11月,导火线则是10月份的"《红楼梦》事件"。10月16日毛泽东的《关于〈红楼梦〉研究问题的信》,实际上就已经明确了对胡适思想的批判,他称李、蓝二人的文章是"反对在

① 胡明:《胡适传论》(下),北京:人民文学出版社,1996年,第968页。

② 胡明:《胡适传论》(下),北京:人民文学出版社,1996年,第970页。

③ 参见胡明:《胡适传论》(下),北京:人民文学出版社,1996年,第970页。

古典文学领域毒害青年三十余年的胡适派资产阶级唯心论的斗争”[①]。这封信引起了主管党内宣传工作的陆定一的高度重视，他体会到毛泽东在信中所传达的批判胡适的内核，并“和中宣部有关领导多次议论了如何贯彻执行毛泽东的指示”[②]。10 月 27 日，陆定一给毛泽东和中共中央写了“关于展开《红楼梦》研究问题的批判”的报告，其中总结到，中国作家协会古典文学部举行《红楼梦》研究问题讨论会，“认为消除胡适派资产阶级唯心主义观点在古典文学研究界的影响，是一场严重斗争”[③]。与此同时，报告还提出详细的批判胡适的设想，认为这次讨论应该发展到其他部门去，从哲学、历史学、教育学、语言学等方面彻底批判胡适的资产阶级唯心论的影响。这其实已经超出了毛泽东要在“古典文学领域”批判胡适的意蕴。报告指出：“目前就应该动员各方面着手组织人力研究胡适派思想在各方面的表现”，“可以准备用一两年时间来对胡适派思想从根本上彻底清算”。[④] 正如谢泳所分析，此次对胡适思想的批判为“观念来源于毛泽东，但执行和实施批判的详细计划是由中共理论家来完成的”，“陆定一、周扬和郭沫若是胡适思想批判的导演”。[⑤]

1954 年 11 月 7 日，《人民日报》发表了王若水的《肃清胡适的反动哲学遗毒》，这是第二阶段最早发表的批判胡适的文章。据王若水的回忆，这是《人民日报》总编辑邓拓转达毛泽东指示而分配给他的任务，即“现在要把对俞平伯的批判转变为对胡适思想的批判”。王若水接受任务之后，连夜突击完成。[⑥] 王文开篇火药味浓重，“前哨的第一枪既然已经响出，战斗的火力，就不能不对准资产阶级唯心论的头子胡适”，这句话也成为当时流行的一句批判用语。文章重点清算了胡适的实验主义，以及以实验主义为基础的资产阶级唯心论的观点、方法对古典文学领域的影响。最后一语道破思想文化界的现状：“在今天，胡适

---

① 毛泽东：《关于〈红楼梦〉研究问题的信》，《毛泽东文集》第六卷，北京：人民出版社，1999 年，第 352 页。

② 陈清泉、宋广渭：《陆定一传》，北京：中共党史出版社，1999 年，第 388 页。

③ 毛泽东：《对陆定一关于展开〈红楼梦〉研究问题的批判的报告的批语》，《建国以来毛泽东文稿》第四册，北京：中央文献出版社，1990 年，第 587 页注释部分。

④ 陈清泉、宋广渭：《陆定一传》，北京：中共党史出版社，1999 年，第 391 页。

⑤ 谢泳：《胡适思想批判运动的起源》，《当代学人精品：谢泳卷》，广州：广东人民出版社，2017 年，第 126 页。

⑥ 谢泳：《胡适思想批判运动的起源》，《当代学人精品：谢泳卷》，广州：广东人民出版社，2017 年，第 129 页。

的政治思想已随着旧中国的死亡而彻底破产了。但他的‘学术思想’，他的实验主义哲学，却还影响着学术界。他的幽灵还附在俞平伯和其他一部分文化界人士的身上。认清胡适思想的反动性，清除他的影响，是文化界当前的任务。”①

官方也在继续加强胡适批判的动员。1954 年 11 月 8 日，郭沫若发表对《光明日报》记者的讲话。他进一步强调：“胡适的资产阶级唯心论学术观点在中国学术界是根深蒂固的，在不少的一部分高等知识分子当中还有着很大的潜势力”，所以还要继续打倒这个学术界的“孔子”。他直接否定了胡适所谓的“大胆假设，小心求证”的治学方法，斥其为“彻头彻尾的主观唯心论”。② 12 月 1 日，周扬向毛泽东提交了关于批判胡适问题的组织计划的报告，将运动的重点转向以批判胡适思想为主。12 月 2 日，中国科学院院部与中国作家协会主席团举行联席会议，成立了以郭沫若为首的胡适思想批判委员会，同时决定从哲学思想、政治思想、历史观点、“中国哲学史”、文学思想、“中国文学史”、历史学与古典文学研究等九个方面，有计划、有组织地召开若干讨论会，对胡适思想展开批判。会议同时决定将讨论会的论文送至各报刊发表。

12 月 8 日，中国文联主席团和中国作协主席团举行闭幕会。在会上，郭沫若、周扬、茅盾分别发表讲话，进行批判动员。郭沫若在《三点建议》中强调，要坚决展开对资产阶级唯心论的思想斗争，展开学术自由讨论，并且扶植新生力量。同时，他肯定了王若水对胡适实验主义反动性和唯心论本质的揭露，并下了“胡适根本不懂得科学”的论断。③ 周扬在《我们必须战斗》中也强调，“全面地、彻底地揭露和批判胡适派资产阶级的唯心论，就是当前马克思主义者十分重要的战斗的任务”，也就是说，这个批判运动的目的是“使马克思列宁主义在中国学术界树立真正领导的地位”，因而它“也是一个马克思主义思想建设的运动”。④ 茅盾则作了《良好的开端》的总结讲话，他强调并赞同郭沫若的讲话观点，最后发出号召：“讨论会虽然暂时结束，反对资产阶级思想的斗争，批判胡适

① 王若水：《清除胡适的反动哲学遗毒——兼评俞平伯研究红楼梦的错误观点和方法》，《人民日报》1954 年 11 月 5 日。

② 郭沫若：《中国科学院郭沫若院长关于文化学术界应开展反对资产阶级错误思想的斗争对光明日报记者的谈话》，三联书店编辑：《胡适思想批判(论文汇编)》第一辑，北京：三联书店，1955 年，第 4、5 页。

③ 郭沫若：《三点建议》，三联书店编辑：《胡适思想批判(论文汇编)》第一辑，北京：三联书店，1955 年，第 10 页。

④ 周扬：《我们必须战斗》，张炯主编：《中国新文艺大系——1949～1966(理论史料集)》，北京：中国文联出版公司，1994 年，第 289 页。

的反动的哲学思想、政治思想、历史观点、文学思想等等，却正待开展；让我们大家步伐一致地走进这场严重的思想斗争，并且在斗争中锻炼出'新我'来！"①

经过这一系列的策划、组织和动员，对胡适的大规模批判全面展开。从1954年12月至1955年3月，中国科学院和中国作家协会共联合举办了21次批判胡适的讨论会，全国各地包括科学院、文联和作协系统有组织有计划地开展了对胡适的批判，省、市级以上报纸和学术刊物发表了几百篇批判文章，其中不少高校也组织了批判讨论会。1955年3月1日，中共中央发出《关于宣传唯物主义思想批判资产阶级唯心主义思想的指示》，提出必须在知识分子和广大人民中宣传辩证唯物主义和历史唯物主义，展开批判资产阶级唯心主义思想的运动。5月，中共中央批转了中宣部《关于胡适思想批判运动的情况和今后工作的报告》，对这场运动作初步的总结。集中性的批判持续到1955年10月。这次批判的总结性成果便是北京三联书店陆续出版的《胡适思想批判(论文汇编)》共8辑，近200万字。它共收录了173篇文章，涉及164位作者，主要是发表在《人民日报》《光明日报》《学习》及其他重要报刊上的文章。② 可见批判运动规模之大，人员参与范围之广。

三、作为山东大学胡适思想批判主阵地的《文史哲》

后世研究者曾指出一种耐人寻味的现象：20世纪50年代的"批胡"，"主力军"不是北大，而是无论数量质量都不及"偏离北京这样的'文化中心'，得以置身于一套与'胡适派'完全不同的文化秩序"③的山东大学。此言一语道出山东大学在胡适批判运动中的特殊地位。这种参与构建新意识形态的积极性与华岗主政山东大学密切相关。新中国成立初期，华岗鼓励引导文科教师运用马克思主义批判唯心史观，比如"鼓励陆侃如、冯沅君两教授在解放初期思想改造运动中批判胡适实用主义对他们的影响"，"远在五五年全国开展批判胡适实用主义观点之前的五二年，《文史哲》就陆续发表了陆侃如《纪念五四，批判胡适》、童书业《古史辨派的阶级本质》等文章，从五二年到五四年的十二期刊物中涉及批

---

① 茅盾：《良好的开端》，本社辑：《批判〈红楼梦〉研究中的资产阶级思想》，郑州：河南人民出版社，1955年，第18页。

② 参见董立功：《〈胡适思想批判〉作者群体考察》，《江淮文史》2013年第5期。

③ 欧阳健：《历史背景与事实细节的还原——北大学人"胡适思想批判"一瞥》，《辽东学院学报》(社会科学版)2019年第1期。

判胡适实用主义的文章有六篇之多”。[①] 其中值得一提的是童书业的《批判胡适“实验主义”学术思想》一文，这篇文章是童书业学习辩证唯物论札记之二。这篇文章“于1954年2月13日改定，这离12月2日中国科学院、中国作协举行联席会议批判胡适思想，决定成立‘胡适思想批判讨论工作委员会’还有十个月”[②]。一开篇，童书业便指出，必须认识到胡适的“考据学”只是他的反动工具。童书业说他自己也是“实验主义”的实践者，批判胡适，对其思想也会起到改造作用。童书业的批判内容其实已经涉及后来批判胡适所包括的主要方面。他首先批判了胡适的“实验主义”哲学和他的政治理论的反动本质，继而重点批判了胡适的文学理论和“考据”的历史学。他认为胡适的“考据”文字只是“实验主义”思想方法的几个实例，他企图通过这些实例，把“实验主义”的毒素种到青年的头脑中去，使其变成抵抗马克思、列宁主义的“防身的本领”。胡适的“考据”论文引导人脱离现实，专钻牛角尖，以减少知识分子对于政治所起的“危险作用”。这类“考据”因为他的方法错误往往也得不出正确的结论。[③] 可见，从政治立场的批判到治学方法的否定，童书业是出于真诚的学习而得出的结论，他已经自动将思想改造与批判胡适的实验主义结合起来。

与此前山东大学文科教师自发自觉地将学习与批判相结合不同，1955年山东大学发动了有计划有组织的胡适批判。《文史哲》在1955年第2期中，便发表了《山东大学全面展开对胡适派资产阶级唯心论思想的批判》一文。该文透露了关于批判胡适的具体计划情况。文章主要内容如下：

> ……这一思想斗争[④]正逐步深入，并转向对胡适派资产阶级唯心论观点的全面批判。在山东大学科学研究委员会的组织领导下，马列主义教研室和中文、外文、历史三系的许多教研组和教师，正积极准备写作这方面的论文，准备在今年三月份校庆科学讨论会上提出报告。
>
> 马列主义教研室和历史系的有关教师，已联合开会研究了这一问题，大家都表示要进一步集中力量投入这一斗争。现已大体确定了论文中心：马列主义教研室蒋捷夫和历史系童书业等先生撰写“有关胡适派哲学思想

① 葛懋春:《回忆早期〈文史哲〉杂志社社长华岗同志》,《文史哲》1981年第4期。

② 欧阳健:《1955年〈文史哲〉“胡适思想批判”正论》,《粤海风》2017年第4期。

③ 参见童书业:《批判胡适的“实验主义”学术思想》,《文史哲》1954年第5期。

④ 思想斗争即关于《红楼梦》研究的批判。

> 批判”、历史系孙思白和马列主义教研室朱作云等先生撰写“胡适三十年来政治主张的批判”、马列主义教研室吴大琨先生撰写“批判胡适派改良主义的经济思想”、历史系赵俪生等先生撰写“批判胡适派唯心论史学方法”、历史系徐绪典先生撰写“第三次国内战争时期胡适的亲美面目”、历史系路遥先生撰写“批判胡适派资产阶级唯心论史学观”。……文学史教研组的先生们也大体确定了题目：陆侃如先生的题目是：“批判胡适的‘白话文学史’”、冯沅君先生的“批判胡适的‘西游记考证’”，另外，萧涤非、黄孝纾、高亨、许文雨、赵省之等先生，分别批判胡适对杜诗、词、考证方法、唐诗、汉散文与汉赋的错误观点。外语系梁希彦等先生亦准备进行关于“红楼梦”思想性、艺术性的研究。

从这个计划可以发现以下几个问题：第一，这场批判运动是校科学研究委员会组织的，起码表面上来看，与教师出于自发性批判并无绝对关联。其实早在该批判计划制定之前，陆侃如在《文史哲》1955 年 1 期中便发表了《胡适反动思想给予古典文学研究的毒害》一文。但是，自发性与自觉性是两码事，学校统一组织下的批判并非意味着教师的批判会流于纯粹性的“形式主义”，当然这需要结合批判内容具体分析。第二，批判者主要集中于马列主义教研室，以及中文、外文、历史三系，从根本而言，这是由胡适学术思想内容范畴决定的。胡适学术思想虽然庞杂，但不外乎文、史、哲这几大方面。批判者范围并未波及自然科学领域院系教师，在此也可窥见它与解放初学人结合思想改造“批胡”的不同之处。

山东大学的胡适资产阶级唯心论思想的批判确是按照计划进行的。“从三月十五日起，山大文科结合校庆陆续开了九次大型及小型的报告会、讨论会”①，这些报告文章经修改，作为批判的成果主要发表在 1955 年的《文史哲》上。经笔者统计，《文史哲》先后共发表了 17 篇关于胡适批判的文章。其中第 5 期集中刊登了 5 篇论文，对胡适进行了猛烈批判。就 17 篇批判文章来看，批判内容主要包括胡适派的政治思想、哲学思想、文学观点、史学方法及考据方法等几个方面。

胡适的政治思想是批判中避不开的内容，胡适在政治思想上的反动决定了

---

① 《编者的话》，《文史哲》1955 年第 5 期。

其学术思想上的反动。郑鹤声从“胡适如何被美帝国主义牵着鼻子走”“胡适走向反动道路的主导思想”“胡适政治上的反动主张”三个方面展开具体批判,诸如“胡适根本反对革命”,“根本否认帝国主义和封建势力的存在”,其政治主张的主要目的“是在反对中国传播马克思列宁主义”,所以“必须根本扫除以胡适为代表的那套污蔑祖国和崇拜美国的‘幽灵’,彻底扫除胡适所遗留的毒害,划清工人阶级和资产阶级的思想界限”。① 孙思白、赵凌等联名发表的《清算胡适的反动政治思想》一文,用长达15页的篇幅系统批判胡适政治思想的反动性,并且用极尽“贬义”色彩的语词,给胡适定性:“他仍然对祖国人民不断的狂吠,仍然甘心骑上美国的大炮,扶着蒋介石血淋淋的指挥刀,对祖国人民发出狰狞的惨笑!”②

在哲学思想方面,汪毅以胡适的《中国哲学史大纲》为中心,揭露了胡适派资产阶级哲学史的观点和方法,以及它所造成的危害。他认为胡适的所谓“研究”是浅薄和空疏的,继而主要分析了“胡适是怎样假借以寻求哲学思想发生的原因为名,用种种手法,从罗列社会现象到强调个人才性,从强调个人才性到强调思想、方法的绝对性来散布一系列的唯心主义的历史观点。他进一步分析胡适怎样从这一系列的观点出发,达到他否定中国哲学中唯物论传统的目的,把中国哲学史歪曲为自然主义发生、发展的历史;从而使它成为传播帝国主义的哲学——实用主义的工具,使它成为美帝国主义‘征服中国民族的心’而服务”。同时,他又批判了冯友兰因受胡适哲学思想影响,“进一步推广了实用主义观点、方法在中国哲学史研究上的应用”。虽然冯友兰在过去工作中“为反动统治者服务”,但是新中国成立后冯友兰“重新改造自己”,争取做“为人民研究的哲学工作者”。③ 葛懋春和庞朴的文章指出,胡适在贩卖实用主义哲学的时候,是挂着达尔文进化论的招牌,事实上宣传的只是反动的庸俗进化论,进而分三个层面批判了胡适的“实用主义庸俗进化论的科学外衣,揭露它的反革命本质”。一是胡适用“祖孙方法”来倒果为因,混淆本质与非本质的联系,以达到他转移中国人民革命视线、混淆中国人民反帝反封建斗争的目的。二是否认质变,反对革命,认为发展只是量的增减,主张“比较平和”的改良。三是抹杀矛盾斗争

---

① 郑鹤声:《胡适四十年来反动政治思想的批判》,《文史哲》1955年第5期。

② 孙思白、赵凌、徐绪典等:《清算胡适的反动政治思想》,《文史哲》1955年第6期。

③ 汪毅:《论胡适派反动的资产阶级的哲学史观点和方法》,《文史哲》1955年第4期。

的发展动力说。最后指出胡适哲学思想的实质，“胡适高唱‘进化论’的‘科学方法’，原是利用科学进化论之名，来反对马克思主义的”①。

吴富恒着重批判了卡尔纳普的唯心论学说，认为“这是帝国主义最反动的学派之一”②。吴富恒指出，在全面开展的对于胡适思想的批判中，主要方面是胡适从美国贩来的反动的实用主义哲学。除此之外，帝国主义资产阶级的反动哲学还有其他许多种类，这些哲学实质上也是一种主观唯心主义哲学，“在这些反动唯心主义哲学中，最‘时髦’的一派要算是所谓语义学了。这一派的中心主张，是以语义分析代替哲学，解析科学，统一科学，并改造社会。因而在批判胡适的反动实用主义思想的同时，批判反动的语义学不是没有意义的”。吴富恒此篇文章主要是“将纯语义学的理论和语义学者在自然科学和社会科学领域中运用其理论的反动企图加以初步的分析和批判”。在文章中，吴富恒举例山东大学教师在学习辩证唯物主义时，少数教师表现的反对辩证唯物主义的思想根源恰与语义学思想根源类似，以此说明这些反动唯心主义哲学对于一部分哲学工作者和科学工作者的直接、间接影响，即关键在于对马克思主义哲学——辩证唯物主义的反动。③

对于胡适文学观点的批判，《文史哲》关注较多，且主要集中于对胡适文学研究方法的批判。为配合《红楼梦》批判运动，《文史哲》早在 1955 年第 1 期就刊发了陆侃如的《胡适反动思想给予古典文学研究的毒害》一文。他指出，胡适遗留给古典文学研究的毒害主要有两方面：一是“为研究而研究，为考据而考据的提倡”；二是“歪曲古典杰作的积极意义，抹杀了作品的政治内容与斗争作用”。冯沅君则断言：“在文学思想上，胡适是浅薄的形式主义者”，他的小说考证“正是摧残我们的珍贵文学遗产的供状”。接着批判了胡适在“西游记考证”中三个重要的错误，并且“对《西游记》的现实性与人民性作了初步的分析，来拆穿胡适的鬼话”，揭露“大胆假设、小心求证”考据方法的反科学性。④ 刁云展、周来祥对胡适考证方法在文学上的应用进行批判，并对“考证”的适用范围给予界定，认为考证只能用在对版本、情节的真伪等材料的辨别上，而不能用到作品的

---

① 葛懋春、庞朴：《批判胡适的庸俗进化论》，《文史哲》1955 年第 5 期。
② 《编者的话》，《文史哲》1955 年第 5 期。
③ 吴富恒：《语义学批判》，《文史哲》1955 年第 5 期。
④ 参见冯沅君：《批判胡适的西游记考证》，《文史哲》1955 年第 7 期。

内容上去,《水浒传》作为中国古典现实主义最伟大的作品之一,必须用马克思主义的艺术观来对待它。① 萧涤非批判到,在"白话文学史"中的杜甫成为胡适宣传买办资产阶级反动文学观点的傀儡,这正是实验主义在文学领域的运用。他提出了胡适的三种反动观点并加以详细批判:"超阶级超政治的观点""趣味主义的观点""形式主义的观点"。② 黄公渚批判了胡适词选中的错误观点,指出因其形式主义和主观主义的唯心论,"看不到文学真正的起源,看不到文学整个面貌和作品的具体内容,从而阉割词的一定程度的现实精神,贬低了词在文学史上的特定地位和价值"③。马国藩批判胡适的"文法的研究方法"是用"科学"伪装起来的反科学的实验主义的"研究法",文章就胡适所谓的"归纳的研究法""比较的研究法""历史的研究法"分别揭露所谓的"文法的研究法"的实质,批判胡适的反动语言学观点,最后号召加强对马克思主义语言学理论的学习。④

对胡适史学方面的批判是《文史哲》上的重头戏。路遥对胡适派的历史观予以批判:"从实用主义的世界观、庸俗进化论、实用主义的认识论、方法论等方面去揭露其历史观的主观唯心论的本质及其特点;并指出其历史观的反动性。"⑤童书业对胡适的批判是比较早和自觉的,且聚焦于胡适史学方法层面。全国性胡适思想批判运动开始之后,他的第一篇批判文章是于 1955 年2 月3 日发表在《光明日报》上的《批判胡适的实验主义"考据学"》。而他在《文史哲》的第一篇"批胡"论文,是《从中国开始用铁的时代问题评胡适派的史学方法》。他在文章开篇便表明不赞同杨宽主张"西周时代已经应用铁器",因而"西周已进入封建社会"的关于中国古史分期的看法,但是赞同"西周已经用铁的说法"。从纯学术分歧立论,经过辩证细致的分析,他提出了在关于中国开始用铁的时代问题上存在的"思想方法论的问题",认为"过去旧考据家们受了胡适'小心求证'的毒素,往往是把硬考据看得比科学规律重要得多的",这种思想方法实际上是"形式逻辑的",胡适的实验主义"考据学"就是这样一种形而上学的"考据学"。在文章最后,童书业用真挚恳切的口吻进行了自我批判:"只有通过这种具体的例子,才能证明马克思列宁主义的思想方法是正确的,才能批判胡适的

---

① 参见刁云展、周来祥:《从胡适的"水浒传考证"到何心的"水浒研究"》,《文史哲》1955 年第 9 期。

② 萧涤非:《批判胡适对杜甫诗的反动观点》,《文史哲》1955 年第 9 期。

③ 黄公渚:《批判胡适词选中错误观点》,《文史哲》1955 年第 11 期。

④ 参见马国藩:《批判胡适的"文法的研究法"》,《文史哲》1955 年第 12 期。

⑤ 路遥:《批判胡适派资产阶级唯心论历史观》,《文史哲》1955 年第 6 期。

实验主义的思想方法和旧考据学的错误。同时这也是对自己思想方法上的改造，因为我个人就是中胡适的毒最深的人！”①

《批判胡适的实验主义“史学”方法》一文是童书业批判胡适的有分量的文章。如果说此前他的《从中国开始用铁的时代问题评胡适派的史学方法》一文带有浓厚的学理色彩的话，那么此文的思想批判色彩则是强烈的。同样是对胡适史学方法的批判，但这篇文章火药味猛烈。开篇他便指出了批判原因和批判方法，并点明批判的目的——“充分说明胡适的‘考据’方法的反科学性”。文中写道：

> 胡适的所谓“史学”，主要是他的“考据学”。他的“考据学”，毒害中国史学界三十余年，流毒至今未熄。现在一般人对于胡适的哲学思想，政治言论，甚至文学理论，差不多已经完全丧失信仰。唯有对于他的史学，尤其是对于他的史学中的“考据学”，却认为还多少有些成绩。而对于他所提出的“考据”方法，更是多少有点留恋；这还是被他的“科学”词句所迷惑。实际上胡适的“考据”方法是极端不科学的！空论不能使人信服，且让我们提出些具体的实例来作证明。只有通过这些具体的实例，才能充分说明胡适的“考据”方法的反科学性。——同时，也可以说明他的全部“史学”的反科学性。②

通过这段话，可以发现两个层面的意思：第一，所谓批判胡适的实验主义“史学”方法正是批判其“考据”方法。实际上，童书业并未完全否定考据，但他认为“真正的考据，是史学的准备工作；而胡适的‘考据’，则是藏在学术的烟幕后面的政治理论”。很明显，童书业批判的是胡适“考据学”背后的政治企图。第二，如何批判呢？那就需要彻底推翻胡适“史学”的根基。胡适因五四时期回国提倡“科学”而“暴得大名”，而童书业批判的恰是胡适“史学”的反科学性。这种反科学性又体现在哪里呢？那便是“胡适拿‘证据’做武器，来打击马克思、列宁主义，并且引导人怀疑科学规律，丢弃科学规律来讲历史，甚至使人自觉地或不自觉地来伪造历史”。

具体而言，童书业认为，胡适的实验主义“考据”方法，“就是根据少数的事

① 童书业：《从中国开始用铁的时代问题评胡适派的史学方法》，《文史哲》1955年第2期。

② 童书业：《批判胡适的实验主义“史学”方法》，《文史哲》1955年第5期。

例,便'大胆的假设',建立了'假设'之后,只'寻求证据'来证实,而不愿修正和推翻;这样就形成一种主观唯心论的'考据'方法"。继而批判"顾颉刚先生最早所用的'讨论古史'的'见解'和'方法',就是胡适的见解和方法",这种方法认为"任何历史事实都可以用'神话'两个字一笔抹杀:他们就用这种方法抹杀了全部的中国原始社会史"。之后,童书业列举《井田辨》《读楚辞》《说儒》的具体实例来说明胡适的"考据"方法的反科学性。最后断言,旧史学家们除了自己"阶级意识作祟"之外,"主要就是胡适派的唯'证据'论的'史学方法'在作祟。只有彻底批判了这种反动的史学方法,才能为中国的史学开辟出新的大道"。

实际上,童书业先后发表的几篇文章,从根本上而言都是对胡适派思想方法论的批判。思想方法论本身作为学术研究的前提和基础,否定了它也就否定了学术成果产生和存在的合理性。赵俪生、高亨也对胡适的考据学、校勘学等方法予以有力的抨击。赵俪生的《批判胡适反动的考据方法和校勘方法》一文,批判语气强烈,用词犀利,毫不客气地斥责"胡适的学问是浅薄的,胡适治学问的方法是错误的",认为胡适"经常有意识地把这种错误的方法论伪装起来,夸大地向学界宣传",对整个学界造成了毒害,所以"胡适的治学方法论是反动的"。而胡适"在治学方法论方面的反动性,以及政治主张方面的反动性,是相一致的"。然后,赵俪生"把胡适的学问底子翻出来",列举并批判了胡适在《水经注》考据学方法论和"校勘学"方法论的内幕。胡适的考据学方法强调的,"是要把历史科学的研究,只压缩到最低级和最琐碎的境地,不准许人们从感性基地上做出任何的上升和概括","企图拿琐节根据来偷换基本论据","用实验主义的唯心论来反对马克思列宁主义这一客观真理的指导和影响"。在校勘学方面,在版本、目录、文字、音韵等方面,会出现错误的可能性。而胡适的反动性就在于直接抛弃了不断推求新知识的推理方法,"杜绝和堵塞任何新思想新知识之可能发生的契机",所以胡适反对马克思主义,"竟恶毒到连人们借以接受马克思列宁主义的机缘——初级的逻辑方法也在他的杜绝之列了"。[①] 高亨的批判立场明确,一是"说明胡适的考据方法本身彻头彻尾地反科学性",二是"划清工人阶级与资产阶级在考据方法上的思想界限"。胡适的"考据方法是违反科学法则的,是具有魔术意味的。他的冠冕堂皇的口号,不过是狗肉摊上挂羊头,

---

① 赵俪生:《批判胡适反动的考据方法和校勘方法》,《文史哲》1955 年第 5 期。

砒霜丸上抹糖衣而已”。对于胡适的考据方法，高亨总结为24字的批判——“主观假设，片面求证，只会大胆，没有小心，玩弄事实，玩弄证据”。他又列举了胡适的《中国哲学史大纲》等几个具体研究实例来证明胡适考据方法的反科学性。[①]

四、《文史哲》在全国性胡适思想批判中的特点与地位

前文论述了山东大学胡适思想批判运动的发展情况，以及作为这场批判运动的主要呈现者——《文史哲》关于胡适思想批判的具体内容。那么，《文史哲》在胡适思想批判中具有什么特点？如何评价或者认识《文史哲》在全国性胡适思想批判中的地位？

第一，从形式上而言，《文史哲》在胡适批判过程中，持续时间长，具有连贯性。批判规模大，前后共有17篇文章涉及此批判运动。无论是从数量还是质量上而言，甚至都胜于当时被冠以“批胡主力军”的北大。[②] 人员上则动员了文、史、哲领域内诸多教师，覆盖面广，譬如担任《文史哲》副社长的陆侃如、吴富恒，胡适的朋友冯沅君，胡适的再传弟子童书业，另外还有新中国成立后成长起来的青年马克思主义学术工作者葛懋春，等等。因山大教师作为批判主体的广泛性参与，《文史哲》虽是校方组织者，却不影响批判的主体性发挥。谢泳指出：“写文章在两篇以上的学者，就不完全是被迫。外地学者，也是主动多于被迫，因为这次批判胡适的思想，好象[像]没有要特别扩大的意思，也没有人人过关的要求。”[③]譬如，童书业在《文史哲》上连续多次发表文章，批判胡适的史学方法，这从侧面表明这次批判主要针对的是胡适的学术思想，相关学者确实是从主观上、内心深处承认其反动性，认真严肃地进行剖析，而非“形式主义”地敷衍了事。

第二，从内容上而言，《文史哲》中多数批判文章有理有据，有一定学术含量，未流于纯粹的政治批判。此处仅以高亨的《批判胡适的考据方法》一文为例，他在文章最后总结道：

---

① 参见高亨：《批判胡适的考据方法》，《文史哲》1955年第5期。

② 参见欧阳健：《历史背景与事实细节的还原——北大学人“胡适思想批判”一瞥》，《辽东学院学报》（社会科学版）2019年第1期。

③ 谢泳：《胡适思想批判与〈胡适思想批判参考资料〉》，《开放时代》2006年第6期。

> 合乎科学的考据方法，其全部过程是运用马克思列宁主义唯物辩证法的全部过程，处处掌握着唯物辩证的观点，因而它是客观的假设，全面的求证，既然寻求肯定假设的正面证据，而也寻求否定假设的反面证据，因而能够得到正确的结论。胡适的考据方法与此相反，其全部过程是运用一套唯心论的全部过程，他的假设是以主观想象成见为源泉，他的求证是为主观想象主观成见而服务，他所谓“大胆的假设，小心的求证”本质是“主观的假设，片面的求证”，只去寻求肯定假设的反面证据，而不要甚至歪曲抹杀否定假设的反面证据，假设十分大胆，求证并不小心，而且玩弄事实，玩弄证据，因而常常得到错误的结论。他说“周易有三百八十四条爻辞和爻象传”，他说“诗经中谷有蓷末章是在周代长期战争影响下，悲伤离别的诗歌”，他说“韩非子仅有十分之一二可靠”，他说“红楼梦是曹雪芹的自叙传”，固然都足以证明胡适的考据方法乃至思想方法的彻头彻尾的反科学性，即是他的其它考据文章，如“诸子之学不出于王官论”“读楚辞”“井田辨”等等，都是一个模型所制出的甚至含有毒素的劣货。这种考据方法，充分说明资产阶级唯心论的反动本质，充分说明帝国主义“学者”所提倡的实验哲学的反动本质。这和胡适的反动政治立场，帝国主义买办身份分不开的。

高亨首先明确了“合乎科学的考据方法”应该呈现出何种状态，这些批判认识正是他将马克思列宁主义的学习付诸实践的结果，与郭沫若在《三点建议》中提倡的在自由讨论中进行“建设性的批评”相契合。他接连列举几个实例来批判，“有周到的研究，有确凿的证据，有坚实的内容，有正当的道理”，实为“言之有物”。[1] 这种批判基本是以理服人的。联系1955年5月中共中央宣传部在《关于胡适思想批判运动的情况和今后的报告》中提出的批判中的关于批判方法上的缺点，如许多作者“不善于揭露胡适思想内部的自我矛盾混乱”，“有的文章论证不多，说理不够，结论武断”等[2]，更可见《文史哲》批判的优胜之处。

建立在有理有据的基础上，所产生的另一个显著特点便是批判者善于给胡

---

① 郭沫若：《三点建议》，三联书店编辑：《胡适思想批判(论文汇编)》第一辑，北京：三联书店，1955年，第15～16页。

② 于风政：《改造：1949～1957年的知识分子》，郑州：河南人民出版社，2001年，第323页。

适的学术作判断、下定论。胡适的研究多被认为是“浅薄和空疏”的，“学问是浅薄的”。[①] 这种评价的底气和勇气又多源于《文史哲》批判作者自身雄厚的专业功底以及对于马克思列宁主义理论的学习和掌握。以赵俪生而言，他在《批判胡适反动的考据方法和校勘方法》中指斥“胡适的学问是浅薄的，胡适治学问的方法是错误的”，这里“说胡适学问‘浅’正如说梁启超学问‘不专’一样，这类文化保守派、学院派专门家和左翼学者的偏见在学界出现，也并非自1949年以后。以赵俪生之恃才傲物，这样的见解，自不完全是为了迎合批判之需”。[②] 只不过，部分学者将学术分歧带入了批判活动。

第三，《文史哲》作为地方学者批判的集大成者，与官方批判之间呈现出亦步亦趋之势。郭沫若作为党的意识形态在学术界的重要领导者以及胡适思想批判运动的组织者和计划者，在《三点建议》以及《中国科学院郭沫若院长关于文化学术界应开展反对资产阶级错误思想的斗争对光明日报记者的谈话》中都提到批判胡适的治学方法——“大胆假设和小心求证”，并且直接批判“胡适根本不懂得科学”。之所以批判其治学方法，是因为批判者认为“反动的观点和反动的方法是彼此相连的”，胡适正是借助这些方法传播反动的观点，同时又将自己的“研究方法”打扮起来，披上“最新”和“科学”的外衣。[③] 而从《文史哲》所刊文章来看，学者的批判也多集中于这些方面，甚至批判用语都大同小异。换句话说，郭沫若的意见给大家提供了一个效仿的蓝本。学者的批判，虽然确实是在摆事实，讲道理，但其实他们阐述的仍旧是郭沫若已经在发言中提到的东西，他们进行的批判更像是一种“命题作文”。也就是说，胡适思想批判的官方组织预先提供了一种全新的话语模式，在这种话语模式基础上，学者或是自觉或是不自觉地运用它来进行批判，实际上无形中参与到50年代的学术转型中去了。

今天我们若要再审视这场胡适思想批判运动对《文史哲》的意义，必然还要回到《文史哲》以及这场批判运动本身。这场运动从本质而言是一场政治运动，但确是以学术批判为工具，并且是“学术界首次运用马克思主义对学术研究领

---

① 参见汪毅：《论胡适派反动的资产阶级的哲学史观点和方法》，《文史哲》1955年第4期；赵俪生：《批判胡适反动的考据方法和校勘方法》，《文史哲》1955年第5期。

② 尤小立：《对“胡适思想批判”运动的两种忏悔》，《南方都市报》2011年6月3日。

③ 参见马国藩：《批判胡适的“文法的研究法”》，《文史哲》1955年第12期。

域传统的研究方法和学术思想进行根本性批判”①,其根本目的是确立马克思主义意识形态在学术领域内的领导地位。它的确在一定程度上增进了当时学人对马克思主义理论工具的掌握,促进了新旧学术的转型。但带来的问题是,学术批判和政治批判杂糅在一起,政治批判压倒覆盖了学术批判。

从《文史哲》刊载的批判文章中还可以看出一个弊端,部分学者在批判过程中给胡适“乱扣帽子”。譬如:胡适“是封建地主与买办资产阶级的混血儿,是最反动的帝国主义御用哲学实验主义的化身,是美帝国主义所豢养,用以从文化方面侵略中国的走狗”②,“胡适这个流氓、洋奴、卖国贼、民族败类,已经是一条死狗”③,等等,批判语词充满了激愤情绪。这种非理性、侮辱性的批判文风实际上对后来的思想文化批判运动产生了恶劣影响。受胡适学术影响的知识分子,也不得不在批判胡适学术思想的同时进行自我学术的否定,这是学者自思想改造运动以来,又一次从政治、思想到学术的全方位的“脱胎换骨”。在此过程中,知识分子也失去了学术人格独立性。

谢泳认为,整个胡适思想批判运动,“从写批判文章作者所在地域看,主要是在北京的学者,外省学者以山东最多”④。这里的“山东”,山东大学正是其中的主力军,而《文史哲》正是批判“成果”的汇聚之地。的确,由前文分析可知,《文史哲》相关批判文章从数量和质量上都超过了当时“理论上”的批判运动中心——北京大学。也就是说,《文史哲》是今天论及胡适思想批判运动时不得不提的一段插曲。改革开放后,学术界对胡适及胡适思想批判运动的“拨乱反正”,《文史哲》的这段参与“批判”运动的历史,也变成更具暧昧色彩的“灰色地带”。胡适思想批判运动给《文史哲》带来了辉煌,大大提升了其在学术界的知名度,却也将其卷入政治的漩涡之中。这是批判运动的“迷人”之处,也是时代的“无奈”所在。

① 李方祥:《现代学术批判对马克思主义中国化的双重影响——以20世纪50年代胡适思想批判为个案》,《当代中国史研究》2007年第6期。

② 冯沅君:《批判胡适的西游记考证》,《文史哲》1955年第7期。

③ 萧涤非:《批判胡适对杜甫诗的反动观点》,《文史哲》1955年第9期。

④ 谢泳:《胡适思想批判与〈胡适思想批判参考资料〉》,《开放时代》2006年第6期。

第二章 “五朵金花”与新中国历史学的创建

如同《文史哲》在新中国成立初所进行的一系列思想领域的“破冰”一样，历经马列主义毛泽东思想学习、思想改造运动及胡适思想大批判等之后，马克思主义作为一种意识形态终于笼罩了新中国的各个学术领域。跃居指导思想的马克思主义征服并取代胡适派思想，逐渐作为一种方法论被“新”“旧”学人运用到学术研究中去。在此过程中，加之新学术研究机构、学术期刊的建立，高校教学学科体系的重组等，新中国学术体系得以建立，马克思主义学派取得了压倒性的话语优势。“革命叙事”在史学中以及革命话语在社会中占据主导地位，在历史研究领域，当时流行的唯物史观的核心观点便是“承认人类文明史是阶级斗争的发展和承认人民群众是历史的主人”①，落实到具体实践中就是要站在无产阶级立场，运用唯物辩证方法分析史料，通过阶级分析方法认识社会历史发展的过程和规律。

受中国当时对苏联“一边倒”政策的影响，苏联马克思主义理论在新中国成立之初的学术领域影响巨大。对苏联理论著作的学习，就包括苏联于1938年发布的《联共(布)党史简明教程》。这部教程是当时干部以及知识分子必修的政治学习范本，是以斯大林的《论辩证唯物主义与历史唯物主义》所阐释的历史唯物主义为理论基础的。在该书的论述中，五种社会形态理论成为标准化的历史理论，也成为国人认识人类社会发展规律的基本准则。也就是说，“斯大林对历史唯物主义的解释，被看成是各个社会形态的不同生产方式，或生产力与生产关系之间以及经济基础与社会政治上层建筑之间关系唯一正确的马克思主

---

① 罗志田主编：《20世纪的中国：学术与社会·史学卷》(上)，济南：山东人民出版社，2001年，第191页。

义理论”[①]。在十七年史学时期,学人将这种马克思主义理论与认识中国历史实际相结合的最具影响的史学研究当数以“五朵金花”为代表的关于历史理论问题的讨论。

“五朵金花”指的是中国古代史分期问题、中国资本主义萌芽问题、中国封建社会农民战争问题、中国封建土地所有制形式问题和汉民族形成问题。从学术发展脉络来看,“五朵金花”问题实际上是民国唯物史观史学中的问题探讨在新中国成立后的延续性发展,是唯物史观运用中对人类历史发展过程的总体认识,其中涉及的理论内核正是社会形态问题及历史发展动力等历史理论问题。就社会背景层面而言,它们都是社会现实问题催生的产物,“一般都和中国的前途和命运息息相关,都直接服务于急风骤雨式的革命战争”[②],又表现出强烈的现实政治诉求。民主革命时期,中国面临着“向何处去”的革命道路选择问题。部分学者在社会史论战中将马克思主义的社会形态理论运用到史学研究中去,以“论证马克思主义对于研究中国历史的普遍性”[③];新中国成立后,社会主义建设和发展道路的“政治正确”又急需理论上的“合法性”阐释与论证。具有政治热情与民族、国家情怀的史家率先将现实需求反映到史学研究中去,通过对历史理论问题的探讨来认识中国社会性质。新中国成立后,除了已经成熟运用唯物史观的马克思主义史家外,那些民国时期以史料考证为主的“旧史家”也主动或被动地参与到“五朵金花”问题中去。因“其论辩规模之大,参与人数之多,涉及问题之广,持续时间之长,讨论程度之深入,在中国近现代史学史上都是空前的”[④],所以这一学术事件对研究新中国成立后马克思主义史学尤其是十七年史学的重要性不言而喻。

“五朵金花”这个说法最先被提出是在反右时期,“1957 年 9 月 18 日,在郭沫若主持的社会科学界批判右派的大会上,北京大学历史系主任翦伯赞批判了

① [美]李怀印:《重构近代中国——中国历史写作中的想象与真实》,岁有生、王传奇译,北京:中华书局,2013 年,第 130 页。

② 王学典:《五朵金花:意识形态语境中的学术论战》,《文史知识》2002 年第 1 期。

③ 蒋海升:《“西方话语”与“中国历史”之间的张力——以“五朵金花”为重心的探讨》,山东大学博士学位论文,2006 年,第 37 页。

④ 张越:《“五朵金花”问题再审视》,《中国史研究》2016 年第 2 期。

本系右派分子向达，揭露了向达‘攻击’新中国史学的‘五朵花论’”[①]。80年代之后，在史学界的“拨乱反正”中，“五朵金花”问题被古代史学者拿出来重续十七年时期的研究。但在思想解放的时代语境下，重新绽放的“五朵金花”迅速凋零，无疾而终。也就是在这个时期，“五朵金花”作为一个整体的学术史现象被史家关注和讨论。[②] 其中不乏质疑的声音，如1989年，何兆武在《百科知识》第5期上发表《历史研究中的一个假问题——从所谓中国封建社会的长期停滞论说起》。该文对“封建社会长期停滞”问题进行反思，号召“历史学界应该对过去一些似是而非的假问题进行重新批判并做出一番澄清”，以“使历史科学现代化”，这引发了此后对“五朵金花”问题性质以及学术意义的审视。世纪之交以及21世纪以来，学界对“五朵金花”问题的整体反思研究增多。[③] 撇开“真问题”还是“假问题”之争，在承认“五朵金花”问题作为意识形态命题的基础上，不少学者挖掘其政治诉求背后所“蕴含的理论价值和学术意义”，反思马克思主义史学的发展以及中西理论话语之间的张力。

实际上，“五朵金花”作为一个整体性、集成性历史理论问题，是在新中国成立后马克思主义史学，特别是在十七年史学的基础之上而形成的。因而，史学界对“五朵金花”问题的争论，又与对十七年史学的估价息息相关。21世纪之初，学术界在回顾总结以往史学成就、展望新世纪史学发展趋势时，对十七年史学的评价主要存在两种冲突性观点：一种观点认为前30年(1949～1979)阶段基本上是“泛政治化史学”时期，以农民战争研究为代表的研究体系使中国史学完全政治化[④]，教条化盛行，甚至一度成为“阶级斗争史学”；另一种观点则认为这种定性不符合历史实际，十七年史学研究虽道路曲折，但成绩是主要的，其中

① 蒋海升：《“西方话语”与“中国历史”之间的张力——以“五朵金花”为重心的探讨》，山东大学博士学位论文，2006年，第1页。

② 相关研究如，周朝民等编著：《中国史学四十年》，南宁：广西人民出版社，1989年；肖黎主编：《中国历史学四十年》，北京：书目文献出版社，1989年。

③ 相关研究如，王学典：《“五朵金花”：意识形态中的学术论战》，《文史知识》2002年第1期；蒋海升：《“西方话语”与“中国历史”之间的张力——以“五朵金花”为重心的探讨》，山东大学博士学位论文，2006年；张越：《浅论“五朵金花”的理论成就和学术意义》，《史学史研究》2011年第3期；张越：《正视“五朵金花”的当代价值》，《中国社会科学报》2014年5月30日；李振宏：《六十年中国古代史研究的思想历程》，彭卫主编：《历史学评论》第一卷，北京：社会科学文献出版社，2013年，第24～105页；张越：《“五朵金花”问题再审视》，《中国史研究》2016年第2期；等等。

④ 参见德朋、洪源、苗家生：《展望新世纪中国史学发展趋势》，《光明日报》2001年10月2日。

以陈其泰为代表。他认为,正是“实事求是、坚持将唯物史观基本原理与中国实际相结合的优良学风”对“教条式地摘引马列词句、当作公式随意套用的恶劣学风”的抵制,史学研究才取得了巨大的学术成就。① 他利用十七年时期历史研究所取得的学术成就来为“唯物史观的科学价值及其发展前景”以及“20 世纪中国马克思主义史学的历史地位”回护与正名。② 大体而言,这两种观点承继了 80 年代思想解放潮流中所形成的“革命史学和启蒙(又称‘新启蒙’)史学两种主要史学价值取向”③。对十七年史学至“文化大革命”时期的“左”倾史学思潮的反思与批判是为剥离史学的意识形态外壳,而对此期间学术成就的梳理认知是为维护马克思主义唯物史观的主流地位以及影响力。也就是说,它们均未否定或忽视新中国成立后马克思主义史学的学术价值,争议的关键在于如何处理十七年史学遗产,是原封不动地继续,还是予以根本改造?对于十七年史学,在宏观探讨之外,仍有围绕关键问题进行具体探讨的必要。回到我们问题讨论的起点,“五朵金花”问题正是考察十七年史学甚至是新中国成立后史学的切入点。

《文史哲》作为共和国初期构建马克思主义学术的一个阵地,“力图把社会发展形态、阶级斗争等理论引入人文学科的各个领域”④,并由此发掘出新研究课题。于史学研究领域而言,在五六十年代,《文史哲》刊载了大量与“五朵金花”问题相关的讨论文章,其中以中国古史分期问题、资本主义萌芽问题、农民战争问题这“三朵金花”为主要讨论对象。这些学术讨论预学术发展之流,切实体现了“百家争鸣”精神。那么,在相关问题讨论中,《文史哲》是如何处理学术与政治的紧张关系的?李怀印认为,曾“受过强调仔细考证的传统训诂学的熏陶”和“接受西方史学传统的训练”的资深史学家,在面对“学科化”⑤问题时,“不仅只意味着高度教条化的马克思主义学说的应用,而且使之有可能再度强调严

---

① 参见陈其泰:《正确评价新中国 17 年史学道路》,《史学理论研究》2013 年第 2 期。

② 参见陈其泰:《建国后十七年史学“完全政治化”说的商榷》,《学术研究》2001 年第 12 期。

③ 黄广友:《改革开放以来“十七年史学”研究评估》,《中共党史研究》2014 年第 12 期。

④ 蒋海升:《政治与学术的互动——20 世纪 50 年代的〈文史哲〉》,《文史哲》2001 年第 4 期。

⑤ 李怀印认为,学科化“是把共产党史学家所倡导的革命叙事,转化为标准的历史表述的种种努力,为此必须建立一个正式的诠释框架,采用标准的历史分析和描述方法,制定一套有关该领域重大事件的概念和假设”,学科化之后,“历史事实被驯服或‘政治训化’”,“史学从一个反映生动的现实和表达个性的学科,转变为对过去历史的毫无生气、千篇一律的解释”。参见[美]李怀印:《重构近代中国——中国历史写作中的想象与真实》,岁有生、王传奇译,北京:中华书局,2013 年,第 20～22 页。

谨的专业训练”[1]。在史学教条化之外,学人如何接续带有历史主义倾向的学术传统?再进一步讲,在外源因素政治力量的裹挟之下,历史研究在“被学科化”过程中如何强化自身专业性?诸此种种,皆有助于我们通过《文史哲》这个学术媒介进一步思考共和国的学术转型问题,这也是本章的主旨所在。

第一节 重启中国古史分期讨论

中国古代史分期问题,广义上包括原始社会与奴隶社会的分期以及奴隶社会与封建社会的分期两大问题;狭义而言,多指中国封建社会与奴隶社会的分期问题,特别是奴隶社会何时结束、封建社会何时开始的问题。[2] 在20世纪将近半个多世纪中,“我国学术界还没有任何一个问题象[像]古代史分期问题那样持久地吸引过那么多人的关注的研究”[3]。究其可以吸引多人关注的原因,可以从两个层面去理解。其一,从学术问题而言,“从形式上,中国古代史分期问题似乎仅仅是确定两种社会制度演变界标的问题,但在实际上却涉及中国古代社会的特点和发展规律,包含了有关奴隶社会和封建社会一系列重要的史学理论问题”[4],即它实际上对解决历史本体论问题具有建设性意义。其二,这些问题所指涉的理论内核,自始至终蕴含了诸多意识形态诉求。依据哪种历史理论对历史社会发展作出何种解释与判断,背后投射的不仅是个人历史观点,更是力求中国革命道路和中国社会发展道路作出何种抉择的问题。而中国古史分期问题,自产生起依据的就是社会形态理论,这种社会形态理论被认为是马克思主义将人类社会的研究置于科学基础上,并将其视为自然历史发展过程的结果。在此基础上产生的诸多纷争讨论其实又可以视为马克思主义与中国社会历史发展的关系问题。

---

① [美]李怀印:《重构近代中国——中国历史写作中的想象与真实》,岁有生、王传奇译,北京:中华书局,2013年,第22页。

② 参见田居俭:《中国奴隶社会与封建社会讨论三十年》,《历史研究》编辑部:《建国以来史学理论问题讨论举要》,济南:齐鲁书社,1983年,第32页。

③ 林甘泉、田人隆、李祖德:《中国古代史分期讨论五十年(1929～1979)》,上海:上海人民出版社,1982年,“前言”。

④ 周朝民、庄辉明、李向平编著:《中国史学四十年》,南宁:广西人民出版社,1989年,第16页。

一、从政治论战到学术讨论:新中国成立前后的古史分期讨论

古史分期问题发端于20世纪30年代的社会史论战。1927年大革命失败后,共产国际和国内对中国革命的性质问题展开过争论。“这一争论必然要涉及对中国历史发展过程的认识,思想界、学术界于是展开了关于中国社会史的论战”①,其中“讨论问题的焦点便是中国历史上有无奴隶社会、中国封建社会起讫何时、有何特点以及何为亚细亚生产方式”②等等。马克思主义学者对中国社会结构和历史发展进程进行考察,作出了关于中国社会发展阶段的历史分期的论断。

1930年2月,郭沫若的《中国古代社会研究》出版。该书是以恩格斯的《家庭、私有制和国家的起源》为理论模板,首次运用马克思主义观点对中国古史分期进行判断的著作。郭沫若在论述中最早肯定了中国历史上存在奴隶制阶段,具体而言,中国历史历经原始公社制、奴隶制、封建制、资本制的社会形态。他认为西周以前是原始公社制,西周是与希腊罗马相当的奴隶制社会,春秋以后是封建制社会。此后,郭沫若关于奴隶社会上下限的见解有过几次变动,但一直都坚持西周是奴隶社会的看法。③ 在20世纪30年代,肯定中国存在奴隶社会阶段的还有吕振羽、翦伯赞等,但是在当时,郭沫若关于古史分期的看法并未得到一致的认同。吕振羽不同意郭沫若的西周奴隶社会说④,主张殷代已经进入奴隶社会,同时将奴隶社会的下限划在殷周之际。他又论证西周社会为封建性质,首次把中国封建社会分为领主制和地主制两个阶段,明确提出秦汉以后的封建社会是封建地主制社会。⑤ 吕振羽首先提出“西周封建论”,这对后来古

① 田人隆:《奴隶社会与封建社会分期讨论简述》,肖黎主编:《20世纪中国史学重大问题论争》,北京:北京师范大学出版社,2007年,第41页。

② 张越:《“五朵金花”问题再审视》,《中国史研究》2016年第2期。

③ 参见田人隆:《奴隶社会与封建社会分期讨论简述》,肖黎主编:《20世纪中国史学重大问题论争》,北京:北京师范大学出版社,2007年,第42页。在《中国古代社会研究》的1954年新版引言中,郭沫若改正了曾经“认殷代为原始公社制末期”的观点,指出“从今天所有材料来看,殷代已进入奴隶社会是不成问题的”。他不仅修正了奴隶社会的上限,而且在《奴隶制时代》中,又把奴隶制的下限定在春秋战国之交。参见郭沫若:《中国古代社会研究》,《郭沫若全集·历史编》第1卷,北京:人民出版社,1982年,第4页。

④ 阐释其观点的论著有吕振羽:《中国经济之史的发展阶段》,《文史》1934年4月第1卷第1期;吕振羽:《史前期中国社会研究》,北平:北平人文书店,1934年。

⑤ 参见蒋海升:《“西方话语”与“中国历史”之间的张力——以“五朵金花”为重心的探讨》,山东大学博士学位论文,2006年,第41页。

史分期讨论影响巨大。翦伯赞、邓云特(邓拓)也持与吕振羽大致相同的看法。[①]可见,在唯物史观派内部,对于古史分期问题尤其是奴隶社会的上限问题已经出现了分歧;社会史论战中不乏有人抵制移用马克思社会形态理论认识中国历史发展,在分期论断中否认中国历史中存在奴隶阶段,典型如以李季为代表的“托派”、以陶希圣为代表的“新生命派”等。

抗日战争和解放战争时期,中国古史分期问题得到进一步探讨。殷商的奴隶社会性质是郭沫若、翦伯赞、范文澜等人的共识。在“奴隶制”与“封建制”的分界中,关于西周为封建社会还是奴隶社会的社会性质讨论成为新的焦灼问题。郭沫若在《青铜时代》和《十批判书》中“修正了关于殷代是原始社会末期的旧说,肯定殷商是青铜时代和奴隶社会,但坚持认为西周是奴隶社会的看法并做了进一步论证”[②]。侯外庐在《中国古代社会史》中认为中国奴隶社会开始于殷末周初,经过春秋、战国,到秦汉之际终结。与此同时,翦伯赞、范文澜则持西周封建论,并对以郭沫若为首的西周奴隶社会说进行商榷与质疑。而“范文澜是最早运用斯大林关于人类社会五种生产方式学说探索中国古史分期问题的马克思主义史学家”[③],他主持编纂的《中国通史简编》认为,从黄帝到禹是原始公社社会,殷商是奴隶社会,西周是封建社会的开始。因“这本简明通俗的历史著作影响较大,范文澜便由此而成为‘西周封建说’的主要代表”[④]。

总之,在新中国成立前,中国古史分期问题虽已引起诸多史家的注意,但讨论却多掣肘于革命需求的外部压力,“政治色彩强烈,个别论著外,不少论战作品学术含量不是很高”,“论战的参加者们大都是在理论和材料准备不足的情况下仓促上阵的”[⑤],因而“算不上真正的学术讨论”[⑥]。同时,在史学为现实服务的场景中,为时下社会革命道路寻求历史和现实的双重合法性,力证中国社会

---

① 相关论著有翦伯赞:《关于历史发展中之“奴隶所有者社会”问题》,《中山文化教育馆季刊》1936年第3卷第3期;邓云特:《论中国社会经济史上的奴隶制度问题》,《新世纪》1936年11月第1卷第3期。

② 田人隆:《奴隶社会与封建社会分期讨论简述》,肖黎主编:《20世纪中国史学重大问题论争》,北京:北京师范大学出版社,2007年,第45页。

③ 田人隆:《奴隶社会与封建社会分期讨论简述》,肖黎主编:《20世纪中国史学重大问题论争》,北京:北京师范大学出版社,2007年,第45页。

④ 周朝民、庄辉明、李向平编著:《中国史学四十年》,南宁:广西人民出版社,1989年,第19页。

⑤ 张广志:《中国古史分期讨论七十年(上)》,《文史知识》2005年第10期。

⑥ 田居俭:《中国奴隶社会与封建社会讨论三十年》,《历史研究》编辑部:《建国以来史学理论问题讨论举要》,济南:齐鲁书社,1983年,第33页。

发展历程与马克思、恩格斯笔下的世界历史进程的一致性，成为“唇枪舌战”背后的目标。这种带有普世性色彩的叙事带来的局限性，便是教条性地对中国历史发展的特殊之处采取漠视态度。譬如，一些唯物史观派史家在肯定中国存在奴隶社会的同时，却又“忽视中国奴隶社会所具有的特点，往往把它看成是与希腊罗马一样的奴隶社会”①。

新中国成立后，中国古史分期问题才有条件作为一个学术问题以严肃严谨的态度进行认识。在“奴隶社会是人类历史发展必经阶段”成为基本共识之后，学术界迎来讨论的新高潮。旧史家在历经马克思主义学习和思想改造运动后，将社会发展史习得的理论运用到史学研究中去。而新中国成立前的唯物史观派史家跃升为正统，继续马克思主义史学的探索。50 年代古史分期讨论仍由郭沫若引起，郭宝钧于 1950 年 3 月 19 日在《光明日报》上发表的《记殷周殉人之史实》一文，对殷代“所殉之人”是否皆为奴隶“未敢进一步推断”。郭沫若读罢此文，两天之后，即于《光明日报》发表《读了〈记殷周殉人之史实〉一文》，认为“殷、周都是奴隶社会”。1952 年，郭沫若又发表《奴隶制时代》，依据斯大林在《论辩证唯物主义和历史唯物主义》中关于奴隶制和封建制的区别的论断，认为封建社会属性的关键在于地主阶级这个主要矛盾的产生。他将奴隶制下限定在春秋与战国之交，明确提出“战国封建说”，将奴隶社会与封建社会的具体断限时间定为周元王元年，即前 475 年。② 郭沫若对于古史分期的论断，旋即引发学界的讨论。在 1950 年至 1953 年间，史学界有关西周社会性质的问题仍旧存在“奴隶社会”和“封建社会”两种不同看法，主要形成以范文澜《中国通史简编》为代表的“西周封建说”和以郭沫若《奴隶制时代》为代表的“战国封建说”两大对立性观点。

二、从自发探讨到《文史哲》发起的“百家争鸣”

与学术界讨论态势亦步亦趋，《文史哲》较早参与并开展了关于古史分期问题的讨论。甫一创刊，《文史哲》便于 1951 年第 2 期发表了童书业的《中国封建

---

① 田人隆:《奴隶社会与封建社会分期讨论简述》，肖黎主编:《20 世纪中国史学重大问题论争》，北京:北京师范大学出版社，2007 年，第 46 页。

② 参见田居俭:《中国奴隶社会与封建社会讨论三十年》，《历史研究》编辑部:《建国以来史学理论问题讨论举要》，济南:齐鲁书社，1983 年，第 35 页。

制的开端及其特征》一文，提出中国封建社会开始于西周的观点。[①] 通过考察战国之前的文献，童书业从生产者层面求证奴隶的发展情况，认为“普通人所有的私奴隶，负债奴隶和奴隶买卖（与土地买卖同时产生），都是始于战国时代的”，但又主张“封建制始于西周”。这两者看似矛盾的关键在于“中国古代两种公社并存的事实”。接着，他引证吕振羽在《中国社会史诸问题》中的观点，由此认为，中国周代“宗法”家长的统治集团就是以前统治种族自己的公社（以家长制奴隶大家族为中心）的化身，井田制的农村公社，就是以前被统治种族的公社的化身。在殷代，统治种族的公社已形成奴隶制度，并作为“主要的形态”。商代后期以来，“奴隶制不能维持下去”，“不得不向封建制转化”。通过反证，他认为战国秦汉之间“奴隶新形态不能发展”，便可证明“这时的生产方式确是封建制的”。最后，他以《周书》《诗》《左传》中的史料作为正面证据，点明“西周春秋为中国领主封建时代”。对于童书业所持的“西周封建论”，这里需要强调两个问题：第一，殷周之际是奴隶制向封建制度的过渡；第二，周代是“早熟的封建社会，是建筑在较低的生产力之上的”。

同样，持“西周封建论”的杨向奎在《关于西周的社会性质问题》中对郭沫若的古史分期观点提出批评，认为“《周礼》中的社会绝不是奴隶社会，而是封建社会”，“春秋战国之交的转变实在是领主制与地主制的转变”。[②] 他在《中国历史分期问题》一文中分析了《春秋》《左传》《周礼》中所载的阶级成分，比如《周礼》中的“甿”是从事主要生产的农民，“由于其中主要物质资料生产者的身份”，他认为春秋及战国时代应该是封建主义社会，但“在这封建主义社会中还残存着奴隶制度、村公社制度，也存在着公社自由民”。[③] 杨向奎尤其强调社会历史分期的标准，认为“应当以物质资料直接生产者的地位变迁为主要因素”，并以此将西周至新中国成立期间的封建社会分为四个阶段，进一步完善了他的古史分

① 童书业此前并非一直持此“西周封建论”，他在该文开篇交代，“在一年以前，我曾主张过中国封建社会开始于魏晋”，又表示在一年前，他也“主张中国原始社会结束于战国初年”。

② 杨向奎：《关于西周的社会性质问题》，《文史哲》1952年第5期。

③ 杨向奎：《中国历史分期问题》，《文史哲》1953年第1期。

期观点。①

古史分期问题不仅仅是在历史理论层面对两种社会形态作时间上的断限问题,实际上是在史学实践中对古代、对先秦的社会性质作一个清理。据杨向奎所言,当时中国史学会为解答所主编的《中国历史概要》中"周初是什么社会"的疑问,致函全国各地史学工作者来解决"周秦以来的社会,应如何划分阶段"的问题。② 杨宽在《文史哲》1952 年第 1 期上发表文章,对战国的社会性质进行辨析。他指出了当时史学界"对于战国时代的社会性质"的诸多看法,并根据先秦史料的搜集和考辨,认为"(一)战国奴隶不从事主要生产,(二)战国时代的剥削者为地主,从事主要生产而被剥削的为农民,(三)战国的'变法'表示封建社会的量的变化,(四)战国的奖励'耕战'政策是奖励农民尽力生产和当兵杀敌"。由此杨宽得出结论,"战国时代的社会为地主制封建社会"。③ 此后,杨宽在《论春秋战国间社会的变革》一文中从生产的发展、商品经济的发展、社会经济制度的转变以及秦国的变革过程系统论述了"战国封建说"。他认为战国时期由于使用铁器,生产力提高,在分封制土地之外,荒地开垦增多,土地私有权产生。在商品经济发展、货币广泛流通、高利贷横行的前提下,土地可以作为商品买卖了,剥削形式则由劳役地租转变为实物地租形态。从秦国的整个变革过程来看,春秋战国社会的变革也是由领主封建制转变为地主封建制的。④

值得一提的是,杨向奎在相关文章中已多次谈到古史分期问题所涉及的理论方法问题。其一,杨向奎依据斯大林在《论辩证唯物主义与历史唯物主义》中关于历史研究的指示以及毛泽东在《矛盾论》中的精神,形成了自己的古史分期标准。他肯定了从"阶级的划分来肯定当时的社会性质"的分期方法,直言解决西周社会性质的问题,"历史学者应该从考察生产方式发展中所生的变化出发,应该从考察物质资料直接生产地位上的变化发展,来划分历史时期"⑤。首先解

---

① 杨向奎:《读"马克思、恩格斯论中国",兼论中国封建社会的历史分期问题》,《文史哲》1953 年第 2 期。封建社会的四个阶段为:"封建社会前期,西周到西汉——公元前十世纪到公元。封建社会的成熟期,东汉到晚唐——公元一世纪到九世纪。封建社会后期,宋到鸦片战争——公元十世纪到十九世纪中。半封建半殖民地时期,鸦片战争到全国解放——一八四〇年到一九四九年。"

② 参见杨向奎:《关于西周的社会性质问题》,《文史哲》1952 年第 5 期。

③ 杨宽:《战国时代社会性质的讨论》,《文史哲》1952 年第 1 期。

④ 参见杨宽:《论春秋战国间社会的变革》,《文史哲》1954 年第 3 期。

⑤ 杨向奎:《中国历史分期问题》,《文史哲》1953 年第 1 期。

决物质资料生产者的地位变化问题，就是要解决“究竟谁是剥削者，谁是被剥削者的问题”，“剥削者与被剥削者之间曾经有不断的阶级斗争”，不断发生矛盾，要找出当时的主要矛盾和次要矛盾，“把因矛盾而发生的阶级斗争和作为历史过程之基础的生产方式结合起来”，这正是解决社会性质问题的方法。① 其二，杨向奎主张用马克思主义方法对史料加以严格甄选，以认识中国古代社会发展的不平衡性，而不能“以部分代全体，不能以后来的发展情况说明古代”。在分期讨论中，存在违背马克思主义方法的现象，比如“根据西周某一地区的铜器文字而概括地说明当时所有地区的社会性质，或者是对于某一种材料的时代还弄不清楚，而用以判断某一时期社会发展的特色”，又或者不顾及西周不同部族间历史条件、地理环境、社会发展的差异问题，而“笼统地说，西周是什么社会，春秋是什么社会，实际上是挂一漏万，以片面代全体”。他提出了对待史料问题应做的工作：一要注意史料的地域性，二要明了史料的来源及成书时的条件，三要弄清楚史料的时代。② 为此，他发掘了《周礼》在学术上的价值，依据《周礼》来解释齐国的社会性质问题，又撰文《试论先秦时代齐国的经济制度》以先秦时齐国的经济制度等具体的问题来考察古史分期。③《文史哲》编者对该文的评价为“使用了一些向来认为有问题的史料”④，可见杨向奎在史料运用上的创新。

至此，《文史哲》在1951年至1954年间，以童书业、杨向奎的“西周封建论”和杨宽的“战国封建说”为主要对垒观点的古史分期观点已成雏形。学界对于分期标准的探讨有限，如杨向奎在《中国历史分期问题》一文中总结道：“对于中国历史分期的断限虽然说法不同，然而运用的原则还属一致，基本上是解释西周到战国时的主要生产者是奴隶还是农奴的问题。”《文史哲》中的探讨也是如此，虽然杨宽注意到了生产力的因素，但并未形成大规模的争辩，讨论内容相对单一。不难理解，山大教师以及全国知识分子先是经历思想改造运动，后又参与了胡适思想批判，对于马克思主义尚处于学习阶段，尚且不能将其从容运用至学术研究中。另外，毛泽东早在《中国革命与中国共产党》中提及封建制度“自周秦以来，一直延续了三千年左右”，政治领袖观点对古史分期讨论也有很

---

① 杨向奎：《关于西周的社会性质问题》，《文史哲》1952年第5期。

② 杨向奎：《从周礼推论中国古代社会发展的不平衡性》，《文史哲》1951年第3期。

③ 参见杨向奎：《试论先秦时代齐国的经济制度》(上)，《文史哲》1954年第11期；杨向奎：《试论先秦时代齐国的经济制度》(下)，《文史哲》1954年第12期。

④ 《编者的话》，《文史哲》1954年第11期。

大的制约作用,“有些教授不大明确学术和政治问题的界限,不敢同持西周封建论的人争鸣”①。从这些方面来看,《文史哲》在此阶段的相关古史分期讨论多有所禁忌。

1954年开始,学界关于古史分期不同观点的代表性著作相继涌现。1954年8月,尚钺主编的《中国历史纲要》由人民出版社出版,“魏晋封建论”为其代表性观点。该书出版后,山东大学历史系中国古代及中世纪教研组于1955年1月26日下午召开了讨论尚钺主编的《中国历史纲要》的座谈会②,参会者就其所涉及的古史分期问题进行发言。《文史哲》于其后发表了座谈会的发言记录。李亚农所著《中国奴隶制与封建制》也于1954年由华东人民出版社出版,其中阐述了“春秋封建说”。1955年3月,范文澜著的《中国通史简编》(修订本)第一编问世,在该书《绪言》的第二部分中,“范文澜集中阐述了他对西周社会性质的看法,扩大了‘西周封建说’的影响,也引起了对古史分期的标准、我国奴隶制的类型以及西周社会性质等问题的热烈争辩”③。这些学说将古史分期问题的讨论推进新的发展阶段,“在1955年和1956年掀起了建国以来古史分期问题讨论的第一次高潮”④。

从1955年起,《文史哲》迎来了关于古史分期讨论的高潮。与此前学者于《文史哲》中自发阐述看法不同,这次古史分期讨论由《文史哲》编委会主动组织和策划,目的是推动马克思主义学术论争,这显然是受到了当时思想界正在展开的意识形态斗争的影响。在1954年第12期中,编者强调,“展开学术上的论争,是本刊编委会一向主张的,今后更当大力开展以推动科学研究工作”,计划“自明年一月起”,在刊物上发表有关中国历史分期问题的讨论,并对校内外学人公开发出征稿启事:“凡是运用马克思列宁主义的方法,有一定科学水平的论著,本刊皆乐于刊载。”⑤1956年,《文史哲》编者号召历史工作者在“百家争鸣”的时代中,“不骄不躁地展开科学研究与自由讨论”,并表示“今后将继续组织有

① 葛懋春:《回忆早期〈文史哲〉杂志社社长华岗同志》,《文史哲》1981年第4期。

② 参会者有中国古代及中世纪教研组的童书业、赵俪生、张维华、黄云眉、王遨汝、王仲荦、卢南乔、韩连琪、刘敦愿、宋锡民、黄冕堂、徐连城等,马克思列宁主义教研室的吴大琨、葛懋春、洛洋,中国近代及现代史教研组的郑鹤声,以及历史系同学罗组基。参见山东大学历史系中国古代及中世纪史教研组:《〈中国历史纲要〉讨论专辑》,《文史哲》1955年第3期。

③ 周朝民、庄辉明、李向平编著:《中国史学四十年》,南宁:广西人民出版社,1989年,第20页。

④ 周朝民、庄辉明、李向平编著:《中国史学四十年》,南宁:广西人民出版社,1989年,第20页。

⑤ 《编者的话》,《文史哲》1954年第12期。

助于古史分期问题讨论的稿件”,“以推进中国古史分期的研究”。[①]

另外,《文史哲》对古史分期问题讨论的关注,实则又与山东大学历史系所组织的相关讨论会密切相关,其所刊多篇文章是学者在讨论会上的发言文章,并且对讨论会的具体概况进行了相关报道。1954年11月12日、27日,山大历史系教研组两次举行有关中国古史分期问题的讨论会。第一次由童书业做主要发言人,第二次由王仲荦做主要发言人。大家讨论的问题多聚焦于奴隶社会和封建社会的分期标准问题、生产力和生产关系的问题。《文史哲》将第一次发言稿整理发表。[②] 1957年1月5日,山大又举行了一次“古史分期问题讨论会”,在该次讨论会中,“西周封建论”者、“战国封建论”者、“魏晋封建论”者等展开了热烈争论。《文史哲》选载了童书业、张维华、罗祖基三人的发言稿。而王仲荦、高亨、吴大琨、时希哲四人的发言所涉及的主要论点亦均以文章的形式刊载于1956年、1957年的《文史哲》中。很大程度上,《文史哲》中关于古史分期问题的讨论实际上反映了山大历史系同人的探讨情况与认知轨迹。

从《文史哲》所刊的相关文章以及部分讨论会发言文章来看,此期间学者关于古史分期的研究主要集中在以下三个方面:一是新兴观点——“魏晋封建论”的探讨,二是“西周封建论”的进一步争辩,三是对于古史分期的其他保守性观点,这里主要指被指称为“两条路线者”的张维华的见解。

第一,关于“魏晋封建论”的探讨。

“魏晋封建论”的崛起,是新中国成立以后古史分期讨论的一个重要特色。[③] 1954年,尚钺在其主编的《中国历史纲要》中最先提出“魏晋封建论”,其后在《如何理解历史人物、事件和现象》[④]、《关于古代史分期问题》[⑤]两文中重申这一看法。1955年,《文史哲》发表了涉及“魏晋封建论”的第一篇文章——童书业的《中国古史分期问题的讨论》,这篇文章是童书业在1954年古史分期讨论会上的发言稿。在文中,童书业一改曾在《中国封建制的开端及其特征》[⑥]一文中所

---

① 编者:《开展中国古史分期问题的讨论》,《文史哲》1956年第8期。

② 参见《编者的话》,《文史哲》1955年第1期。

③ 参见周朝民、庄辉明、李向平编著:《中国史学四十年》,南宁:广西人民出版社,1989年,第27页。

④ 尚钺:《如何理解历史人物、事件和现象》,《教学与研究》1956年第4期。

⑤ 尚钺:《关于古代史分期问题》,《中国史研究》1979年第3期。

⑥ 童书业:《中国封建制的开端及其特征》,《文史哲》1951年第2期。

持的“西周封建论”，转而支持“魏晋封建论”。[①] 他自称根据“在世界史教学中获得的新知识”，把中国古代史放在世界古代史，尤其是东方古代史的范畴，从东方学角度结合中国古代具体史实，提出自己对中国古代史分期的意见：“从夏代起(至少从殷代起)到春秋末是原始奴隶制的时期，从战国起到汉末是发展奴隶制的时期，魏晋时代才正式转入封建社会”，继而从中国古代分封制和宗法制的性质以及战国秦汉时代的古典经济形态两个方面进行了论述。

在讨论会上，童书业的观点得到王仲荦、王遨汝等人的赞同，但也遭到不少山大历史系师生的质疑。王仲荦表示自己“对古史分期的看法，是和童先生一致的”，并补充了商榷性看法：他认为战国以后的奴隶制不可能发展到与古典的希腊罗马一样，不能称其为“古典奴隶阶段”，并强调“奴隶社会不决定在奴隶人数之多寡，而决定在奴隶生产在全国经济中，占什么地位。童先生硬要说奴隶人数在一千万以上，那是不符合实际的”。王遨汝认为，西汉的奴隶已参加主要生产，当时的主要矛盾已经是奴隶和奴隶主的矛盾了。韩连琪肯定童书业的古史分期看法是“目前对我国古代史不同看法中的一个新的较有力的主张”，但也批评他“在证据方面，尤其是解决社会性质的生产关系方面”，“缺乏深入的细致的分析和足够的叙述”，而“要解决殷代是低级或古典的奴隶制”，“必需再深入的细致的来分析研究各个时代的生产工作者身份”。卢南乔则认为，仅仅依据“分封制”“租佃制”并不能证明是封建社会，但童书业却未“正面地、明确地指出中国封建社会与奴隶社会应依据什么普遍的、特殊的规律来作分期的标准、条件”。郑鹤声也指出，童书业没有把古史分期的核心问题——奴隶社会的生产力和生产关系的问题交代清楚。[②] 杨向奎发表了《“中国古史分期问题的讨论”商榷》，反驳童书业提出的“魏晋封建论”，认为童文没有从中国历史实际出发，在方法论与史料运用上存在错误，有许多漏洞和矛盾。[③]

---

① 童书业自称，从抗战前一直到胜利初，对于古史分期，他大体的看法是，“西周春秋为封建社会，而把战国以后称为‘佃农制社会’，就是变相的封建社会的意思”。这期间童书业的研究方法比较简单化，“把欧洲中古的封建社会套在西周春秋的历史上，依据欧洲中古封建社会的定义，到西周春秋的史料中找证据”，由此所构成的西周春秋史的系统，“是一个典型封建社会史的系统”。他称，那时所谓“典型封建社会”的含义，与马克思列宁所下封建社会的定义是不同的。参见童书业：《中国古史分期问题的讨论》，《文史哲》1955 年第 1 期。

② 参见萧耦：《中国古史分期问题座谈记录》，《文史哲》1955 年第 1 期。

③ 参见杨向奎：《“中国古史分期问题的讨论”商榷》，《文史哲》1955 年第 1 期。

《文史哲》编者对于这场讨论最后总结到,解决中国古史分期问题,"要注意到普遍规律,更不能不注意到我们中国的特殊性"。在这场讨论会中,童书业的"魏晋封建论"的看法背后暴露的是古史分期问题中的诸多难以自洽之处。部分学者也已注意到马克思主义一般理论对中国历史的适用性问题,而适用程度如何,关键在于对中国历史实际的把握程度。

继童书业主张"魏晋封建论"之后,在《文史哲》上以及整个史学界首次旗帜鲜明、系统全面阐述"魏晋封建论"的是王仲荦。1956 年,《文史哲》第 3、4、5 期连载了王仲荦的《关于中国奴隶社会的瓦解及封建关系的形成问题》。该文成为古史分期"魏晋封建说"的代表作之一。全文从古代中国原始奴隶结构,以及生产力的连续增长与封建主义因素逐渐获得发展等方面来阐述中国奴隶社会的瓦解及封建关系的形成过程。具体而言,中国封建社会开始于魏晋,从殷商一直到东汉是奴隶社会。中国奴隶社会可以分为两个段落:从商到春秋是第一个段落,这时期社会上有农村公社和未获得发展的早期奴隶制两种基本结构;从战国到东汉是第二个阶段,这时期农村公社瓦解,较为发展的奴隶制开始在社会上占统治地位,在比较大的程度上保持了商品生产的可能性。自汉武帝开始,流民大量出现,奴隶制面临总危机,封建关系急剧发展。到魏晋时期,封建制终于代替奴隶制而上升到主导地位,中国进入封建社会。

随后,《文史哲》在 1956 年第 8 期上又发表了何兹全的《关于中国古代社会的几个问题》。该文也持"魏晋封建论"。何兹全同意苏联大部分学者关于西周到秦汉这一时期社会性质的认识,"认为西周春秋还是前期古代社会,或家长制早期奴隶制时期,魏晋时期中国才由奴隶社会进入封建社会",古代社会和封建社会分线的具体年代为"一九六年曹操的许下屯田"。正文分为三个小节,在第一节"西周春秋是前期古代社会"的论述中,何兹全援引马克思列宁主义经典著作的理论来阐析《左传》《诗经》《论语》等文献中的历史记载,并驳斥了当时"西周封建论"的两种看法:一种是"有些学者从西周春秋的农奴制、依附关系、隶属关系等方面认为西周春秋是封建社会",另一种则是"把国有土地、自耕农民对国家的租税徭役负担和自耕农民对国家的隶属关系理解为封建关系,从而认为西周春秋是封建社会"。何兹全认为,"西周春秋时期氏族制解体过程还在进行,血缘关系还很顽强的保存下来","这时期出现了依附关系和农奴制,同时更出现了奴隶制","但无论奴隶制或农奴制都还没有成为支配的生产形态,社会生产的主要担当者还是公社解体中发展出来的自耕农民”，所以西周春秋时期是“由公社解体到发展的奴隶制国家的过渡时期”。第二节为“战国秦汉时期的奴隶制及其在社会经济中所起的作用”，其中他指出，战国秦汉时期是沿着古代社会发展中一般规律发展的，具体可归结为“大土地所有制和自耕农民小土地所有制的斗争过程和商业发展、土地集中、小农沦为奴隶过程的历史”。在该文第三节“东汉时期奴隶制向封建制的过渡和封建社会的成立”中，他指出“东汉以来，奴隶和自由民向农奴的转化过程，也就是古代的大奴隶主大地主性的豪族向封建性的豪族转化的过程”，这两个过程正是古代社会向封建社会的过渡时期，魏晋之后，才进入封建社会。

史学界赞同“魏晋封建论”的还有日知、赵俪生、王思治等，他们认为，汉武帝以后封建的生产关系逐渐萌芽和成长，自魏晋开始，中国才进入封建社会。对于分期标准，他们主张，主要的生产关系必须适合生产力的性质，一切历史现象必须和当时的经济结构结合起来研究。[①] “魏晋封建论”与“西周封建论”“战国封建论”有着不可调和的焦点性争论：一是“魏晋封建论”者认为“无论是古代希腊罗马还是古代东方，自由民的数量都多于奴隶，因而西周或春秋战国农民的身份地位并不能说明当时已进入封建社会”，中国的奴隶社会发展大体上应该与古典的古代和古代东方的奴隶制时代相一致；二是各派在关于汉代的社会性质方面，其中涉及的生产力发展水平、主导地位生产关系、奴隶是否是农业生产的主要承担者等也是争论的问题。

关于“魏晋封建论”，早在 30 年代就有学者持此观点，但新中国成立后正式提出却是在 1956 年。该说提出时间之所以晚于“战国封建论”和“西周封建论”，一方面与学者对马克思主义的学习与运用有关，另一方面在学术与政治紧密相关的环境中，游离于主流观点之外的看法极易被压制。同样，这些“低音”观点的浮出得益于意识形态管控的松动。据何兹全的回忆，“战国封建论”和“西周封建论”两家“都能和毛泽东的封建制度‘自周秦以来一直延续了三千年左右’挂起钩来，汉魏之际封建说挂不上钩。汉魏之际封建说虽然没有受过政治迫害，但压制还是有的”[②]。“尚钺写文章支持魏晋封建说，便成了群起而攻之的靶子。我当然也不敢说话了”，“但肚里有话，是憋不住的”。随着 1956 年“百

① 参见周朝民、庄辉明、李向平编著：《中国史学四十年》，南宁：广西人民出版社，1989 年，第 27 页。
② 何兹全：《九十自我学术评述》，《北京师范大学学报》(人文社会科学版)2001 年第 5 期。

花齐放，百家争鸣”方针的提出，学术界气氛活跃起来，何兹全才大胆写出《关于中国古代社会的几个问题》一文。该文先送给《历史研究》，但并未被刊用，“尹达曾拿给郭沫若看，也不知是郭沫若还是尹达下了一句评语：‘公说公有理，婆说婆有理呗！’”后来，该文被拿到《文史哲》发表了。① 这成为这篇文章乃至“魏晋封建论”命运的转折点。当时的《文史哲》敢于刊发“异端”的学术观点，得益于“学术第一，不唯上，不跟风的办刊方针”，以及“创刊初期杨向奎等一批学者的学识、胆识”。②

第二，关于“西周封建论”的进一步争辩。

1956 年，范义田在《文史哲》第 9 期发表《西周社会的性质——封建社会》一文。他从恩格斯、马克思关于家庭公社的论述出发，认为“从家庭公社和农村公社发展为奴隶社会和农奴社会的过程，有两种不同的类型”：第一种类型，是家庭公社中的奴隶制充分发展起来，公社组织消灭，大庄园被分租给农民，从而转变为农奴制，这正是罗马的发展情形；第二种类型，是家庭公社中的奴隶制没有得到充分的发展，公社配田的小农生产方式始终占据社会经济的重要地位，往后由于个体农业的发达，便发展为农村公社，只要公社的土地为有权力的领主所占有，便转变为农奴制的封建社会。他继而指出，殷周之际的社会发展过程，是属于第二种类型的。最后，他将殷周之际的社会发展过程总结为：“在殷、周之际，家庭公社和农村公社上的小农生产顺利发展起来，使奴隶制的大规模经营不能够出现，而进入封建社会。从西周到春秋战国，公社上的小农生产有了更进一步的发达，小块土地的耕作走向更进一步的细分过程，私有土地制度的发展破坏了公社的均田制，转变为小农民的村社。”

高亨则从《左传》《国语》《诗经》《论语》等“有关周代可靠的史料”入手，考察了周代地租制度，进而考察了周代的社会性质。高亨认为，“研究周代的社会性质，实际就是研究周代的生产关系”，在认清周代的生产工具情况后，研究周代的生产关系就必须研究农业生产中的土地关系。最后，他得出结论：“从周代的地租制度上考察周代的社会性质，周代应该是封建社会，它的封建生产关系是由劳役地租转变为实物地租制度体现出来”，劳役地租制度体现的是庄园主与

① 何兹全、宁欣：《古代经济的衍化与中国社会的发展道路——何兹全教授访谈录》，《河北学刊》2008 年第 6 期。

② 王大建：《王仲荦、何兹全先生与魏晋封建论》，《中华读书报》2012 年 12 月 12 日。

农奴对立的封建生产关系,实物地租体现的是地主与农民对立的封建生产关系。同时,他也指出,周代的地租制度只是论定周代生产关系、论定周代社会性质的一个重要环节,“但是其它的社会制度,尤其是周代的阶级关系,都必须加以全面的考察,才能论定周代的社会性质”。①

时希哲从奴隶制和农奴制关联实质的角度阐明西周不是奴隶社会。具体而言,他讨论了古代史中的四个理论问题:奴隶制与农奴制的近似及其密切关联的实质,奴隶的不适用于农业的大庄园,在不同征服的情况下可以产生奴隶制也可以产生农奴制,西周不是奴隶社会。他认为,属于东方奴隶制范畴的殷,对国内人民的掠夺已形成“事实上农奴制”,周征服殷,实际上产生了“法律上的农奴制”。“由‘殷’实际形成的农奴制到‘周’灭殷后变成法律上的农奴制,虽然生产上的实际没有怎样的改变,但土地所有权的改变……只添此一点便使社会起了质的改变。所以周对殷的征服实成了中国奴隶制与农奴制的分水岭,仍不能不说是一个社会发展上的大转变。”②

上述学者虽论述角度不同,但均从生产关系的范畴将西周的社会性质判定为封建社会。陈孟麟则不认同此做法,他在《关于西周社会性质问题——对于主张西周是封建社会学者们的一个答辩》中,从生产方式的发展情况与史料阐释出发,证明西周是奴隶社会的继续发展。他首先指出了西周为封建社会说法中存在的非马克思主义的观点:孤立地摘取一些章句或现象来说明,而对于当时决定着社会状况的生产方式,则注意得非常不够,或解释得十分牵强。在文中,他具体提出并解答了几个问题:其一,灭殷以前的周族没有封建因素,而“周族灭殷,绝不是什么奴隶起义,尤其不是什么革命,它不过是野蛮的军事掠夺而已”。其二,在“公田”“私田”及农奴自己的经济问题上,与范文澜的观点进行商榷。他认为,“公田和私田是大小贵族的大小不同的土地占有的等级概念,而不是什么农夫的田称为私田”。他引用斯大林在《联共(布)党史简明教程》中的论述,指出完全占有生产工作者和不完全占有生产工作者才是奴隶经济生产关系和封建经济生产关系的最根本区别点。③

① 高亨:《周代地租制度考》,《文史哲》1956年第10期。

② 时希哲:《从泛论古代史中的几个理论问题阐明西周的社会性质》,《文史哲》1956年第8期。

③ 陈孟麟:《关于西周社会性质问题——对于主张西周是封建社会学者们的一个答辩》,《文史哲》1956年第2期。

同样是关于西周社会性质的认识，此时较之50年代初，探讨内容更加丰富，问题更加全面细致。50年代初，范文澜、翦伯赞、杨向奎等西周封建论者“主要着眼于直接生产者身份地位的变化”①、阶级的划分等；而1956年“百家争鸣”时期，学者多从体现生产关系的多个层面入手考察，并且力求将马克思主义与史料考察相结合，关注到殷周之际社会更迭的过程及性质、西周生产力发展水平、西周分封制和宗法制度的性质等更具体的问题。后来随着讨论的深入，古史分期问题的复杂性也愈加凸显，如部分学者难以“自圆其说”，不得不变更观点，这方面典型例子便是童书业。他在1957年放弃“魏晋封建论”，重持“西周封建论”，认为西周、春秋时代是早熟的宗法封建社会。②

第三，“两条路线论”的提出。

1957年，《文史哲》发表了张维华的《论自战国初年至东汉末年是中国历史上由奴隶制过渡到封建制的一个时期》一文，这是他在1月5日山东大学“古史分期问题讨论会”上的发言稿。他不同意“西周封建论”“战国封建论”“魏晋封建论”诸说，认为“战国封建论”者“否认了或说是忽视了战国、秦及西汉前期奴隶制还在向前发展的那种征象”，“魏晋封建论”者“过分强调了战国、秦、汉时期所存在的某些奴隶制现象，便认这时奴隶制一直占着上风的地位，而轻估了封建制在发展中的一些重要史实”。他认为，“战国、秦及两汉是由奴隶制过渡到封建制的一个阶段”，在这个过渡期贯穿着两条线，一条是封建制的产生与不断发展，一条是奴隶制由上升到衰落而崩溃。③

三、《文史哲》关于古史分期讨论的特点

《文史哲》除了以上涉及的古史分期主要观点外，还形成如下讨论重点。

第一，关于古史分期标准的讨论。

如前文所述，早在50年代初，为推动学术讨论，杨向奎已在《文史哲》发表的文章中多次提到分期标准问题，如《中国历史分期问题》（《文史哲》1953年第1期）、《关于西周的社会性质问题》（《文史哲》1952年第5期）等。大体而言，他

---

① 周朝民、庄辉明、李向平编著：《中国史学四十年》，南宁：广西人民出版社，1989年，第22页。

② 参见童书业：《从“生产关系适合生产力的规律”说到西周春秋的宗法封建制度》，《文史哲》1957年第1期。

③ 张维华：《论自战国初年至东汉末年是中国历史上由奴隶制过渡到封建制的一个时期》，《文史哲》1957年第3期。

强调对封建社会性质的判定要以斯大林对封建社会的定义为依据,“要从土地所有制上,地租制度上,农民身份上来肯定西周的社会性质”①,尤其要重视物质资料生产者的地位变化和阶级划分。其实,杨向奎在此强调的正是生产关系因素,但是在马克思主义关于社会发展的理论中,生产力和生产关系是两个不可偏废的因素。在讨论中,学者侧重的古史分期因素不同,自然就会得出不同的结论。1955 年,时希哲与吴大琨在《文史哲》上发表文章,就中国奴隶社会与封建社会的划分标准问题进行讨论。时希哲不同意吴大琨在《与范文澜同志论划分中国奴隶社会与封建社会的标准问题》②一文中提到的以生产力为划分不同社会的标准,而赞成范文澜在《中国通史简编》中提出的区别两个社会形态的标准,认为中国由奴隶社会到封建社会,是在同样生产工具的基础上,由于剥削方法的变换,也就是因生产关系的改变而引起的生产力的变化。③ 吴大琨在同期发表《再论划分中国奴隶社会与封建社会的标准问题》,为自己的观点进行辩护。他认为他们的基本分歧点在生产力这一概念,及对其在推进社会进展时所发生的作用的不同认识与不同估计上。原因就在于时希哲在开始研究之前就已经接受了范文澜的“西周封建论的结论”,由此“以论代史”,误解了斯大林、列宁经典著作中的原文。吴大琨指出要掌握奴隶社会和封建社会的经济特点,发现生产关系的特点,但又不能将其完全特殊化。④

《文史哲》编者随后对两人的讨论作了总结,并运用马克思和恩格斯的理论指示对讨论进行方向上的引导。编者认为时希哲的观点值得商榷,指出研究中国封建社会的形成“必须在西周的各种组织,尤其是军事组织中去研究有没有封建制度萌芽的问题,同时也要注意殷商这时生产力的情况”⑤。《文史哲》编者将此讨论推向深入,其意在于引导学者提高马克思主义理论水平。

第二,对于“生产关系一定要适合生产力”原理的探讨。

关于“生产关系一定要适合生产力”的探讨,实际上是对于社会分期标准问

---

① 杨向奎:《“中国古史分期问题的讨论”商榷》,《文史哲》1955 年第 1 期。

② 吴大琨:《与范文澜同志论划分中国奴隶社会与封建社会的标准问题》,《历史研究》1954 年第 6 期。

③ 参见时希哲:《与吴大琨同志论划分中国奴隶社会与封建社会底标准问题》,《文史哲》1955 年第 8 期。

④ 参见吴大琨:《再论划分中国奴隶社会与封建社会的标准问题》,《文史哲》1955 年第 8 期。

⑤ 《编者的话》,《文史哲》1955 年第 8 期。

题的具体认识。在对于西周社会性质的讨论中,“西周封建论”的反对者认为西周时代没有铁器,青铜器时代的生产力不可能产生封建制的生产关系,而“西周封建论”者认为区别奴隶社会和封建社会的关键在于剥削方法的转换。由此,“西周封建论”的反对者认为这个分期标准忽视了生产力的变动,不符合历史唯物主义。何高济指出,“当我们解释什么是封建社会时,我们不单是指出它的生产关系,同时也必须指与它的生产关系相适应的生产力和上层建筑”。他认为童书业与杨向奎的“西周为宗法封建社会”的看法没有考虑到与它相对应的生产力。①

对于古史分期中这两种截然对立的观点以及何高济的质难,童书业在《文史哲》1957 年第 1 期上发表《从“生产关系适合生产力的规律”说到西周春秋的宗法封建制度——兼答何高济先生对于中国古史分期问题的讨论》一文予以回应。他认为论争的焦点在于“生产关系一定要适合生产力性质的规律”,并指出“西周封建论”的反对者坚持“封建的生产关系必须适合发展的铁器的生产力”理论,是中国古史分期问题讨论中的关门主义。童书业举证东方国家奴隶社会具体历史的例子,来说明“每种生产关系所适应的生产力,并不是任何地区,都是一式一样的”,因而“不能单纯根据生产力状况,就断定某时代某国家社会的性质”。将生产力与生产关系孤立起来考察,实际上是陷入“形而上学方法的泥阱之中”。所以在“考察社会发展的时候,除了考察生产力与生产关系的发展以外,还必须联系考察到其它的条件”。实际上,童书业无非是要强调在马克思主义理论适用问题上,中国有自身的特殊性。这体现出新中国学人试图克服教条化倾向的学术努力。

吴大琨不赞同童书业对“生产关系一定要适合生产力性质的规律”的认识,批评童书业是“完全企图在反对教条主义的口号下修正‘生产关系一定要适合生产力性质’”这一重要马克思主义原理。他指出了童书业的错误:其一,童书业将考古学中的“青铜时代”“铁器时代”等分期名词与马克思主义者所用的社会分期名词相混淆,对“社会生产力”的定义不明确;其二,童书业在文章中曲解了苏联史学家的文章与马克思、恩格斯的经典著作;其三,童书业个人关于古史分期的观点前后反复,从 1955 年《“中国古史分期问题”的讨论》中的反对“西周

① 何高济:《我对于古代史研究中几个问题的看法》,《文史哲》1956 年第 9 期。

封建论”到1957年支持“西周封建论”。[①] 在同期《文史哲》中，童书业撰文《答吴大琨先生》对吴大琨的批评予以回复。他认为吴大琨引用斯大林在《论辩证唯物主义与历史唯物主义》中的“金属工具”说法不够全面，并表明“谈古代的生产力，用‘铜器时代’‘铁器时代’来划分阶段”，是根据苏联尼科尔斯基的《原始社会史》中译本的说法。针对吴大琨批评他为“修正”马克思主义，他则表示，怎样解释农奴关系是很早就有的问题，可以参照他在前文引用的《家庭私有制和国家的起源》中的指示。此外，他承认在封建社会的形成中，生产力发展水平是主要的条件。[②]

从吴大琨所指出的问题来看，童书业的古史分期观点确有逻辑难以自洽之处，但他将童书业对中国社会特殊性的认识，批评为“对马克思主义进行理论上的修正”，“修正”一语，已有政治错误的嫌疑。而童书业的回复多着眼于学术层面。此外，童书业不但受苏联的马克思主义中译著作影响较大，而且多关注苏联史学界关于古史分期的看法。两人对于马克思主义的运用，也会因理论的来源、概念理解的差异而产生观点上的分歧，甚至对于同一马克思主义者的理论的理解，不同的人也会有不同侧重点。这是古史分期讨论长期纷纭不决的理论根源。

第三，关于中国历史特殊性的探讨。

杨向奎在《文史哲》上发表的多篇文章，较早关注到中国历史特殊性问题。一方面，他强调要注意古代社会各地区发展的不平衡性，不可以偏概全，认为西周到春秋间各国发展是一致的。另一方面，他认为也要关注古代东方各国发展的不平衡，“我们不能够把中国和埃及巴比伦完全等同起来”，但“需要把中国史和世界史联系起来，才不致孤立看问题”，要“注意古代东方发展的一般情况，但也要顾到中国具体的历史事实，不能教条地搬弄古代东方史的学说”。[③] 何兹全也认为“中国古代社会具有马克思、恩格斯所指出的一些古代东方社会的特征，但中国社会又和古代埃及、印度、近东的古代国家有所不同”，所以“中国古代历

---

① 参见吴大琨：《读弗·尼·尼基甫洛夫同志“论不同国家从奴隶占有制向封建制过渡的几个共同的规律性”一文后的体会——兼评童书业先生的对“生产关系一定要适合生产力性质的规律”的认识》，《文史哲》1957年第2期。

② 童书业：《答吴大琨先生》，《文史哲》1957年第2期。

③ 杨向奎：《“中国古史分期问题的讨论”商榷》，《文史哲》1955年第1期。

史发展既不是东方型的，也不是希腊罗马型的”，一方面，它有东方社会的特点，具有东方专制主义性质，另一方面由于生产力的发展，尤其是商品货币的发展，它又“不是停滞于原始状态，而是像西方一样，沿着历史规律，由原始社会向奴隶制、封建制发展”。①

童书业、吴大琨等注意到了古代东方、古代中国与欧洲社会发展间的差异性。童书业强调不能陷入教条主义，要根据历史事实来具体分析问题，并认为“古代东方”的历史是奴隶制和封建制相结合的历史。而“事实上，封建关系在东方，比起西方国家来，出现要早得多”②，东方国家的奴隶制是发展得很不充分的，封建制关系和封建社会是早熟的。“在古代东方，并非尽是奴隶社会”，在这些国家中，“奴隶制的发展，是极其有限的”。在中国的西周时代，“已经形成了早熟的、不纯粹的、带有很浓重原始色彩的宗法封建社会”。③ 吴大琨认为中国历史上并不存在所谓发达了的奴隶制阶段，中国在春秋战国时期，直接从早期奴隶制的社会转变为封建社会。中国在青铜时代所形成的专制主义的基础上，有封建的国家土地所有制，控制了盐铁生产，形成了“毛泽东同志所指出的所谓专制主义的中央集权的封建国家的社会”④。

在关于历史特殊性的讨论中，部分史学家其实已经认识到中国与欧洲社会历史的发展并非完全一致，更具复杂性，但是多数史学家的讨论却依旧是在五种社会形态理论的框架之内展开的。中国的发展最终总趋势必须要符合以欧洲历史发展为代表的普遍规律。从这点来看，史学家在运用马克思主义的过程中不免将其绝对化和简单化了。

上述有关古史分期问题的各大派别观点皆为史学家在运用马克思主义理论过程中产生的不同见解。各派看法虽悬殊，但目的都是论证中国社会发展也经历了斯大林所谓的“五种生产方式”的依次更迭。尤其是为了证明奴隶社会

---

① 何兹全：《关于中国古代社会的几个问题》，《文史哲》1956年第8期。

② 童书业：《从“生产关系适合生产力的规律”说到西周春秋的宗法封建制度——兼答何高济先生对于中国古史分期问题的讨论》，《文史哲》1957年第1期。

③ 童书业：《与苏联专家乌·安·约瑟夫维奇商榷中国古史分期等问题》，《文史哲》1957年第3期。

④ 吴大琨：《读弗·尼·尼基甫洛夫同志“论不同国家从奴隶占有制向封建制过渡的几个共同的规律性”一文后的体会——兼评童书业先生的对“生产关系一定要适合生产力性质的规律”的认识》，《文史哲》1957年第2期。

形态是中国的必经发展阶段,史学工作者便“努力在中国历史上找奴隶,找奴隶社会”[1],甚至是在史籍里“制造奴隶”。一方面,在缺乏充分证据证明社会基础是奴隶劳动时,奴隶不是社会生产的主要负担者,仍然肯定社会性质为奴隶社会,“这是一个原则性问题”[2]。另一方面,如郭沫若等“靠着放宽、松动奴隶的定义、标准”把中国古代“众人”“庶人”等基本生产工作者普遍予以奴隶化。不从中国历史实际出发,照搬经典作家个别结论,公式化理论与历史事实严重脱节,不少学者前后难以自圆其说,一再调整古史分期观点。这种将理论方法当作结论,为迁就理论而改铸史实的做法,势必不是解决学术问题的正当之路。

四、“异端”观点的浮现与消寂

穷则思变,变则能通。正当部分史学家在“奴隶社会是人类历史发展的必经”阶段的前提下争论不休时,也有少数史学家尝试跳出“五种社会形态理论”。童书业认为,“古代中国的主要地区(中原)是不会经过奴隶社会阶段的”,“殷代可能是一个从原始社会进入封建社会的过渡阶段”这种说法,从史料上来看是可以成立的。进一步讲,“根据马克思和恩格斯的指示:不但在中世纪,便是在古代,农奴制也可以从原始部落制度中产生出来”[3]。

童书业的观点提出时,学术界气氛尚且宽松,并未受到批判和攻击。1957 年 8 月开始,社会科学界展开反右派斗争,极“左”思想蔓延,政治氛围日益紧张。“中国没有奴隶社会论”被学术界批判为“攻击马克思主义”的资产阶级反动史学观点。其中遭到批判的代表是雷海宗、李鸿哲。1957 年 6 月 2 日,雷海宗在天津市“科联”组织的争鸣论坛上作了题为“世界史分期与世界上古中古史中的一些问题”的学术演讲。他依据生产力和生产关系的矛盾统一运动原理,明确否定奴隶社会具有普遍意义,认为世界历史上并没有一个奴隶社会阶段。随后,雷海宗被划成右派,其观点被批判者指责为否定马克思主义社会形态学说和阶级斗争理论的反动“史学纲领”。[4] 童书业随即在《文史哲》上发表文章,批

① 张广志:《中国古史分期讨论七十年(下)》,《文史知识》2005 年第 10 期。

② 杨向奎:《中国历史分期问题》,《文史哲》1953 年第 1 期。

③ 童书业:《与苏联专家乌·安·约瑟夫维奇商榷中国古史分期等问题》,《文史哲》1957 年第 3 期。

④ 参见杜学霞:《史殇:二十世纪五六十年代的史学研究》,北京:国家行政学院出版社,2013 年,第 124～125 页。

判雷海宗是用资产阶级的“经济史观”来反对马列主义历史科学。[①]

观点更为“激进”的是李鸿哲，1957年，他在《文史哲》第10期上发表《“奴隶社会”是否社会发展必经阶段？》一文，公开挑战社会发展五阶段说。作者指出，中国历史上有过奴隶制时代之说，首先提出来的是郭沫若。但“奴隶社会”是否为人类历史发展必经阶段，尚有商榷之地。首先，奴隶社会说于经典著作中无根据，“认为人类社会必须先经过奴隶社会，然后才能进入封建社会的五阶段说，并非马克思的学说”。其次，奴隶社会说在理论上存在多方面困难，检查奴隶社会说理论的本身，可以发现它含有很多矛盾和破绽，不能自圆其说。再次，奴隶社会说不符合历史事实，人类社会都经过一个奴隶社会的阶段，并不是历史发展的规律。最后，作者断言：“奴隶社会说在理论上站不住脚，不符合历史事实，违背历史唯物主义；多年来为人所信从，实在是一种教条主义的偏向。”同时呼吁国内外史学家不要把奴隶社会说理论当作一个放诸四海皆准的真理。《文史哲》发表此文“原意是为了展开讨论和批评”，已然冒着不小的风险。文章发表后，有读者来信揭发作者是苏北师范专科学校的一个“反动右派分子”，《文史哲》编委会方才指斥该文“立论是有错误的”，是“借着学术讨论的幌子，对马克思主义的一般社会发展规律进行恶意的攻击，具有阴险的政治企图”。[②] 随后，《文史哲》在12月号杂志上发表葛懋春的《批判李鸿哲反对五种生产方式学说的谬论》等文章，立场彻底转变了。

五、《文史哲》与古史分期问题讨论得失

与学术思潮发展同步，《文史哲》的古史分期讨论在1955年至1957年间一度达到高潮。随着学术界反右斗争的扩大化以及1958年的“史学革命”，学术界古史分期讨论逐渐趋于平缓。《文史哲》于1958年第6期开始不得不贯彻“厚今薄古”的要求进行整改。60年代初期，古史分期问题在学术界虽仍有讨论，但“由全国性的争鸣转向了区域性的辩论”。及至“文化大革命”期间，古史分期问题被划为“禁区”。进入新时期，古史分期问题接续了50年代的讨论。随着思想解放的不断深入，学术界在反思马克思主义史学发展的过程中，从理

---

① 参见童书业：《批判雷海宗的“世界史分期与上古中古史中的一些问题”》，《文史哲》1957年第11期。

② 《编者的话》，《文史哲》1957年第11期。

论根源上重新检讨古史分期问题,黄现璠、张广志等学者重新掀起“中国无奴隶说”的讨论,学界对此问题的讨论态度也更加宽容。在摆脱“教条主义”后,不少学者在“五种生产方式”的社会形态学说之外重建中国古史体系。

若以今天之眼光来审视《文史哲》的中国古史分期讨论,它既有成就,也有局限性。对《文史哲》乃至山东大学而言,其积极作用明显。其一,作为新中国成立后史学界的第一次大规模学术探讨,古史分期问题讨论是新中国学者学习马克思主义理论后运用到学术实践中的一次必要尝试,它提高了山大学者的马克思主义理论水平。杨向奎、童书业、王仲荦等“旧学者”积极参与到这场讨论中,他们独到的新见通过《文史哲》这个平台输送到学术界,与范文澜、郭沫若等权威马克思主义学者形成对话,推动整个学术界的探讨。其二,《文史哲》借此扩大了自身在学术界的影响力。单就讨论规模而言,《文史哲》刊登的古史分期文章之多、观点之丰富是同时期其他刊物譬如《历史研究》等所不及的。它“在1951年至1958年间发表了50余篇关于古史分期问题的文章,而成为全国古史分期问题研究的学术重镇”①。它不仅刊登了1954年、1957年山大历史系举办的两次古史分期讨论概况,又于1957年11月出版了“文史哲丛刊”第二辑《中国古史分期问题论丛》,将具体讨论状况以学术出版的形式推介给学界。其三,“古史分期”问题论战意味着山大历史学的真正崛起。王仲荦的《关于中国奴隶社会的瓦解与封建社会的形成问题》经《文史哲》刊载出来,山大历史系因此成为“魏晋封建论”的大本营,并“由此而一跃成为史学界著名的魏晋隋唐史研究基地之一”②。

那么,《文史哲》为何能够一马当先,成为50年代古史分期问题讨论的主要平台呢?其一,这与华岗在主持《文史哲》时“提倡学术讨论,反对定于一尊”的民主作风与办刊宗旨息息相关,它使得《文史哲》走在积极践行“百家争鸣”方针的前列。“山大校内对西周封建说存在许多不同意见。古史分期能否在山大讨论起来,华岗本人是否乐见不同意见,这一点很重要。”③据葛懋春的回忆,“华岗同志在领导《文史哲》工作中,十分重视组织学术上不同意见的争论”,“他在《中

① 蒋海升:《政治与学术的互动——20世纪50年代的〈文史哲〉》,《文史哲》2001年第4期。

② 徐显明:《〈文史哲〉与山东大学文科建设——〈文史哲〉创刊50周年献辞》,《文史哲》2001年第3期。

③ 刘光裕:《华岗与〈文史哲〉》,《出版史料》2006年第4期。

国历史翻案》一书中是持西周封建论的，但他总是鼓励持不同意见的人写文章”。华岗的态度使得部分教授快速分清了学术与政治问题的界限，破除疑虑，发表自己的看法。“在他领导《文史哲》杂志时，战国封建论、魏晋封建论的文章登了不少。这是《文史哲》能够较早在全国开展奴隶制和封建制分期讨论的重要原因之一。”[①]若把《文史哲》与同时期其他杂志对比，其“开风气之先”的讨论优势更加显著。当时，“各大杂志和报纸的编辑工作未能执行‘百家争鸣’的方针，遇着问题的新的提法便有所顾忌，或主观上有所偏爱而不能尽量使问题展开讨论”，甚至有的报纸杂志在1957年前“连一篇非西周封建论的文章还未登载过，而一般的报章杂志也很少刊载”。[②]

其二，山大历史系聚集了一批既掌握马克思主义理论武器，又具备扎实专业素养与广博学术视野的著名学者。经过50年代初的马克思主义毛泽东思想学习，用马列主义新观点从事科研已成为山大历史系的风气。此外，又有些学者积极与外国学者对话，如童书业就“亚细亚生产方式”问题、东方封建制早熟等问题与苏联学者交流。[③] “据路遥先生回忆，苏联学者对中国古史分期问题的看法，倾向于亚细亚生产方式，实际上就是魏晋封建论。苏联学者的观点对山东大学历史系的老师们影响很大。”[④]《文史哲》在1957年第4期上刊发了一条“苏联史学家评述我国古史分期问题的讨论”的学术动态，即苏联的《东方杂志》1956年第6期刊载了谢尔金娜的一篇文章，该文全面述评了我国学者在中国古史分期问题上的争论。这条动态在透露出苏联史学界关心中国古史分期问题的同时，也从侧面反映了《文史哲》以及山东大学对国际学术动态尤其是苏联学术界的密切关注。

《文史哲》的中国古史分期讨论乃至50年代整个学术界的古史分期讨论，其局限性也非常明显。首先必须承认这场讨论之于新中国成立初人文学术转型的必要性。在这场讨论中，史学家的目的是运用马克思主义对中国历史社会发展进程作出宏观阐释，重构古史体系，这本身就是新中国学术转型中的诉求。

---

① 葛懋春：《回忆早期〈文史哲〉杂志社社长华岗同志》，《文史哲》1981年第4期。

② 中国人民大学中国历史教研室编：《中国资本主义萌芽问题讨论集》（上），北京：三联书店，1957年，“编者的话”第3页。

③ 参见童书业：《与苏联专家乌·安·约瑟夫维奇商榷中国古史分期等问题》，《文史哲》1957年第3期。

④ 王大建：《王仲荦、何兹全先生与魏晋封建论》，《中华读书报》2012年12月12日。

问题在于,它不是基于经验事实的推理论证,它所依据的知识理论体系是移植、照搬过来的,是经苏联马克思主义者二次"加工"之后的既有结论,它遵循的规范是斯大林《论辩证唯物主义与历史唯物主义》关于"五种生产方式"学说和苏联东方学者的有关论述。在运用理论的过程中,将领袖人物的指示、经典马克思主义者的认识视为真理,而忽略或脱离了这些理论的历史生成语境。知识生产的历史性与不可逆性使50年代学者所接受的"流行"的"马克思主义"与19世纪马克思本人的"马克思主义"产生隔阂,在"神圣化"马克思主义理论的过程中,"以马克思主义的一般原理代替具体问题的具体分析"①,将其简单化、教条化、公式化,于是产生了一个奇怪却又在"情理之中"的现象,各派观点针锋相对、激烈争辩,却得不到结论,达不成共识。

对于古史分期问题讨论中存在的问题,当时学者已有所发觉。拿1957年山大历史系对于中国古史分期问题讨论形势而言,童书业认为"山大历史系同人们对于中国古史分期问题的争论,只是理论问题,而不是史料问题"。大家对史料所显示的历史现象的认识是一致的,而争论的是对这些历史现象的解释,"各执自己的理论去衡量别人的说法"。② 童书业这里说的"理论问题",实际上涉及的是"史""论"关系上的问题,是如何用马克思主义理论处理史料的问题。单论史料,其缺陷显而易见。比如,在对西周社会性质的考察中,部分"西周封建论"者"不从社会内部的物质基础加以考察",而是用一种寻章摘句式的做法随心所欲地处理史料,这实际上是用"非马克思主义的观点"来模糊问题。③ 为解决中国古史分期问题,杨向奎认为"要从分析具体的历史事实下手",譬如先研究"公社""奴隶"等基本问题。④ 童书业则强调,"理论是研究的指导,是讨论的标准","理论的争辩"和"史料、历史事实的争辩"两者要联系起来。⑤

50年代学者对于当时讨论中存在的问题的揭露确实反映了当时学术研究中存在的不足,也提出了解决之道。问题是,大部分批评缺少对马克思主义社会形态理论本身的反思。反观古史分期问题,它从社会史论战时期"努力结合五种生

---

① 黎澍:《中国社会科学三十年》,《历史研究》1979年第11期。

② 《"山大"古史分期问题讨论会发言稿》,《文史哲》1957年第3期。

③ 参见陈孟麟:《关于西周社会性质问题——对于主张西周是封建社会学者们的一个答辩》,《文史哲》1956年第2期。

④ 参见杨向奎:《解决中国古史分期问题,要先研究具体问题》,《文史哲》1957年第5期。

⑤ 参见童书业:《略论古史分期讨论中理论结合史料问题》,《文史哲》1957年第5期。

产方式解释中国历史发展阶段”，发展到新中国成立后史家“依据中国历史发展特点‘重构’中国古史体系的尝试”，这过程中“无处不见马克思主义社会形态学说的深刻影响”。① 需明确的是，马克思的社会形态学说的构建，最初是在考察资本主义社会存在的矛盾时，对整个西欧历史所经历的社会形态进行分期的结果。从发源上来看，它是一种“在欧洲出现并服务于欧洲的潜在的历史哲学”②。马克思主义作为一种科学的认识世界的方法论，我们接受它、运用它，目的是认识中国社会历史发展的过程和规律，而不是用它来代替历史研究本身。所幸的是，新时期思想解放之后，史学家已“从对马克思主义学说史的清理过程中，逐渐剔除了‘发展’中出于意识形态的需要强加给马克思的教条主义成分，使马克思主义重新还原为一个开放的体系”③。不过，这是经历了一个相当曲折坎坷的过程之后才达到的。

第二节　资本主义萌芽问题论战的勃兴

资本主义萌芽问题是马克思社会形态理论所牵涉的更深层的问题之一。具体而言，它探讨的内容大体是资本主义生产关系“在中国封建社会中是否已经存在？是怎样在中国历史中酝酿产生的”④、其发展及影响如何等关乎中国封建社会发展规律的问题。关于资本主义萌芽问题的讨论，可以溯源至 20 世纪 30 年代的社会史大论战时期。从根本上说，该问题与中国古史分期问题性质相同途同归，既是一根藤上开出的不同花朵，也是将马克思主义理论运用于阐释中国历史实践的一次重要尝试。

一、建构“革命叙事”：资本主义萌芽问题的缘起

国共两党第一次合作的国民大革命，其发展离不开共产国际与苏联的指导及推动。1927 年革命失败之后，中国各派学者，包括左派学者及右派学者，都开始反思革命失败的原因，苏联、共产国际对中国问题的看法也影响到中国思想

---

① 张越：《“五朵金花”问题再审视》，《中国史研究》2016 年第 2 期。

② ［德］塞巴斯蒂安・康拉德：《全球史是什么》，杜宪兵译，北京：中信出版社，2018 年，第 142 页。

③ 王彦辉、薛洪波：《古史体系的建构与重塑——古史分期与社会形态理论研究》，开封：河南大学出版社，2009 年，第 264 页。

④ 张越：《“五朵金花”问题再审视》，《中国史研究》2016 年第 2 期。

界。这种反思将目光聚焦于对时下社会性质的认识，而要想判断眼前的社会形态，又势必要到中国历史中寻找“历史主义”的正当性答案。也就是说，对当下社会性质的判断决定了中国革命的方向。

就革命及社会性质的认识而言，大体存在“封建中国论”和“资本主义中国论”的不同看法。前种看法的代表是斯大林，他认为革命的主要敌人是封建势力。中国共产党人大致持此看法，认为中国社会是半封建性质，帝国主义加强了封建力量，革命任务理应是反帝反封建。而托洛茨基及其中国追随者认为，“资本主义作为一种制度已经成为中国经济和社会组织的主要特征”，“中国已是一个资本主义的社会”，“主张将资产阶级作为革命的对象”。[①] 与基于社会性质的政治认识相对应，社会史论战中观点各异，“出现了所谓中国社会的发展完全是由外来原因决定的‘外铄论’、中国社会发展极其缓慢的‘停滞论’以及中国早已进入‘商业资本主义’阶段等说法”[②]。显然，这些看法有悖于中国共产党人的社会性质分析及革命道路选择。同时，自鸦片战争以来，国人也面临着西方帝国主义为实施“合法性”侵略的一套说辞。这套说辞的逻辑是，中国社会是长期停滞的，西方的到来不是入侵，而是利用其科技使中国近代化。由此，部分中国学者尤其是马克思主义理论派中的共产党人士，为从“理论事实”中将中国从帝国主义叙事中拯救出来，同时又要重建“反帝反封建”的革命叙事，选择了马克思主义社会形态理论来重新审视中国历史，试图说明中国的历史发展符合整个人类社会发展规律。这条规律保证了中国封建社会与西方一样，自己走向近代化，并不会长期延续甚至是停滞。这就需要到中国历史中寻找中国自身存在或潜在的资本主义因素。还需要说明的一点是，当时共产党革命人士的“理论构想基本上都是‘二次革命’，先完成资产阶级革命，建设资本主义的近代国家，尽量扩充社会主义要素，为‘二次革命’即社会主义革命准备条件”[③]。那么，在这种理论构想下，中国历史中的资本主义因素必然处于一种萌芽状态，因为帝国主义和封建剥削的双重阻碍，现实中未发展成资本主义，理论中也不可以是一种发展了的资本主义状态。由此可见资本主义萌芽问题所承担的意识形态使命。

---

① [美]阿里夫·德里克：《革命与历史：中国马克思主义历史学的起源，1919～1937》，翁贺凯译，南京：江苏人民出版社，2008年，第58、72、75页。

② 宋元强：《中国资本主义萌芽研究略述》，肖黎主编：《20世纪中国史学重大问题论争》，北京：北京师范大学出版社，2007年，第107页。

③ 马勇：《现代化起点：以资本主义萌芽为中心的讨论》，《文化学刊》2015年第4期。

最早提及资本主义萌芽问题的是邓拓。他在30年代写了《近代中国资本主义发展的曲折历程》一文，该文认为在西欧资本主义侵入之前，“中国封建社会内部已经有发展资本主义的若干条件”，但是在19世纪50年代之前，封建的社会经济基础仍然没有改变，“资本主义生产方法，并没有真实成熟”。[①] “这是我们目前见到的较早的一篇明确提出资本主义萌芽并对其发展程度作出估计的文章。”[②]邓拓在《论中国封建社会“长期停滞”问题》一文中也指出，“到了鸦片战争以前，中国封建社会内部，已经出现了日渐发达的足以动摇封建基础的新的社会经济因素了”，“假设当时没有国际资本主义的侵入，中国封建社会，也可能由它内部所孕育的否定因素的发展而崩溃，变化为资本主义的社会。可是，外来资本主义的侵入，却截断了这一历史的过程，使中国经济走上了半殖民地半封建阶段”。[③] 此后，吕振羽对资本主义萌芽问题作了进一步论述。他在1937年出版的《中国政治思想史》中使用了“都市布尔乔亚的社会因素”这一概念。1940年，他在《中国历史研究提纲》中明确提出，明末“出现了资本主义性的手工工场的雏形”，清朝已“培养着资本主义的因素”。[④]

总体来看，新中国成立前，部分马克思主义史家如邓拓、吕振羽，虽都认为在中国封建社会晚期，也就是在西方帝国主义入侵之前，已经出现了资本主义萌芽，但研究尚不够充分。问题的提出更多地是为了回应我们在前文所提及的革命及现实问题。虽然此时期资本主义萌芽问题很难作为一个真正的学术问题来探讨，但是关于该问题的“结论”却被载入权威党史著作中。1939年，毛泽东在《中国革命和中国共产党》中总结道：“中国封建社会内的商品经济的发展，已经孕育着资本主义的萌芽，如果没有外国资本主义的影响，中国也将缓慢地发展到资本主义社会。”[⑤]随着新政权建立，这段话“成为放之四海而皆准的大真

---

① 邓拓：《近代中国资本主义发展的曲折历程》，《论中国历史的几个问题》，北京：三联书店，1979年，第149页。

② 宋元强：《中国资本主义萌芽研究略述》，肖黎主编：《20世纪中国史学重大问题论争》，北京：北京师范大学出版社，2007年，第108页。

③ 邓拓：《论中国封建社会“长期停滞”问题》，《论中国历史的几个问题》，北京：三联书店，1979年，第59、60页。

④ 吕振羽：《中国历史研究提纲》，《中国社会史诸问题》，上海：耕耘出版社，1949年，第174～175页。转引自宋元强：《中国资本主义萌芽研究略述》，肖黎主编：《20世纪中国史学重大问题论争》，北京：北京师范大学出版社，2007年，第108页。

⑤ 《毛泽东选集》第2卷，北京：人民出版社，1991年，第626页。

理”,“此后大批学者所进行的讨论,实际上就是为了论证和注释这段我们几乎人人都耳熟能详的话”。①

二、《文史哲》开启资本主义萌芽问题论战

50年代资本主义萌芽问题的集中性重新探讨是由1954年《红楼梦》大讨论引发的。这次讨论的爆发并非偶然。《红楼梦》批判的一个主要出发点就是从“现实主义”的角度研究文学,发掘《红楼梦》的人民性。这就需要“首先从正确地认识《红楼梦》的时代背景着手,从研究《红楼梦》里所反映的清代社会经济制度的特点着手”②,如此才能挖掘出这部著作的思想内容和社会意义。那么,具体而言就是首先要考察《红楼梦》所反映的封建社会性质问题了,这就涉及资本主义萌芽问题。此为其一。其二,与30年代社会史论战时期,服务于未来革命道路选择不同,在新中国,资本主义萌芽问题则更多地成为马克思主义者从历史中寻求政治合法性的切入口,成为意识形态重建的一个环节。即使没有《红楼梦》讨论这个导火索,资本主义萌芽问题也会在某个时机被重新释放出来。1957年3月,在中国人民大学中国历史教研室编写的《中国资本主义萌芽问题讨论集》一书中,编者直接点明了这次探讨所承担的意识形态使命,“这一问题的讨论,不仅有助于我们比较科学地解决中国封建社会解体过程中的社会发展规律,而且有助于我们把中国历史从特殊论、循环论等的唯心主义泥坑中解救出来,并且有力地驳斥帝国主义污蔑我国社会只有外力侵入才有进步与发展的胡说,从而也证明了毛主席所说的‘中国封建社会内的商品经济的发展,已经孕育着资本主义的萌芽,如果没有外国资本主义的影响,中国也将缓慢地发展到资本主义社会’的正确”③。

1954年10月10日,李希凡、蓝翎在《光明日报》上发表《评〈红楼梦研究〉》一文。该文本是两人对俞平伯未从现实主义原则出发探讨《红楼梦》的继续批判,但是在谈到《红楼梦》成书的社会背景时,文章认为贾宝玉“是当时将要转换着的社会中即将出现的新人的萌芽”,在为这句话所加的脚注中,提到了资本主

① 仲伟民:《资本主义萌芽问题研究的学术史回顾与反思》,《学术界》2003年第4期。

② 吴大琨:《略论〈红楼梦〉的时代背景》,《文史哲》1955年第1期。

③ 中国人民大学中国历史教研室编:《中国资本主义萌芽问题讨论集》(上),北京:三联书店,1957年,“编者的话”第3页。

义萌芽问题。脚注原文如下：

> 明末清初商品经济遭到破坏后，到了乾隆时代已经发展到一定的高度，尤其是商业资本的发展更是惊人，这在红楼梦中是可以看出的。同时这时和外国商品接触的频繁也是空前的（贾府中许多用具都是外国商品），可见这个时期已经开始具备了资本主义原始积蓄期的一些特点。毛主席在《中国革命和中国共产党》一文中曾说：“中国封建社会内的商品经济的发展，已经孕育着资本主义的萌芽，如果没有外国资本主义的影响，中国也将缓慢地发展到资本主义社会。”（《毛泽东选集》二卷五九六页）所谓“乾嘉盛世”就正是资本主义萌芽“孕育”的时代，因此，在社会关系上也显示出转变期的特点。

在这里，李、蓝二人将“转换着的社会”视为“社会关系的转变”，具体表现就是乾嘉时代“孕育”了资本主义萌芽。文章只有简单的几句阐述，并未展开详细论证，但他们将毛泽东那段关于资本主义萌芽问题的名言作为重要论据。“这篇文章的发表，揭开了关于资本主义萌芽问题讨论的序幕。”①

迅速且准确领会到高层《红楼梦》批判的意图并做出回应的是早年对资本主义萌芽问题有所论究的邓拓。1955 年 1 月 9 日，《人民日报》发表了他的《论〈红楼梦〉的社会背景和历史意义》一文。文章认为《红楼梦》所反映的社会背景康熙、雍正、乾隆三朝，也就是 18 世纪上半期“是处在封建社会开始分解、从封建经济体系内部生长起来的资本主义经济因素正在萌芽的时期”，新因素的标志是，“在封建经济内部生长着新的生产力和生产关系的萌芽，代表着资本主义生产关系萌芽状态的新兴的市民社会力量有了发展；同封建主义思想意识相对立的市民思想明显地抬头了”，所以“《红楼梦》应该被认为是代表十八世纪上半期的中国未成熟的资本主义关系的市民文学的作品”。

邓拓不仅在文章中充分运用了关于清朝社会经济史的史料，而且引用了马克思主义理论经典著作，不仅有马克思的《政治经济学批判》，而且有毛泽东在《中国革命和中国共产党》中的那段许多人耳熟能详的话。在这段引用的话之后，邓拓还加了一句：“我们分析清代康熙、雍正、乾隆期间的历史材料，也可以

---

① 周朝民、庄辉平、李向平编著：《中国史学四十年》，南宁：广西人民出版社，1989 年，第 53 页。

进一步认识毛泽东同志的正确论断。"[①]这段话透露出对于18世纪上半期社会经济背景的分析,带有对领袖经典言论做旁证的使命,为日后其他学者撰文提供了一个"范文",后来被"研究资本主义萌芽的人普遍引用,有的作者明确申明,自己的文章就是为这个指示作论证的"[②]。邓拓当时不仅担任《人民日报》的总编辑,而且当选为中国科学院哲学社会科学学部委员,在思想文化领域拥有较高地位。30年代他参加社会史论战,"明白中国社会性质论战前因后果及症结,因而他的这篇文章迅即引来中国历史学界诸位重量级学者的介入"[③],翦伯赞、吴晗、尚钺、黎澍等学者撰文发表对资本主义萌芽问题的看法[④]。资本主义萌芽问题在50年代迎来它的讨论热潮。

1956年,杜真对1955年关于《红楼梦》时代背景的讨论进行总结。他指出:"鸦片战争以前,中国封建社会内已经出现了资本主义的萌芽,这一点为所有参加讨论的人所同意。"[⑤]在这个共识前提下,"讨论初起时,争论较多的是关于资本主义萌芽的概念、理论、出现时间等,随后又发展到侧重于资本主义萌芽发展程度、水平及对阶级关系和社会性质的影响等问题的探讨"[⑥],此外也集中探讨了丝织业、棉纺织业、矿冶等手工业部门中的资本主义萌芽问题,对农村中的资本主义萌芽研究问题也有所涉及。在50年代中期至60年代中期十余年间,共发表相关文章200多篇,其中有代表性的文章被先后辑录到两种讨论集里。[⑦]

在讨论最热烈时期,《文史哲》先后发表了12篇与资本主义萌芽问题相关

---

① 邓拓:《论〈红楼梦〉的社会背景和社会意义》,《论中国历史的几个问题》,北京:三联书店,1979年,第168、170页。

② 《历史研究》编辑部:《建国以来史学理论问题讨论举要》,济南:齐鲁书社,1983年,第131页。

③ 马勇:《现代化起点:以资本主义萌芽为中心的讨论》,《文化学刊》2015年第4期。

④ 参见翦伯赞:《论十八世纪上半期中国社会经济的性质——兼论〈红楼梦〉中所反映的社会经济情况》,《北京大学学报》(人文科学)1955年第2期;吴晗:《关于中国资本主义萌芽的一些问题——在北京大学历史系所作的报告》,《光明日报》1955年12月22日;尚钺:《清代前期中国社会之停滞、变化和发展》,《教学与研究》1955年第6期;尚钺:《清代前期中国社会之停滞、变化和发展(续完)》,《教学与研究》1955年第7期;吴晗:《明初社会生产力的发展》,《历史研究》1955年第3期;黎澍:《关于中国资本主义萌芽问题的考察》,《历史研究》1956年第4期;等等。

⑤ 杜真:《关于中国资本主义萌芽问题的讨论》,《历史研究》1956年第7期。

⑥ 周朝民、庄辉平、李向平编著:《中国史学四十年》,南宁:广西人民出版社,1989年,第54页。

⑦ 一是中国人民大学中国历史教研室编:《中国资本主义萌芽问题讨论集》,北京:三联书店,1957年。这本书辑录了1956年9月以前发表的33篇论文。二是南京大学历史系中国古代史教研室编:《中国资本主义萌芽问题讨论集》(续集),北京:三联书店,1960年。这本书辑录了1956年10月以后两年中发表的20篇论文。

的文章，时间跨度从1951年到1957年。这些文章对前述学界关注的问题多有所探讨，尤其是深入考察了资本主义萌芽发展程度、对阶级结构的影响等具体问题。

其实早在1954年学界掀起《红楼梦》时代背景讨论之前，《文史哲》就发表了王仲荦关于资本主义萌芽问题的文章，成为新中国成立后对该问题的拓荒性研究。1951年，时值《文史哲》创刊，王仲荦在《文史哲》第2期发表了《明代苏松嘉湖四府的租额和江南纺织业》一文。这篇文章较早地对苏州丝织业生产的性质进行了论述，实际上已经涉及手工业部门中的资本主义萌芽问题。他认为东方封建社会中，统治者“因土地剥削不足，转向纺织机剥削”，所以封建剥削摧残了初期的丝织业。他将江南地区纺织业纵向发展分为麻织业时代（东汉到唐末）、丝织业时代（五代到明中业）、家庭棉织业时代（从元初到鸦片战争后中国家庭手纺织业解体止），其中专门分析了明代江南的纺织业情况。在援引《苏州府志》史料后，他认为“江南的丝织业，已由家庭生产进而为商品生产，由家庭两性分工发展为社会劳动分工，雏形的手工业工场，在明代是出现了”，但是“由于封建统治者和高利贷地主的双重剥削，丝织业直接生产者，无法积累成本，扩大再生产”。在文末，王仲荦作了一说明：“本文关于中国封建社会内部农业和手工业牢固结合阻滞了资本主义萌芽发展等观点，大都采用严中平同志的‘中国棉业之发展’（一九四二年版）一书的看法。”可见，王仲荦的探讨是建立在新中国成立前学人关于资本主义萌芽问题研究之上的，与解放前后的相关探讨存在延续性。

按照王仲荦的看法，中国在明末已经出现了手工工场雏形，那么这种资本主义萌芽为何没有发展成资本主义呢？王仲荦在《文史哲》1953年第2期发表了《从茶叶经济发展历史看中国封建社会的一个特征》，继续对资本主义萌芽问题进行探讨。他从历代茶叶经济发展，尤其是茶叶作坊的出现这一特殊角度来论证中国在鸦片战争前为什么不会出现资本主义社会，中国的封建社会为什么延续得比较久。文章认为，中国封建社会的一个显著特征是“高利贷资本、商业资本与封建经济政治体制的强固结合，由于这种结合，更加强了封建阶级对于茶农与制茶手工工人的残酷剥削，阻碍了手工业向工场工业的发展，阻碍了中国资本主义的生长，后来更由帝国主义的侵略，而保持了封建统治”，所以“要改变这种情况，只有根本铲除封建统治，推翻帝国主义，除此之外，没有别的出路”。“这篇文章被严中平先生誉为研究明清经济史的创新之作，具有很强的方法论意义。”①

王仲荦早年曾是章太炎及门弟子，后习得马克思主义，兼具理论与考据之学。在这篇文章里他运用了丰富的古代经济史史料，包括《宋会要》《金史·食货志》《宋史·食货志》《明会典》《中西纪事》《太平广记》以及清户部奏折等，结合史料考证而得出结论，这种结论又直指社会现实，即资本主义发展的出路就是要“反帝反封建”。但是需要注意的是，文章中并未出现罗列大量马克思主义经典作家言论的现象，也就是说，这是基于史论结合的常规研究。这从侧面表明，关于资本主义萌芽问题的讨论是可以遵循学术自身运行的逻辑的。

然而，对《文史哲》而言，《红楼梦》大讨论是资本主义萌芽讨论兴起强有力的外部因素。《红楼梦》大讨论开始之后，山东大学分别于1954年11月7日、13日、20日、26日及12月18日，组织了5次关于《红楼梦》研究的讨论座谈会。其后，《文史哲》将讨论会中的发言稿择要编辑为“红楼梦讨论专辑”，发表在《文史哲》1955年第1期中。讨论会的主题之一是“对于《红楼梦》一书的社会意义及文艺价值的初步探讨”。由此，《文史哲》加入学界的资本主义萌芽问题讨论。

《文史哲》1955年第1期发表了张维华的《〈红楼梦〉写作的历史背景》一文。张维华早年虽有史料考证学的背景，但这篇文章却理论分析色彩浓厚，较少引用史料，且用短小精悍的文字具体分析了晚明到清前期的各个方面的社会变动，指出了当时的一个共识：“封建官僚地主与手工业、商业资本和高利贷结合着”是明清社会经济发展的一个显著特点。他认为，“自晚明到清前期这段历史，中国社会内部确实起了很大的变化”，即“资本主义因素的出现和发展，虽则是很迟缓的，却是逐渐的瓦解着早已发展到成熟阶段的封建主义，使之必然的由衰落而走向死亡”。但是“在专制政权高度的控制之下，新生的资本主义因素，不容易获得充分的发展，因而它的发展是缓慢的”。

同期，《文史哲》发表了吴大琨的《略论“红楼梦”的时代背景》一文。这篇文章是日后《文史哲》展开争鸣的滥觞。首先，吴大琨在文章开头对《红楼梦》所反映社会范围的外延作了框定，他不赞同李希凡、蓝翎在《论红楼梦的人民性》②以及何其芳在《没有批评，就不能前进》中的观点，这种“把《红楼梦》里所反映出来

---

① 齐涛：《王仲荦先生二三事》，《许昌学院学报》2018年第7期。

② 李希凡、蓝翎：《论红楼梦的人民性》，《新建设》1954年第11期。

的中国封建社会，看成是什么‘濒临崩溃瓦解的前夕’的封建社会，是说得太笼统的”。其次，吴大琨在该文中对资本主义萌芽的发展程度作出了较低估计。翦伯赞、许大龄、从翰香也大体持这种意见①，但具体论述各异。当时学界对资本主义萌芽的看法大体有两种，除了以吴大琨为代表的学者对萌芽程度估计较低为一种看法外，另一种以尚钺为代表，对乾嘉时期萌芽发展程度估计比较高。吴大琨在《略论“红楼梦”的时代背景》一文中认为，中国封建社会在乾隆时代以及之前就“已经有了大规模的手工制造业了”，但绝大多数都是“官营”，而私人所有的手工制造业“至多只能在某些特殊的地区得到一些发展，在这意义上可以作为‘萌芽’存在，但却决未曾成为‘大树’。所以若说在乾隆朝，中国就已经有了可以动摇整个封建社会经济基础的‘资本主义的萌芽’是不合乎历史事实的”。所以，18 世纪中期之后清王朝由盛转衰，是由于中国封建社会的固有发展规律在发挥作用，具体而言就是封建社会内部的固有矛盾所造成的农民起义，“而并不是由于当时的社会里产生了什么‘资本主义的萌芽’，或者甚至发生了什么‘资本主义的原始蓄积过程’”。但是为什么有人会对“资本主义萌芽”作出错误的判断呢？吴大琨继而对“资本主义的萌芽”概念作了马克思原义上的解释，它“实际上乃是指的在农奴解放以后的有雇佣工人的生产”，而“有些同志，误把商业资本的发展，就看成了是‘资本主义的萌芽’”。因为中国封建社会的商业资本与高利贷资本、土地资本结合在一起，而并不会产生欧洲社会那样的独立的资本主义工商业资本。②

对资本主义萌芽程度不能估计过高是吴大琨一以贯之的观点，他在《关于“中国历史纲要”明清史部分几个经济问题的意见》一文中表达了类似看法，并对尚钺在《中国历史纲要》一书中高估资本主义萌芽的观点提出商榷。“中国在外国资本（主义）侵入以前的封建社会内部就已经有了‘资本主义的萌芽’”，但这种“萌芽”发展得很缓慢，以至外国资本主义侵入之前，中国还未发展成为一个资本主义社会，所以“要到外国资本侵入中国以后，中国才逐渐地生长了‘资本主义因素’”。

吴大琨文中隐约透露出的是，对社会形态概念的误解是制约正确认识资本

① 参见宋元强：《中国资本主义萌芽研究略述》，肖黎主编：《20 世纪中国史学重大问题论争》，北京：北京师范大学出版社，2007 年，第 119 页。

② 吴大琨：《略论“红楼梦”的时代背景》，《文史哲》1955 年第 1 期。

主义萌芽程度的关键因素。在此,他以毛泽东的论断以及马克思主义经典作家的经典著作为标准,对尚钺一书所涉及的几个资本主义萌芽概念进行辨析。他指出,尚钺在《中国历史纲要》第六章专论明代及在鸦片战争前的清代历史情况时,不使用"资本主义因素的增长"这个正确的术语,而使用"资本主义因素",这是概念术语使用上的错误。"资本主义因素的增长"和"资本主义因素"这两个术语,曾分别出现在毛泽东的《中国革命和中国共产党》和《新民主主义论》中,他认为毛泽东的说法是符合马克思在《资本论》第一卷中最初使用这两个术语时的原意的。在马克思的论述中,"资本主义的萌芽"指的是农奴解放以后有自由身份的私人雇佣工人的手工生产,"资本主义因素"在《资本论》中是被译成"要素"而出现的,它指的是没有生产资料而有个人自由的工人,以及握有生产资料并剥削工人的资本家。而这两个阶级,在中国,是在外国资本侵入以后才形成起来的。尚钺的错误就在于把当时为封建制度所服务的工商业以及一切货币经济制度,看成是"资本主义因素",由此又导致了封建社会阶级结构产生认识上的错误,即"把明代封建社会内部的矛盾,手工业者,中小商人与官僚统治阶级的矛盾,看成了是与当时整个封建势力相对抗的'市民运动'"。"市民运动"正是另一个被误解的概念术语。中国封建社会存在差异,中国封建时代的"市民"与欧洲封建时代的"市民"不可同日而语。明清城市手工业者与商人反对税监矿监的斗争,"只能被作为封建社会内部农民反对地主的斗争同样性质的斗争来看待"。也就是说,资本主义萌芽对阶级结构的影响也不能过高估计。尚钺在高估明清时期的"资本主义生产的萌芽"的同时,却未把当时中国的封建专制主要的生产关系对于新生产力的束缚阻碍作用叙述出来。①

1956年,陈湛若在《文史哲》第4期上发表《略谈"红楼梦"社会背景——评吴大琨先生的几个论点》,与吴大琨展开争鸣,对其《略论"红楼梦"的时代背景》一文提出批评。陈湛若,本名陈燊,湛若为其笔名。1956年,他从北京大学俄语系毕业。虽在日后学术生涯中从事外国文学研究,但在读大学期间,他曾在史学刊物上发表了多篇有关历史问题的研究文章。② 可以说,与吴大琨商榷的这

① 吴大琨:《关于"中国历史纲要"明清史部分几个经济问题的意见》,《文史哲》1955年第3期。

② 相关文章如,陈湛若:《评介"太平天国史料"》,《新史学通讯》1951年第9期;陈湛若:《对沈著"初中外国历史"的一些补充意见》,《历史教学》1952年第7期;陈湛若:《太平天国"恒兴店凭"当时物价问题》,《新史学通讯》1953年第7期。

篇文章正是陈湛若此前史学研究的延续。陈湛若此文在《文史哲》得以发表，至少说明两点：第一，正因《文史哲》以大力促进学术争鸣为办刊方针，提携青年人才，所以才会刊发当时尚为青年学者的陈湛若的文章。第二，资本主义萌芽问题确已超出史学领域，引起了学界各方面的关注与讨论。与其说这是史学领域，尤其是明清社会经济史领域的专题研究，不如说是整个马克思主义社会科学领域的关键问题。

陈湛若在文章开头指出，由《红楼梦》讨论引起的关于乾嘉时代社会经济的论争，其核心问题是乾嘉时代是不是封建社会崩溃的前夕？有没有资本主义的萌芽？对此，他认为吴大琨的与核心问题相关的两个观点是错误的：第一种错误观点是间接否定乾嘉时代存在资本主义萌芽，第二种错误观点是否定乾嘉时代是中国封建社会濒临崩溃的前夕，强调当时只是清王朝“统治力量的最高点”，亦即“由盛转衰”的转折点。陈湛若认为，这个论争“除了阐明《红楼梦》的社会背景之外，还有更实际的政治意义”，而吴大琨并没有意识到其中的政治意义，没有很好地体会毛泽东关于资本主义萌芽的叙述。所以吴大琨犯了这两个错误，结果就是，第一，“望文生义”，不正确地引用经典著作，对“资本主义萌芽因素”的否定，实际上否定了当时资本主义的存在。第二，“无视于中国封建社会内部的发展与具体的解体过程，迷惑于某些现象，把中国封建社会看成循环反复的运动”，所以给读者以错误的印象，即“帝国主义侵略者是瓦解中国封建经济并使其资本主义发展的决定力量。而实际，帝国主义正是使中国长期地陷于半封建半殖民地社会的罪魁祸首”。

具体而言，关于第一个论点，陈湛若认为吴大琨一面承认乾嘉时代有资本主义萌芽，另一面却否认有“资本主义因素”，这种说法自相矛盾。他认为，资本主义单纯协作的出现本身就是“资本主义因素”产生的标志。接着，陈文援引材料，考察了乾嘉时代东南各省的大城市在外国资本主义入侵之前已经出现了“资本主义因素”。也就是说，在某些个别地区“没有生产资料而有个人自由的工人和握有生产资料并剥削工人的资本家”已稀疏地出现。关于第二个论点，陈湛若认为吴大琨没有指出乾嘉时代“由盛转衰”与整个中国封建社会发展的具体联系，也就是说，没有认识到乾嘉时代属于中国封建社会的哪一阶段的问题，从而把“个别的王朝从整个的历史发展过程中人为地割裂出来”，所以作出“中国封建社会有其固有发展规律在起着作用……清王朝也未能例外”的错误结论,这实际上是“历史循环论”的表现。陈湛若指出,在经济较发达地区例如东南沿海各省,在乾嘉时代(或者更早些),社会经济已经发生了重大变化,这些变化足以说明中国封建社会已处在“山雨欲来风满楼”的前夕。

针对陈湛若的商榷与批评,吴大琨在同期《文史哲》中发表《关于“略论红楼梦的社会背景”及其它》一文作为回应。[①] 吴大琨在文章中首先从政治经济学角度对资本主义萌芽问题的内涵与外延作了进一步厘清。一是中国封建社会末期的商品生产问题。他认为不能随便把“货币经济”及“商品经济”的发展看成是“资本主义”的发展,要区分封建社会的商品生产与资本主义的商品生产。二是中国社会的“资本原始积累”问题。而“资本原始积累”的争议点就在于,它是开始于外国资本侵入之前,还是开始于外国资本侵入之后。

对于陈湛若指出的第一个错误,即关于“资本主义生产的萌芽”和“资本主义因素”这两个概念问题,吴大琨声明他是根据经典著作中使用这两个术语时的含义而使用的,所以将封建社会后期出现的一些“工场手工业”等称作“资本主义生产的萌芽”,而“资本主义因素”指向的是“资产阶级”与“无产阶级”这两个阶级。对于陈湛若指出的第二个错误,即否认乾嘉时代是中国封建社会濒临崩溃的前夕的看法,吴大琨声明是仅就《红楼梦》这部作品所反映的清代封建社会来说的,而陈湛若“是离开了《红楼梦》的原书而把中国的封建社会作为整个的发展过程来看问题的”,并由此断定吴大琨是“历史循环论”者。吴大琨认为“这不但是‘推论’过当,而且还未免有些近于喜欢在讨论问题时先扣对方以‘大帽子’的恶习了”。

两人的观点为何会出现如此分歧呢?吴大琨认为,陈湛若未充分说明一些决定性、关键性的问题,比如当时有多少是纯粹的私营工商业者,“工场手工业”中的雇佣劳动者是否具有真正身份、完全自由等。“只单纯地引一些‘史料’来证明一下当时社会存在有‘资本主义的萌芽’大量发展的情况,这就等于在那里离开了当时中国的具体经济条件而研究中国封建社会末期的商品生产发展问题,是很容易把封建的商品生产与资本主义的商品生产混为一谈,因此夸大了资本主义萌芽的力量的。”

至此,吴大琨与陈湛若二人在《文史哲》上关于资本主义萌芽问题的争鸣告

---

① 参见吴大琨:《关于“略论红楼梦的社会背景”及其它》,《文史哲》1956年第4期。

一段落。二人发表于《文史哲》1956年第4期的文章后被编入中国人民大学中国历史教研室编写的《中国资本主义萌芽问题讨论集》。

1956年，吴大琨在《文史哲》第11期又发表《“关于‘略谈红楼梦的社会背景’及其它”一文的补充》，对其关于资本主义萌芽问题研究的最新意见进行说明。吴大琨首先分析了学界对于资本主义萌芽程度估计高低不同的原因，即对中国封建社会特殊性认识的不同，也就是，认为明中叶或清初后中国社会中已经充分发展了“资本主义萌芽”，是因为“他们是把中国的封建社会确实看作是与欧洲的封建社会完全一样的封建社会的”。吴大琨指出，中国和西欧封建社会虽有共性，但中国的特殊性因素更不能被忽视：中国存在封建的土地国有制，早期出现了中央集权专制主义，土地可以“买卖”，不存在“自由城市”，也缺少独立的与欧洲一样的“市民阶级”，奴隶式的剥削、家长制的统治以及封建剥削使劳动者不能取得比较独立而“自由”的身份，农业和手工业相结合等。这些特点正是中国封建社会内部不能较早出现“资本主义萌芽”，或虽出现了“资本主义萌芽”也不能得到很快发展的理由。

在此，吴大琨重申了他的观点。他虽然肯定中国在鸦片战争前出现过“资本主义生产的萌芽”，但认为“一直到鸦片战争爆发前，中国的封建社会内部是并未产生什么重大的新的生产力与旧的生产关系之间的矛盾的”。“中国的资本主义是在外国资本侵入以后才发展起来的，中国也是因此，才走上了半殖民地半封建社会的发展道路的。”由此，他又引申出两点对毛泽东关于资本主义萌芽问题的值得注意的看法：一是在时间上，中国如果没有外国资本主义的侵入，则其资本主义的发展一定还会很“缓慢”；二是在发展的方式上，中国一定不会走英国式的典型道路。

1957年，《文史哲》刊载了4篇与资本主义萌芽问题相关的文章，其内容涉及资本主义萌芽的时间、手工业中的资本主义萌芽发展程度以及资本主义萌芽对阶级结构的影响等问题。

在第2期和第3期中，《文史哲》分上下篇连载了华山的《从茶叶经济看宋代社会》。华山在该文中提出“宋代资本主义萌芽说”，并分析了资本主义萌芽发展缓慢的原因。该文对宋代的茶叶生产和产业贸易情况进行了细密的考证，认为由于文字史料缺乏，虽不能断言资本主义萌芽已经在宋代发生，但从宋代社会各方面的条件看，这种萌芽的出现有极大可能性。但它的发展是非常缓慢的,这不仅是由于连续几次周边民族的入侵,在某种程度上打断了它的历史进程,更重要的是封建国家对若干主要工商业的垄断政策,使私人资本的活动范围大为缩小,并受到严密的控制。所以,它的发展速度就显得非常迟缓,要用超过西欧国家几倍的时间。

史宏达的《明代丝织生产力初探》一文虽从手工业入手讨论资本主义萌芽问题,但不同于以往的探讨。他认为,学界“对明代丝织业内部资本主义萌芽的客观存在,并有相当程度的发展,都作了肯定的答复;但对这一萌芽究竟是在怎样的生产力的基础上产生的,却不曾有过令人信服的说明”,因此这篇文章“着重探讨明代丝织生产力”。通过翔实的考证,他认为“明代丝织生产力有了很大发展,而且达到了相当高的水平。它对社会的影响是带有两重性的:如果要与资本家经营相结合,可以促使丝织工场手工业的出现和发展;若与小商品经济相结合,它就会维护小生产者的存在”。①

李华的《试论清代前期的市民斗争》考察了资本主义萌芽对阶级结构的影响。当时多数学者如侯外庐、傅衣凌、尚钺等认为阶级关系随着资本主义生产关系的萌芽也发生了变化,明清时期出现了市民阶级和市民运动;少数研究者如吴大琨等则认为明清两代并未出现新兴的市民阶级及市民运动。② 李华曾是山大历史系学生,1953 年毕业后又转入中国人民大学学习,师从尚钺。1956 年毕业后在人大历史教研室任教,专治经济史。与其师尚钺对资本主义萌芽程度的观点类似,在这篇文章中,他认为,“清代前期资本主义萌芽已经达到相当的水平”,“在全国很多省份、很多地方、很多行业之内,都出现了规模宏大、分工细致、工匠众多,从事于雇佣劳动商品生产带有资本主义性质的手工工场”,但总体而言,资本主义萌芽还不是主导的,虽发展微弱,“但它在一定程度上、一定范围内,仍对封建社会起着解体的作用”。从他对阶级变化以及清代前期市民斗争的分析中,也不难发现他深受马克思主义理论尤其是毛泽东思想的影响,他指出“清代前期资本主义萌芽的进一步发展,所引起的阶级变化之一”,就是新兴市民阶级的形成,它是“现代资本主义社会两个基本阶级——无产阶级和资产阶级的近祖”,“代表正在产生与发展的新生产关系,来向腐朽的封建生产关

① 史宏达:《明代丝织生产力初探》,《文史哲》1957 年第 8 期。

② 参见宋元强:《中国资本主义萌芽研究略述》,肖黎主编:《20 世纪中国史学重大问题论争》,北京:北京师范大学出版社,2007 年,第 119 页。

系作斗争”，新兴市民阶级在全国各地掀起反封建浪潮。在进一步考察了清前期市民斗争的过程、性质、特点、作用及意义之后，他表明这一时期新兴市民阶级“至少在当时，还远不能负担起推翻旧的生产关系，建立新的生产关系的任务来”，“它不过仅仅是现代无产阶级和资产阶级的萌芽，而且也只能是如此”。①

三、《文史哲》关于资本主义萌芽问题讨论的特点

《文史哲》关于资本主义萌芽问题的讨论，大体反映出学术界讨论的主要面向，同时也体现出自身的若干特点。

其一，《文史哲》在资本主义萌芽问题讨论中坚持理论争鸣的办刊宗旨，其中以吴大琨和陈湛若两人的几回合商榷文章为代表。但学术与政治间的张力往往使讨论“不对等”。陈湛若作为当时的“后生”，或因接受了新中国成立后系统的马克思主义理论教育，所以更容易从政治角度出发看待问题，完全以领袖人物的论述为依准，强调该问题的意识形态属性，也难怪吴大琨会认为他有给自己“扣帽子”之嫌。而吴大琨青年时期就开始接受马克思主义，走上革命道路。1952 年起又担任山大马列部的主任、历史系教授，并参与《文史哲》编辑工作。作为新中国成立后的中年马克思主义史家，他深谙马克思主义政治经济学，又运用马列主义理论来研究史学问题。吴大琨多从政治经济学的专业角度来考察资本主义萌芽问题，又根据马列主义经典著作中的叙述来对资本主义萌芽相关概念作出辨析，学术色彩更浓厚一些，并且他提出中国封建社会的特殊性因素对资本主义萌芽的影响，注意到了马克思主义理论运用与中国社会实际相结合问题。也就是说，二人并非完全是从一个层面来讨论问题，因而势必得不到一致的结论。通过这一具体讨论，史学界的争鸣情况也可见一斑了，学术与政治间的张力正是问题的关键所在。

其二，《文史哲》在资本主义萌芽问题讨论中表现出强烈的“地域性”色彩，这种特性又塑造了它天然的“学术性”特质。我们可以将《历史研究》相关问题讨论拿来与其作一对比。从有关资本主义萌芽问题的文章基本情况来看，《文史哲》刊发相关文章的时间跨度为 1951 年至 1957 年，共 12 篇文章；《历史研究》刊发相关文章的时间跨度为 1955 年至 1963 年，共 17 篇文章。由于反右斗

① 李华：《试论清代前期的市民斗争》，《文史哲》1957 年第 10 期。

争扩大化,《文史哲》1959年停刊,相关学术讨论自1958年开始被迫终止。因此从数量上而言,《文史哲》逊于《历史研究》。但是必须注意的是,《文史哲》在创刊的第2期便发表了王仲荦的文章,因学术目的而较早在资本主义萌芽问题上展开探究。此外,因《文史哲》是校内同人刊物,作者多是山大本校老师,与稿源较面向全国的《历史研究》相比,"地域性"更强。但是这种"地域性"特质并未成为《文史哲》中资本主义萌芽问题讨论的局限。因《红楼梦》大讨论发端于《文史哲》这一契机,吴大琨、张维华等多从探讨《红楼梦》的时代社会背景这个"引子"出发去讨论资本主义萌芽问题,这才"成就"了吴大琨与陈湛若两人的争鸣。

就《历史研究》而言,以尚钺发表的《明清社会经济形态的研究》[①]序言和《中国资本主义生产因素的萌芽及其增长》[②]为开端,黎澍、刘大年先后发表文章与其商榷,实则已不是单纯的学术争鸣了[③]。尚钺的文章涉及明清以来中国社会性质有无变化、如何定性的问题,表面是对"中国近代应起于何时"的探讨,实则触碰了资本主义萌芽问题讨论中的"红线"。这种将"古代历史现代化"的结果就是"要改变最初为马克思所指出而后来为毛泽东同志所论证过的关于中国社会经济的基本结构是小农业和家庭手工业的结合的看法,以及中国马克思主义者根据这个看法而产生的认为中国封建社会具有长期性的理解","这不只是一个简单的学术问题,而是涉及中国共产党过去对于中国社会性质和革命性质的认识是否正确的原则问题"。[④] 通过对尚钺观点的批判,可以看出《历史研究》所承担的意识形态职能。也正因此,与《文史哲》相比,《历史研究》在此问题的讨论中更鲜明地体现了思想界的主流动向,学术色彩偏弱一些。

其三,《文史哲》虽致力于学术建设,但又受政治形势的牵制,实际上是在"学术"与"政治"的夹缝中艰难游走。1956年,学界关于资本主义萌芽问题的讨论一度达到高潮,而陈湛若与吴大琨在《文史哲》中的激烈争鸣也正是在这一年。以1957年为界,史学界整体学术讨论趋势在1957年反右斗争扩大化尤其是1958年"史学革命"之后,走向政治批判。到20世纪60年代中期,关于资本

---

① 中国人民大学中国历史教研室编:《明清社会经济形态的研究》,上海:上海人民出版社,1957年。

② 尚钺:《中国资本主义生产因素的萌芽及其增长》,《历史研究》1955年第3期。

③ 参见黎澍:《关于中国资本主义萌芽问题的考察》,《历史研究》1956年第4期;刘大年:《关于尚钺同志为"明清社会经济形态的研究"一书所写的序言》,《历史研究》1958年第1期;黎澍:《中国的近代始于何时?》,《历史研究》1959年第3期。

④ 黎澍:《中国的近代始于何时?》,《历史研究》1959年第3期。

主义萌芽的讨论逐渐消寂。一个明显的例子就是,《中国资本主义萌芽问题讨论续编》(1960 年出版)中的部分论文与《中国资本主义萌芽问题讨论集》(1957 年出版)相比,编排方式与行文风格有显著不同,前者“几乎每篇文章一开头就引经典作家、革命领袖的话,然后才展开论述,论述都在为经典作家的话作注疏”①。但《文史哲》刊物并非完全对史学界学术与政治同步倾向的亦步亦趋。仅 1957 年这一年,《文史哲》刊发的资本主义萌芽问题相关的文章仍多以实证为主,比如华山的《从茶叶经济看宋代社会》、史宏达的《明代丝织生产力初探》。从 1958 年开始至 60 年代,《文史哲》中途一度停刊,复刊至“文化大革命”前也再未发表资本主义萌芽相关问题的文章。随着反右斗争扩大化,《文史哲》不得不发表多篇批判论文,配合政治运动。为贯彻“厚今薄古”的要求,《文史哲》从 1958 年第 6 期开始整改,加强编辑力量,明确编辑方针,改定稿约。② 山大历史系部分青年教师举行了讨论会,批判《文史哲》“厚古薄今”的倾向,认为要改变这种“脱离实际的资本主义办刊物思想和‘为学术而学术’的资产阶级学术思想”,就要多刊载近代社会相关的文章,以及与目前形势有紧密联系的文章。③ 显然,资本主义萌芽问题的讨论已与新的选稿方针不符,探讨不得不因“外力”终止。直到新时期思想解放后,学界重启资本主义萌芽的讨论,《文史哲》方才在 1981 年第 5 期发表吴承明的《关于中国资本主义萌芽的几个问题》一文,参与到学界讨论中。

以《文史哲》为窗口,我们大体了解了 50 年代资本主义萌芽问题的发展脉络。“文化大革命”时期,有关资本主义萌芽问题的讨论被迫终止。新时期的思想解放中,“在史学界重点批判封建专制主义及讨论中国封建社会长期延续原因的过程中,资本主义萌芽问题再次受到人们的关注”④。这一时期的讨论在接续 50 年代研究的基础上,回归到学术轨道上来。在摆脱与《红楼梦》时代背景的机械性联系后,学人将其作为一个单独的学术问题予以继续探讨,“不再纠缠于概念的争论和局限于对经典的论证,而是开拓了许多新的研究领域,更多地

---

① 徐泓:《中国资本主义萌芽问题研究范式与明清社会经济史研究》,《中国经济史研究》2018 年第 1 期。

② 参见郭震旦编:《〈文史哲〉与中国人文学术编年》,北京:商务印书馆,2011 年,第 97 页。

③ 参见赵华富:《谈谈〈文史哲〉“厚古薄今”的倾向》,《文史哲》1958 年第 6 期。

④ 仲伟民:《资本主义萌芽问题研究的学术史回顾与反思》,《学术界》2003 年第 4 期。

开始进行实证研究”[1],相关学者有吴承明、傅衣凌等。90年代以后,出现了对以往研究的根本反思,比如李伯重将其定性为“情结论”[2],黄宗智认为“资本主义萌芽论”反映了中国学术界的规范认识危机[3],以及因何兆武将封建社会的长期停滞问题定义为“假问题”而引起的对资本主义萌芽问题的重新认识等[4]。2005年,杨师群与曹守亮重新就资本主义萌芽问题掀起了“真”“假”学术问题的讨论。杨师群系杨宽之子。通过明清城镇与欧洲中世纪城市的比较研究,他认为明清资本主义萌芽是个伪命题;曹守亮与其针锋相对,认为“萌芽”问题不是假问题。[5] 近年来,学界仍不乏对资本主义萌芽问题及与其相关的明清经济史的回顾性探讨,如徐泓、马勇等;亦不乏对资本主义萌芽问题讨论中的关键人物尚钺、傅衣凌等的相关专题研究。可以说,资本主义萌芽问题是自20世纪30年代以来绵延至今的世纪性问题,它折射出的历史的意义,或可与它所投射的超历史的、现实层面的经济意义不相上下。

四、资本主义萌芽问题讨论的得失

回到问题产生的起点,今天我们究竟该如何评判50年代的这场有关资本主义萌芽的讨论?这同资本主义萌芽问题自身产生时一样,众说纷纭,没有定论。从50年代的“学术意识形态化”到80年代的“思想解放”,再到90年代的“反省”,以及21世纪以来的开放性讨论,对该问题的认识变化根源还是在于学术语境的变化。然而,我们始终不应否定的,是“变中不变”的因子——学术内核。一个必须承认的事实是,新中国成立初的历史学界在“关于资本主义生产因素萌芽存在时期的历史——明清的历史,经济现象的叙述与分析,几乎还是

---

① 仲伟民:《资本主义萌芽问题研究的学术史回顾与反思》,《学术界》2003年第4期。

② 李伯重:《“资本主义萌芽情结”》,《读书》1996年第8期。

③ 黄宗智:《中国研究的规范认识危机——社会经济史的悖论现象》,《史学理论研究》1993年第1期;原载英文版《近现代中国》(*Modern China*)1991年第17卷第3期。

④ 何兆武:《历史研究中的一个假问题——从所谓中国封建社会的长期停滞论说起》,《百科知识》1989年第5期。

⑤ 参见杨师群:《明清城镇不存在资本主义萌芽——与欧洲中世纪城市的比较研究》,《浙江社会科学》2005年第1期;曹守亮:《比较方法与中国资本主义萌芽问题研究——与杨师群商榷》,《浙江社会科学》2006年1期;杨师群:《再论明清资本主义萌芽问题是伪命题——答曹守亮》,《浙江社会科学》2006年第6期;曹守亮:《再论中国资本主义萌芽问题及其研究的史学意义——与杨师群商榷》,《中国社会经济研究》2008年第3期。

一个空白”[①]。正是得益于对资本主义萌芽问题的探讨，明清时期社会经济史研究作为一个研究部门从无到有，“可能是1949年后大陆史学界最值得骄傲的一个研究部门”[②]。在这过程中，史学的研究领域和史料范围都大大拓宽了，它不再局限于一“文”一“字”的考据，不再拘泥于官方正史记载的史书，奏折、方志、档案等都成为可供分析的史料。不仅与丝织业、棉纺织业、手工业等相关的材料被深入挖掘，而且明清时期区域社会经济史作为一个新兴的研究领域进入史家视野，由此推动了整个中国经济史学科的发展。同时，对资本主义萌芽问题的讨论是史学研究者学习的一个过程，“即努力学习运用马克思列宁主义的理论作为自己研究的准则”，并“尽量多地发掘史料”，将理论与材料相结合，提出见解。[③] 在此过程中，马克思主义史学的方法论被更多学人掌握和运用，马克思主义史学得以进一步推展。

50年代的这场资本主义萌芽讨论，对《文史哲》而言，是一个彰显刊物学术性、提高刊物知名度的机遇。50年代初的山大学者将资本主义萌芽问题讨论与马克思主义理论学习有机结合起来，借《文史哲》平台将理论成果输送到整个史学界。《文史哲》不仅从1951年起较早对该问题进行拓荒性考察，而且有组织地展开学术争鸣，刊发青年学者文章。这种学术努力，是我们回顾50年代的《文史哲》时不可忽视的。

资本主义萌芽问题研究中暴露的问题，也是这场讨论留给我们的不能轻易遗忘的负面“遗产”。首先是方法论问题。“在研究方法上，似乎存在一种‘程式’，即先从经典著作中去寻找一个资本主义萌芽的‘标志’，再从中国的历史实际中去搜集与这个‘标志’相吻合的现象，从而得出结论：合乎这个标志者是‘萌芽’，不合这个标志者就不是‘萌芽’。”[④]用这种教条主义和公式主义的方法剪切史料，“有从概念到概念之嫌”[⑤]，而概念的定义是以领袖人物的论断以及马克思

---

① 中国人民大学中国历史教研室编：《中国资本主义萌芽问题讨论集》(上)，北京：三联书店，1957年，“编者的话”第3页。

② 王学典：《五朵金花：意识形态语境中的学术论战》，《文史知识》2002年第1期。

③ 中国人民大学中国历史教研室编：《中国资本主义萌芽问题讨论集》(上)，北京：三联书店，1957年，“编者的话”第4页。

④ 汪敬虞、张国辉：《关于资本主义萌芽问题的方法论》，《经济研究》1963年第4期

⑤ 中国人民大学中国历史教研室编：《中国资本主义萌芽问题讨论集》(上)，北京：三联书店，1957年，“编者的话”第5页。

主义经典作家的著作为准绳。正如1981年吴承明所指,“资本主义萌芽指的是一种生产关系,而不是一厂一店,因而不能用举例子的方法来论证”,它是“一种社会经济现象,不仅要从微观上研究,还要从宏观上考察,才能定性”。[①]

其次,受教条主义的制约,部分文章纠结于“文字”上的“诡辩”,混淆了经验事实与理论事实,削“历史事实”之足适“理论”之履,将研究结论前置,倒果为因。“用悖事实的争辩”抹去“史实证明的悖论现象”,“这种悖事实争辩的要点在于申明它所认为是应有的历史现象,而无视历史真实”。[②] 例如,在陈湛若对吴大琨的批评中,他说:“如果没有其他力量的阻滞,则这种‘萌芽’必然发展成为‘大树’。”[③]这个“必然性”的结论一方面容易掉入“外因决定论”的陷阱,另一方面又在逻辑上有难以自洽之处。吴大琨对此问题的分析击中要害:“承认中国社会如无西方资本的侵入也将缓慢地发展成为资本主义社会,这是承认一种理论上的可能性,而承认中国当时的社会的确并未能即充分地把‘资本主义生产的萌芽’发展起来,乃是承认一种历史上的现实性。可能与现实,原是不一定要相同的。”[④]

最后,关键问题还在于,对“资本主义萌芽”相关概念及问题的产生,缺乏必要的反思。在“绝大多数参加中国资本主义萌芽问题讨论的学者,都对‘中国历史上确实有过资本主义萌芽’坚信不移”的大前提下,对“资本主义”“资本主义萌芽”概念的定义被直接略过,但“各人心目中的‘资本主义萌芽’,实际含义相差很大”。[⑤] 结果便是“资本主义萌芽”被化约为商品经济、雇佣劳动或工场手工业的出现或发展,复杂的历史现象被简化为带有目的论色彩的线性发展。这里隐含了一个“规范认识”的陷阱。黄宗智将“规范认识”定义为“不同的或对立的模式和理论所共同承认的、不言自明的信念”,其影响“不在于引导我们去想什么,更在于不想什么”。50年代,中国史学研究的主要模式是“封建主义论”和“资本主义萌芽论”,这两种模式的“规范认识”均是商品化必然会导致资本主

① 吴承明:《关于中国资本主义萌芽的几个问题》,《文史哲》1981年第5期。

② 黄宗智:《中国研究的规范认识危机——社会经济史的悖论现象》,《史学理论研究》1993年第1期。

③ 陈湛若:《略论“红楼梦”社会背景——评吴大琨先生的几个论点》,《文史哲》1956年第4期。

④ 吴大琨:《关于“中国历史纲要”明清史部分几个经济问题的意见》,《文史哲》1955年第3期。

⑤ 李伯重:《“资本主义萌芽情结”》,《读书》1996年第8期。

义，商品化会导致近代化。[①] 其本质特征是忽视了中国历史上经济的真实发展情况，即生产力因素，而把“生产关系当作了‘资本主义’的要件，无意识地成了‘唯生产关系’论者”，“根本上违背了历史唯物主义生产力与生产关系的基本原理”。[②] 今天，我们还是要用历史主义的态度去看待它。从根本上而言，资本主义萌芽问题是从属于五种社会形态理论的，领袖言论又使其成为只能证实、不能证伪的理论事实，所以它是特殊学术语境下产生的特殊模式。对历史事实的考察无可厚非，却必须跳出理论的陷阱。

第三节 从边缘走向中心的中国农民战争史

“在中国封建社会的历史进程中，有过大小数百次的农民起义和农民战争，其规模之大，次数之多，为世所罕见。”[③]农民战争或农民暴动作为古代中国一个实实在在且又反复出现的历史现象，实为认识中国古代社会的关键。缘于此，“在中国历史学的研究中，农民战争史的研究占有重要的地位，尤其是建国 40 年更是这样”[④]。然而在传统史家的史学叙事中，王朝帝王占据中心位置，农民等下层群体被挤压到边缘地带。在对农民为数不多的记载中，农民的反抗行为被贬斥为“盗”“贼”“寇”的负面行为。这种历史记述旨在描述农民对封建社会秩序的破坏，为统治者提供治乱兴替的经验教训，以鉴兴亡，具有极强的价值偏见，与真实的历史相去甚远。

一、从“农民起义动力论”的提出到“显学”地位的确立

20 世纪后，受梁启超“史学革命”思潮影响，“新史学”倡导者号召用下层民众研究取代帝王家谱的“旧史学”。同时，在近代救亡的革命政治旋律下，“中国的资产阶级革命派试图把他们所要进行的推翻封建统治的社会革命与历史上

① 黄宗智：《中国研究的规范认识危机——社会经济史的悖论现象》，《史学理论研究》1993 年第 1 期。

② 仲伟民：《资本主义萌芽问题研究的学术史回顾与反思》，《学术界》2003 年第 4 期。

③ 陈梧桐：《中国农民战争史的若干问题》，肖黎主编：《20 世纪中国史学重大问题论争》，北京：北京师范大学出版社，2007 年，第 155 页。

④ 苏双碧：《中国农民战争史》，肖黎主编：《中国历史学四十年》，北京：书目文献出版社，1989 年，第 373 页。

的农民战争联系起来”①，重新阐述义和团、太平天国等农民起义，并予以较高的评价，但此类研究多“政治意义大于学术价值”②。社会史论战时期，对中国古代社会性质及封建社会长期延续问题的探讨、现实的农民农村问题及社会道路的选择促使学者关注历史上的农民起义。其中有两本著作对“建立农民战争史研究的新体系”有所贡献：其一为亚东图书馆发行、蔡雪村著的《中国历史上的农民战争》，其二为神州国光社出版、薛农山著的《中国农民战争之史的分析》。两书均出版于1933年，对农民战争形成原因、特点、作用、局限性等方面都有所探讨，其中涉及的某些理论观点，“为后来的马克思主义史学家继承”，“对建国后的史学研究有着明显的影响”。③ 蒋俊评价两书为“最早的两部系统的农民战争史著作”④。

真正对农民战争研究有理论上先夫导路意义的是马克思主义史学家运用唯物史观对农民战争的研究。⑤ 马克思曾在《共产党宣言》中说：“至今一切社会的历史都是阶级斗争的历史。”⑥从马克思主义考察人类文明史的发展出发，社会事物无不存在矛盾与斗争，人类社会从阶级产生之日开始，便一直处于被压迫阶级与压迫阶级的斗争中，所以“马克思主义经典作家对人民群众的斗争、对历史上农民起义和农民战争的研究非常重视”⑦。斯大林在《论辩证唯物主义与历史唯物主义》中也指出：“首先应当研究物质资料生产者的历史，劳动群众的历史，各国人民的历史。”⑧中国马克思主义史学家的农民战争研究“和中国新民主主义性质的农民革命同时起步，同兴共荣”⑨。新民主主义革命时期，随着中

---

① 邓京力：《重新评价农民战争的历史价值》，《河北学刊》2002年第4期。

② 具体而言，例如，1901年载于《开智录》的《义和团有功于中国说》，1904刘成禺所作的《太平天国战史》，1904年7月刘师培发表于《中国白话报》的《中国革命家陈涉传》等。详见侯云灏：《从三十年代的两部中国农民战争史论著看早期中国农战史研究》，《史学理论研究》1997年第3期。

③ 侯云灏：《从三十年代的两部中国农民战争史论著看早期中国农战史研究》，《史学理论研究》1997年第3期。

④ 蒋俊：《中国史学近代化进程》，济南：齐鲁书社，1995年，第341页。转引自蒋海升：《“西方话语”与“中国历史”之间的张力——以“五朵金花”为重心的探讨》，山东大学博士学位论文，2006年，第47页。

⑤ 参见陈梧桐：《中国农民战争史的若干问题》，肖黎主编：《20世纪中国史学重大问题论争》，北京：北京师范大学出版社，2007年，第155页。

⑥ 《马克思恩格斯选集》第1卷，北京：人民出版社，1966年，第239页。

⑦ 刘重日、周绍泉：《十七年中国农民战争史的研究》，《中国农民战争史论丛》编辑委员会：《中国农民战争史论丛》第一辑，太原：山西人民出版社，1978年，第27页。

⑧ 《斯大林选集》下卷，北京：人民出版社，1979年，第443页。

⑨ 王学典：《五朵金花：意识形态语境中的学术论战》，《文史知识》2002年第1期。

国农民运动的开展，尤其是“农村包围城市”革命战略的开展，“总结和研究旧式农民战争的规律，认识农民战争的历史作用，把旧式农民战争改造成新式农民战争等现实问题，成为无产阶级革命家和马克思主义史学家的急务之一”①。

促使中国史家真正把阶级斗争方法作为运用唯物史观研究农民战争理论基础的，是毛泽东在延安时期关于农民战争的论断。在1939年发表的《中国革命和中国共产党》中，毛泽东分析了农民阶级在封建社会中的地位和生活状况，指出“封建社会的主要矛盾，是农民阶级和地主阶级的矛盾”，对旧式农民战争的原因、性质、作用和局限性作了整体论述：农民起义的根源是“地主阶级对于农民的残酷的经济剥削和政治压迫”，从“秦朝的陈胜、吴广、项羽、刘邦起……直至清朝的太平天国，总计大小数百次的起义，都是农民的反抗运动，都是农民的革命战争”。“因为每一次较大的农民起义和农民战争的结果，都打击了当时的封建统治，因而也就多少推动了社会生产力的发展”，但是这种农民革命“得不到如同现在所有的无产阶级和共产党的正确领导”，“总是陷于失败”。“在中国封建社会里，只有这种农民的阶级斗争、农民的起义和农民的战争，才是历史发展的真正动力”，这里对于历史发展动力的论述——“农民起义动力论”成为此后农民战争史研究所遵循的“根本准则”和“最高指示”。②

有了革命领袖的理论作为指示，农民战争史研究已成为一项带有政治指令色彩的学术任务。延安中央研究院成立前的历史研究室主任陈伯达“向大家传达过一次毛泽东同志关于要研究中国农民战争史的指示”，但因对该问题认识不足，他并未系统领导、组织大家的具体工作。③ 然而，这并不妨碍部分马克思主义史家对农民战争史进行自觉的初步探索。范文澜的《中国通史简编》出版于1941～1942年，这部“奉命”所作的干部读物，站在劳动人民的立场揭露封建统治阶级的罪恶，肯定了历史上的农民起义和农民战争。1944年3月19日，郭沫若在《新华日报》上发表《甲申三百年祭》，运用马克思主义观点对李自成领导的农民起义的起因、教训作了总结，重塑了农民阶级的形象，后得到毛泽东的赞扬。

---

① 邓京力：《重新评价农民战争的历史价值》，《河北学刊》2002年第4期。

② 《毛泽东选集》第2卷，北京：人民出版社，1991年，第625页。

③ 参见叶蠖生：《我所了解的中国历史研究室》，温济泽、李言、金紫光等编：《延安中央研究院回忆录》，北京：中国社会科学出版社，长沙：湖南人民出版社，1984年，第69页。

粗略统计,20 世纪初至新中国成立前,就农民战争史研究,“发表的有关文章有 120 多篇,其中属于一般性论述的文章有 6 篇,探讨秘密社会、宗教与农民战争关系的文章有 44 篇,研究历代农民起义的文章有 70 多篇……至于有关的论述也不多,大约有 10 部”①。这种分散性的、不成体系的探讨,并未填补农民战争史研究领域的大片空白。

1949 年,新民主主义革命获得胜利并建立新政权。这场革命实质上是共产党领导的农民革命。农民在现实中“翻身做主人”,农民作为新政权的阶级基础,作为“历史的创造者”,亟须取得自身的历史合法性。现实与历史相映照,“领导农民颠倒中国现实的毛泽东,运用他的阶级观点也同时颠倒了中国历史;统率农民进行社会革命的毛泽东,也指引史学队伍进行了一场反正统史学观的史学革命”②。这场“史学革命”的指导思想是唯物史观的阶级斗争理论,内核正是毛泽东早在新民主主义革命时期就提出的“农民战争理论”。这种只能证“实”不能证“伪”的阶级观点理论在随后的马克思主义理论学习和思想改造运动中为大部分知识分子所接受。

随后,官方出台的历史研究指示和计划中实则又暗含着开展农民战争史研究的必要性。1951 年 1 月 11 日,《人民日报》发表《纪念太平天国革命百周年》的社论。表面看来,这是对太平天国起义运动的颂扬,其实背后传达的是对古代“封建社会”历次农民起义的肯定。7 月 28 日,吴玉章即在中国史学会成立大会上强调“研究历史,首先要认识人民是历史的主人”③,这就要求充分肯定人民群众的历史性作用。“在领袖、政权及史学家的三重作用下”④,建立以“劳动人民为中心”的新史观,“研究劳动人民的生产的历史和阶级斗争的历史”成为新中国成立后历史学的主要课题。⑤ 与其他专题研究不同的是,农民战争史研究在理论生成和学术实践中皆非完全脱胎于学术自身演变的逻辑,而更多的是现实政治注入史学的一针强心剂,这就注定了“这一学科一开始就承担着意识形

① 岑大利、刘悦斌:《中国农民战争史论辩》,南昌:百花洲文艺出版社,2004 年,第 5 页。

② 王学典:《二十世纪后半期中国史学主潮》,济南:山东大学出版社,2000 年,第 30 页。

③ 《中国史学会昨在京举行成立大会》,《光明日报》1951 年 7 月 29 日。

④ 黄敏兰:《中国农战史专题的形成与发展——在领袖、政权及史学家的三重作用下》,《齐鲁学刊》2006 年第 4 期。

⑤ 翦伯赞:《怎样研究中国历史》,《新建设》1950 年 11 月 2 日。

态功能，成为中国史研究领域里政治敏感性的学科”①。

农民战争史研究贯穿于20世纪后半期的整个史学发展过程。它最为辉煌的发展时期是“文化大革命”前十七年史学时期。“实证”与“理论”交相辉映，是这一时期研究的“特点”。受政治、经济等社会外源因素的影响，这一时期农民战争史研究大体分为两个阶段。

第一个阶段为1949年至1957年，这一阶段是农民战争史学科的创始阶段。一方面，史学工作者将习得的马克思主义理论运用到史学实践中，批判封建史学及资产阶级史学，聚焦于具体研究，“依据毛泽东在《中国革命和中国共产党》中对农民战争的论断，对历代农民战争的起因、过程、结局、作用作正面阐述，扭转农民战争在传统史学中的负面形象”②，将“帝王将相”驱逐出社会发展史的舞台，把被剥削阶级颠倒的历史再颠倒为“劳动群众的历史”。另一方面，对历史上农民战争的再认识，也带动了大规模的农民战争史文献史料的系统整理活动。从1951年至1953年间，中国史学会编纂的《中国近代史资料丛刊》之《义和团》《太平天国》《捻军》《回民起义》等近代史领域的农民战争史资料集先后出版。据学者的统计，截至1957年，学界“先后发表了650余篇研究农民战争的文章，出版了70余种资料集、论文集和通俗读物”③。

第二个阶段为1958年到“文化大革命”，这一阶段为重大理论问题的探讨阶段。在前期农民战争史的具体研究中，已经存在的理论争议问题亟待清理，这些问题正是在马克思主义理论运用的过程中，“特别是其中的阶级斗争观点和中国历史上农民战争的实际相结合”④过程中遇到的基本理论问题。随着“史学革命”的开展，“厚今薄古”一时成为指导史学研究的第一准则，在“打破王朝体系”的口号之下，史学界农民战争史研究热情愈发高涨。“以全国性的评价曹操为契机，史学界围绕农民阶级的属性、农民战争的思想武器、农民战争的性质、农民所建政权的性质、农民战争的历史作用等重大理论问题，展开了空前热烈的讨论与争鸣。”⑤至1966年，“史学工作者约共发表了二千三百余

① 王学典：《二十世纪后半期中国史学主潮》，济南：山东大学出版社，2000年，第306页。

② 张越：《“五朵金花”问题再审视》，《中国史研究》2016年第2期。

③ 周朝民、庄辉明、李向平编著：《中国史学四十年》，南宁：广西人民出版社，1989年，第37页。

④ 王学典：《二十世纪后半期中国史学主潮》，济南：山东大学出版社，2000年，第307页。

⑤ 屈宁：《十七年史学期间农战史研究争鸣》，《中国社会科学报》2018年7月10日。

篇文章，出版了数十种专史、论著、资料集和通俗小册子。各地历史学会、科学研究机构、高等院校举行了许多学术讨论会”①。农民战争史研究作为一门“显学”，成为“十七年史学时期”的“五朵金花”研究中绽放得最绚丽的一枝。

二、《文史哲》与赵俪生的农民战争史拓荒研究

从1951年创刊至“文化大革命”爆发前夕，《文史哲》共发表农民战争史相关文章近50篇，涵盖内容甚广，从历代农民战争的史实梳理、具体研究到相关理论探讨，均有所涉及。王仲荦、赵俪生、卢振华、华山等山大教授皆在《文史哲》上发表相关文章。《文史哲》主要参与了1949年至1957年农民战争史研究的第一阶段——创始阶段。在这一阶段，其发表的农民战争史研究文章比同时期的《历史教学》《新史学通讯》《历史研究》都要多。对整个史学界而言，其功在于对农民战争史研究的“开拓”。

在《文史哲》的农民战争史研究中，“致力最早、用心最勤、堪称拓荒者的”②当属赵俪生。赵俪生与农民战争史结缘是主客观两方面因素交汇的结果。农民战争史在新中国成立伊始完全是一门崭新的学科，“当时除了专门研究太平天国史的罗尔纲、谢兴尧、荣孟源等老一辈专家外，还没有这方面的专业工作者”③。放眼整个史学界，农民战争史研究在新中国成立后的相当长一段时间内并未取得实质性进展，这从华岗当年的叙述中可窥一二。他在总结新中国成立初两年来历史科学研究的变动时，谈及其中一条是“由帝王家谱的历史转到劳动人民的历史”。其后话锋一转，“解放后已有很大转变，但成就不大，还有待大家的继续努力”。④ 也就是说，这里的“转向”多是一种方向上的预判和指导，并非实际研究成就。出于政治需要，官方直接介入学术研究，“下达命令、组织专业人员研究和教学”，“在学校中开设相关课程”。⑤ 农民战争史学科的诞生及农民战争史专题的开展就是这种客观形势促成的。无论是在著作中还是在后来

---

① 陈梧桐：《农民战争研究的种种争论》，《历史研究》编辑部编：《建国以来史学理论问题讨论举要》，济南：齐鲁书社，1983年，第204～205页。

② 徐显明：《〈文史哲〉与山东大学文科建设——〈文史哲〉创刊50周年献辞》，《文史哲》2001年第3期。

③ 孙祚民：《建国三十年来中国农民战争史研究的回顾与展望》，《山东师院学报》1979年第5期。

④ 华岗：《两年来中国历史科学的转变和趋势》，《光明日报》1952年3月15日。

⑤ 黄敏兰：《中国农战史专题的形成与发展——在领袖、政权及史学家的三重作用下》，《齐鲁学刊》2006年第4期。

的访谈中，赵俪生都对此作了说明，50 年代初山东大学进行课程改革，“山东大学历史系中国史教研室交下来一个任务，即自一九五三年暑后开学起，配合高等学校专业教学的设置，要我们开出一门专业化的课程：‘中国农民战争史’”[①]。此为其一。其二，赵俪生接受这项“组织任务”，他自己表明是一半“被动”，一半“主动”。[②] 赵俪生的“主动”，与他执着的马克思主义信仰密切相关。“在将马克思主义与中国历史实际相结合的过程中，他敏锐地觉察到农民问题在中国的根本意义。”[③]加之早年的革命实践经历，“对社会底层人民的人文关怀和对家国情仇的巨大情感”促使其“运用阶级分析方法研究历史”。[④]

早在赵俪生教授农民战争史课程之前，他就撰写了《武训当时鲁西北人民的大起义》，并发表在《文史哲》1951 年第 3 期上。他在文章中详细介绍了武训兴学时爆发的三次人民大起义。在文章开头，赵俪生交代了这篇文章的缘由，即为回答 1951 年 6 月 1 日《人民日报》第二版“读者来信”刊出的一个问题：“山东人民武装反抗统治者的运动实际情况怎样？什么人领导的？结果如何？”他认为回答这个问题可以“反驳武训的歌颂者以及对武训的批评过火的人们”。这篇文章是武训批判运动中的学术产物，意识形态色彩浓重。从 1953 年开始，《文史哲》陆续刊出赵俪生与夫人高昭一在授课过程中撰作的农民战争史研究文章。1954 年，上海新知识出版社将两人所作文章集结成《中国农民战争史论文集》一书出版。这是“新中国第一部农民战争史的个人研究专著，建构了该学科的基本框架和体系”[⑤]，“有披荆斩棘，以启山林之功”[⑥]。包括“附篇”在内，该

---

① 赵俪生、高昭一：《中国农民战争史论文集》，上海：新知识出版社，1954 年，“付印题记”第 3 页。

② 参见王学典、蒋海升：《从“战士”到“学者”——访老辈史学家赵俪生先生》，《山东社会科学》2006 年第 3 期。

③ 汪受宽：《一位终生服膺真理和理想的学者》，《博览群书》2002 年第 10 期。

④ 李华瑞：《我心目中的赵俪生先生——写在赵俪生先生一百周年冥诞之际》，《文史哲》2019 年第 1 期。

⑤ 汪受宽：《一位终生服膺真理和理想的学者》，《博览群书》2002 年第 10 期。

⑥ 蒋海升：《历尽劫波风骨在——赵俪生先生近况》，王兆成主编：《历史学家茶座》第 4 辑，济南：山东人民出版社，2006 年，第 133 页。

论文集共收录了13篇文章,其中9篇已发表在《文史哲》上。[①] 1955年至1956年间,《文史哲》又发表了赵俪生的6篇文章。[②]

赵俪生自己回忆,当时在过"左"的政治环境下,毛主席对农民战争史的两个最高指示,不能违反。一个最高指示是"哪里有妥协让步?只有反攻倒算",另一个最高指示是"只有这种农民的阶级斗争、农民的起义和农民的战争,才是历史发展的真正动力",这两个指示"拿到农民战争史研究中来,造成了许多矛盾和不协调","又不敢批驳、违背"。[③] 这与赵俪生本人所恪守的"马克思主义原则"是不相容的,他不得不放弃农民战争史研究,后来转向土地制度史研究。实际上,"赵先生的史学思想虽然比当时的主流更接近于正统马克思主义,却很难为这一主流所容"[④]。更何况,赵俪生大鸣大放,踩了政治上的"红线",因发表《放的关键在领导》一文,1958年被山东大学补划为右派,自然也被剥夺了学术发言权。

通过以上关于赵俪生个人的农民战争史研究历程回顾,可以说,1957年之前《文史哲》的农民战争史研究,是由赵俪生挑"大梁"的。下文将以赵俪生夫妇在《文史哲》上发表的文章内容为主线,兼及《文史哲》上其他学者发表的文章,对1951年至1957年间,也就是农民战争史学科的创始阶段,《文史哲》所做的

---

① 这9篇文章包括赵俪生:《北宋末的方腊起义——"中国农民战争史"之一节》,《文史哲》1953年第2期;高昭一:《试论中国农民战争的特点》,《文史哲》1953年第4期;赵俪生:《明初的唐赛儿起义——"中国农民战争史"之一节》,《文史哲》1953年第4期;赵俪生:《北魏末的人民大起义——"中国农民战争史"之一节》,《文史哲》1953年第5期;高昭一:《秦汉三次农民大起义的比较》,《文史哲》1954年第1期;赵俪生:《南宋、金元之际山东淮海地区中的红袄忠义军——"中国农民战争史"之一节》,《文史哲》1954年第4期;赵俪生、高昭一:《论有关隋末农民大起义的几个问题》,《文史哲》1954年第6期;赵俪生:《记卢兼三同志关于"红袄军"遗址的来信》,《文史哲》1954年第7期;赵俪生:《明正德间几次农民起义的经过和特征》,《文史哲》1954年第12期。据赵俪生在该书"付印题记"中的交代,除《文史哲》,该论文集中的其他文章刊在了《历史教学》上,出版时有些地方对原文作了根本性的修改。本书仅以《文史哲》所刊论文为参考。

② 这6篇文章包括:赵俪生:《对"中国历史纲要"农民战争部分的几点意见》,《文史哲》1955年第3期;赵俪生:《试略论清代农民起义中神秘主义的加重》,《文史哲》1955年第9期;赵俪生:《李自成地方政权所遭地主武装的破坏——"明末农民大起义"专题研究之一》,《文史哲》1955年第11期;赵俪生:《通过五代十国到宋初的历史过程认识唐末农民大起义之更深远的社会意义》,《文史哲》1956年第5期;赵俪生:《论明末大农民军对货币财富的积累——"明末农民大起义"分题研究之二》,《文史哲》1956年第6期;赵俪生:《靖康、建炎间各种民间武装势力性质的分析》,《文史哲》1956年第11期。

③ 王学典、蒋海升:《从"战士"到"学者"——访老辈史学家赵俪生先生》,《山东社会科学》2006年第3期。

④ 秦晖:《而今诸神皆粪土,犹有深山问道人——赵俪生先生的思想与学问》,《文史哲》2011年第5期。

农战史拓荒工作作一剖析。

据赵俪生的回忆，在农民战争史研究时，他分两步完成初期工作，“第一步是把廿四史中的农战史资料，从《史记·陈涉世家》到《明史·流贼传》，一一再过一遍，取得一个总体的印象。第二步，画地图和做年表”①。赵俪生的研究过程恰可使我们一窥当时学者的研究方法。在这一时期，包括赵俪生在内的大部分学者，首先对自秦汉以来中国古代历次农民战争具体史实进行系统梳理，这又大体以毛泽东在《中国革命和中国共产党》中涉及的农民起义范围为重点研究对象②。

这里我们可以简要勾勒一下《文史哲》上的相关研究状况：有的学者详细清理了某次农民起义的整个发展情况。例如，赵俪生收集并分析了北宋、南宋关于农民战争的史料，考察了方腊起义的过程及其中的一些特点。③ 卢南乔的《元末红巾起义及共进高丽的历史意义》④介绍了元末红巾军起义的历史背景及其发展情况。不少学者将农民战争史研究进一步深化。比如，在挖掘史实的基础上，考察农民战争的特点，李燕光就以黄巢起义为例，指出“唐末农民战争，最显著的特点便是起义军的远征。……这样的远征，并不是偶然出现的，而是唐朝所特有的社会条件促成的”⑤。又如，有学者将农民起义与古代社会发展、王朝更迭联系起来考察，萧耦就通过东晋末年的孙恩卢循起义来说明东晋到南朝，即从第一个阶段(自东晋建国到孙恩卢循为首领导的农民起义崩解了东晋政权为止)到第二个阶段(刘裕得权到侯景乱梁、江陵陷落为止)的过程，同时分析了农民起义失败的原因和影响。⑥

此外，值得一提的是，不少学者对那些朝代更迭节点大规模农民战争之外的起义，即前人不曾注意的小规模的民变，进行了挖掘和分析，如华山、赵俪生

---

① 赵俪生：《关于两门专史研究的回忆》，《赵俪生文集》第一卷，兰州：兰州大学出版社，2002年，第94页。

② 毛泽东的具体论述为：“从秦朝的陈胜、吴广、项羽、刘邦起，中经汉朝的新市、平林、赤眉、铜马和黄巾，隋朝的李密、窦建德，唐朝的王仙芝、黄巢，宋朝的宋江、方腊，元朝的朱元璋，明朝的李自成，直至清朝的太平天国，总计大小数百次的起义，都是农民的反抗运动，都是农民的革命战争。”(《毛泽东选集》第2卷，北京：人民出版社，1991年，第625页)

③ 参见赵俪生：《北宋末的方腊起义——“中国农民战争史”之一节》，《文史哲》1953年第2期。

④ 卢南乔：《元末红巾起义及共进高丽的历史意义》，《文史哲》1954年第6期；卢南乔：《元末红巾起义及共进高丽的历史意义(续完)》，《文史哲》1954年第7期。

⑤ 李燕光：《试论黄巢的远征——中国农民战争的特点之一》，《文史哲》1955年第7期。

⑥ 参见萧耦：《东晋末年的孙恩卢循起义》，《文史哲》1955年第12期。

便曾致力于此。华山的《南宋初的范汝为起义》对南宋初范汝为起义的原因、经过、历史意义及失败原因作了分析。① 他还撰文考察了南宋理宗绍定、端平间的江、闽、广农民大起义，具体在“起义的经过”“起义原因的分析”“民兵是宋代镇压农民起义的主要力量”等方面对起义过程进行了详细的分析，也指出了该起义的缺点和作用。华山在该文中明确交代了作文意旨，是为弥补研究的空白点。就南宋时代的农民起义而言，“似乎还没有引起一般历史学家们足够的注意和重视，在各种新的历史著作(包括专门论文)中，除了南宋初年的钟相、杨么起义之外，很少谈到其他起义”，并且《宋史》对南宋绍定、端平间的江、闽、广农民大起义的记载亦非常简略。为补足上述缺陷，华山作此文以考察。②

赵俪生对农民起义的研究更是在总结反思前人研究的基础上，将小规模起义置于历史进程中进行考察，并对其历史意义予以充分估计。例如，他指出唐赛儿起义虽然对统治者造成了剧烈的震动作用，但是明清统治者对这一事件有意压缩，公开记载不多。近代以来的通史著作，如范文澜的《中国通史简编》、吕思勉的《简明中国通史》等也叙述较少，给人一种“这个事件是孤立偶然的和牵连不大的”印象。为此，他从两个方面来分析唐赛儿起义：“第一，唐赛儿起义是明初山东许多县份中农民的一次联合起义，也不应该被理解为孤零零的、单股或小股的起义”；“第二，唐赛儿起义，从他们的某些主观条件看，是很强的；再从反动统治者在镇压过程中采取的一些措施看，起义的意义更是严重的”。③ 在《明正德间几次农民起义的经过和特征》一文中，赵俪生叙述了刘六、刘七的起义，蓝廷瑞和方四的起义以及江西地区中的起义并提出运动战术与流民问题、个别地区的宗族势力问题以及明代社会危机问题。④

如上文所述，在农民战争史研究创始阶段，《文史哲》重在拓荒，多史料发掘性研究，以弥补前人研究的空白，但此阶段并不排斥理论研究。这里仍要重点提及赵俪生夫妇的相关研究。1953 年，高昭一发表《试论中国农民战争的特点》一文，这篇文章提出了此后农民战争史讨论中涉及的几乎所有理论问题。它首先从专制政治上层建筑与人民的相互关系角度出发来认识旧中国阶级社会历

---

① 参见华山：《南宋初的范汝为起义》，《文史哲》1955 年第 4 期。

② 华山：《南宋绍定、端平间的江、闽、广农民大起义》，《文史哲》1956 年第 3 期。

③ 赵俪生：《明初的唐赛儿起义——“中国农民战争史”之一节》，《文史哲》1953 年第 4 期。

④ 参见赵俪生：《明正德间几次农民起义的经过和特征》，《文史哲》1954 年第 12 期。

史的特点，在此基础上，高昭一将中国农民战争的特点总结为四点。其中第一个特点为，农民起义的革命对象往往是专制主义王朝，即所谓“官逼民反”，参与农民战争的阶级成分则除农民以外，还包括手工业工人、城市贫民、乡村无产者甚至小作坊主、知识分子和中产阶级等。[①] 可以看出，赵俪生、高昭一两人的研究不是“教条主义”地考察农民与地主的阶级斗争，而是“历史主义”地分析农民起义的复杂性。此后，赵俪生及高昭一在考察隋末农民大起义、秦汉三次农民大起义、唐末农民大起义、北魏末人民大起义、明末农民大起义等历次中国古代大规模农民起义的发展过程的同时，充分估量了农民起义的丰富性与复杂性，进一步详细分析农民战争在不同时期爆发的特点及整体发展规律，分析了诸多农民战争研究中的理论问题。

赵俪生后来在回忆自己学术发展历程时，将其农民战争史研究归纳为“四个专题”：其一是农民的身份，即不同时代农民身份的差异；其二是起义和国家机器的关系；其三是农民起义和民族关系的关系；其四是宗教在起义中的作用。对以上四个专题问题研究，《文史哲》上的文章均有所体现。更为重要的是，由这些专题而涉及的诸如农民政权、农民战争作用等理论问题成为日后史学界热烈探讨的问题。

从农民的身份入手研究农民战争，是赵俪生的独特之处，也是他对“50年代初全国史学界的总氛围”这个“大台盘”综合考量的结果。[②] 居于“五朵金花”问题之首的是古史分期问题，“战国封建论”和“西周封建论”的论战最为激烈，而赵俪生持“魏晋封建论”。围绕分期问题产生的论战在很长一段时间内并未取得一致性意见，这就给中国古代农民战争史的具体研究造成了困难。赵俪生另辟蹊径，“从史料里看农民在历史演变不同阶段中的不同身份”，将历史上的农民分为五种互相区别的身份，即原始农民或公社农民、佃农、自由小农、中古带有隶属性的农民，以及近古以来复杂化了的农民，“包括自耕小农、中农、富农、雇农、佃农，以及投身为奴仆的家奴世仆”[③]。这种不同时期农民封建隶属性强弱的身份差异，与农民战争中“起义规模的大小，战斗力的强弱，绵延地区的广

① 参见高昭一：《试论中国农民战争的特点》，《文史哲》1953年第4期。

② 参见赵俪生：《关于两门专史研究的回忆》，《赵俪生文集》第一卷，兰州：兰州大学出版社，2002年，第95页。

③ 赵俪生：《关于两门专史研究的回忆》，《赵俪生文集》第一卷，兰州：兰州大学出版社，2002年，第96页。

狭，持续时间的长短，其领导集团内部凝聚力的强弱，以及它与外在力量的联系"[1]密切相关。"农民战争，由于农民身份方面的差异和变化，而形成了各自的特点。"[2]

在学术自传里，赵俪生谈到集中表现了这方面心得体会的，是1956年发表在《文史哲》上的《靖康、建炎间若干农民武装势力性质的分析》。文章中，赵俪生将民间武装势力大致分为三种类型，第一种是五马八寨、八字军以及所有的所谓"中易巡社"所代表的两河民兵，第二种是李成、张用、王善等军匪各自带领的武装力量，第三种是性质比较单一的杨么起义、范汝为起义等代表的农民起义。这其中包含着一种新兴自耕农阶层的社会力量的兴起，因而"这些农民起义的武装势力在社会阶层的性质方面跟北方巡社及中原群盗与'军贼'等势力的性质，是互相区别着的"。赵俪生还强调，根据地域的不平衡性以及宋代社会诸现象在我国封建社会本身段落性演化中的过渡性，才能认清民间武装势力的性质，此外还应该注意"旧时代的农民群众当他们跟他们的乡土以及原有的农业生产组织相附着时候的情况"和"相脱离时候的情况"以及"在这两种不同情况下所发生的不同后果"，赵俪生断定这两种情况对待阶级斗争的政治态度的稳定性方面存在差异。[3] 该文具体分析了不同起义集团中农民成分及其聚合力的不同，"曾受到日本广岛大学寺地遵先生的好评"[4]。

在《秦汉三次农民大起义的比较》中，高昭一从参加起义者所属的阶级成分来比较秦汉的三次农民大起义。她指出，在三次起义中，秦末的反秦大起义，其参加起义群众的阶级成分最为复杂，包括陈胜所代表的雇农、响应起义的闾左贫民、刘邦所代表的小有产者和新兴的地主阶级，以及项羽所代表的旧贵族。西汉末的起义，其阶级成分比秦末要简化，主要是破产或濒于破产的农民。东汉末起义群众的阶层成分则更加简化，是比秦末和西汉末更加破产、更加贫困得多的农民阶级。群众成分的不同会影响运动的规模、组织程度甚至是结果。[5]农民阶级在社会地位方面的变化，不仅是认识中国上古时期的社会性质的线

① 赵俪生：《关于两门专史研究的回忆》，《赵俪生文集》第一卷，兰州：兰州大学出版社，2002年，第97页。

② 赵俪生：《赵俪生学术自传》，《赵俪生史学论著自选集》，济南：山东大学出版社，2009年，第400页。

③ 参见赵俪生：《靖康、建炎间各种民间武装势力性质的分析》，《文史哲》1956年第11期。

④ 王桂琴：《赵俪生先生的治学历程与学术成就》，《文史哲》2003年第5期。

⑤ 参见高昭一：《秦汉三次农民大起义的比较》，《文史哲》1954年第1期。

索，更是农民战争史研究的基础。

农民起义和国家机器的关系，是赵俪生农民战争史研究的重点。他将起义和国家机器视为“两个相互对立、互相冲击的力量”：起义是一种暴力行动，国家作为一种统治机器，是一种镇压力量。赵俪生继而分析了这两方“各有什么优越条件和不利条件，这两种条件又怎么样在消长”①，即“国家机器的运作是如何造成农民起义的爆发的以及农民起义的爆发对国家机器起到了怎样的影响”②。关于此问题的系统论述是高昭一《试论中国农民战争的特点》一文。文章认为，分散的小生产者作为阶级基础，为专制主义帝国政权准备了社会物质基础，由此建立起来的政治上层建筑是专制主义。专制主义政权为保证对农民政治上的压迫和经济上的剥削，设置完备的政权机构对人民进行镇压，管理和经营具有公共性质的事业。国家机器的这种镇压和经营的机能，在相对稳定的时候，就会对社会生产发挥积极作用，在社会剧烈震动的前夜时期，镇压就会影响社会生产和人民生活，引发农民起义，即所谓“官逼民反”，这时革命的对象是专制主义王朝。此外，统治阶级之不可消解的内部矛盾（专制主义“皇权”与一般豪右缙绅的“绅权”的斗争），是中国农民起义的一个经常性的有利条件。

农民战争爆发后，后果如何呢？赵俪生提出了一系列问题：“在经过了农民战争的打击教训后，统治者有没有改良？或者反而会变本加厉？假如起义者本身建立了政权，这种新的政权跟被打倒的旧政权之间有多大差别？能不能叫‘农民政权’？或者只不过是新的‘皇权主义’？”③如何看待农民起义对国家机器的反作用，实际上涉及的是如何认识农民战争作用、农民政权性质以及农民战争性质的问题。在《试论中国农民战争的特点》一文中，高昭一在援引了毛泽东在《中国革命与中国共产党》中关于农民战争的意义论述后，最先提出了“让步政策”的看法：

> 这种“多少推动”的作用，我们可以从旧时代每次改朝换代之后，新朝廷所采取的休养生息、奖励农业、薄赋敛、均田地、减力役等一系列的政策中体会出来。这些政策，和由这些政策导致来的社会生产的恢复与发展，是不应该被理解作统治者“行仁政”的结果，而应该被理解作统治者经历农

---

① 赵俪生：《赵俪生学术自传》，《赵俪生史学论著自选集》，济南：山东大学出版社，2009 年，第 400 页。

② 白佳玉：《赵俪生的农民战争史研究》，河南大学硕士学位论文，2020 年，第 19～20 页。

③ 赵俪生：《赵俪生学术自传》，《赵俪生史学论著自选集》，济南：山东大学出版社，2009 年，第 400 页。

> 民起义的打击,被迫不得不采取的一些暂时的妥协与让步。只有从这些方面才能看出中国农民战争的意义来。

一个必须承认的事实是,中国封建社会中,历次农民战争与新王朝循环往复出现。那么,与农民起义的后果有直接关联的是新政权。《秦汉三次农民大起义的比较》一文则从"新政权的出处"问题上比较秦汉三次农民大起义的作用,这里的结论仍是"让步政策"。陈胜、吴广起义后的刘邦集团新政权,以及绿林、赤眉起义后的刘秀新政权,都是"由参与起义中的一个方面(虽然不是而且不可能是最革命的一个方面),在起义历程中成长转化而来的","由于新统治阶级惧怕人民的威力,在新的政权措施上不得不对农民做某些程度的让步,因而也就多少地提高了社会的生产力"。东汉末黄巾大起义后的新政权"不是由起义军的任何一支产生或转化出来",其作用在于"迫使建立了鼎立形势新政权的刽子手们重视了农民由自由转化到隶属过程中的紊乱状态,因而重视了如何更普遍地使用新的、隶属的形式(如荫户、部曲、佃客、屯田等)来组织农民,组织农业生产,而这对于此后的社会生产是起了一个推进作用的"。①

在评价农民战争的作用时,是否任何封建社会发展时期爆发的农民战争所发挥的作用都是相同的?以赵俪生所举例来说,如果将隋末大起义划分为两个阶段的话,为什么在处理后一阶段的问题时,远较处理前一阶段更为困难?将这个问题作深度考察的话,就关涉到"农民战争与统一战争的关系的问题"。《文史哲》在"编者的话"中写道:"农民战争与统一战争的关系问题"是"研究中国历史常常遭遇到而感到困难的地方,赵先生通过详细分析提出他的见解"。②在《论有关隋末农民大起义的几个问题》③一文中,赵俪生最先将此问题上升至系统理论层面阐述。文章指出:"在中国历史上有些农民战争会转化为统一战争。但这种衔接或转化的情况,不能是普遍的、概括的;即并不是任何一场农民战争都与统一战争相衔接、任何一场农民战争都会向统一战争转化。""每当农民战争转化为统一战争的情况出现时,农民战争对社会发展所起的促进作用(如毛主席所一再指出过的)将表现得更大,而且更为显著。反之,则其作用就往往容易消散,或表现得比较晦暗与曲折了。"必须认识到,"与农民战争相衔

① 高昭一:《秦汉三次农民大起义的比较》,《文史哲》1954 年第 1 期。
② 《编者的话》,《文史哲》1954 年第 6 期。
③ 赵俪生、高昭一:《论有关隋末农民大起义的几个问题》,《文史哲》1954 年第 6 期。

接、由农民战争转化而来的统一战争，又往往是由农民阶级以外（有时，甚至是农民起义之外）的人物和集团来完成的”。农民作为劳动者的阶级，在认识这个阶级以及“处理旧日农民的作用时”不可过低或过高评价。国家在战争之后的统一，“不能够由农民阶级和农民起义本身来实现和完成”，因农民阶级在“落后和消极方面的限制”，其斗争“只能在打击统治者这一点上，来实现对社会发展的推进作用；而不能在实现和完成国家统治的这一点或其他的诸点上，来体现对社会发展的推进作用”。

赵俪生实际上指出了农民阶级的落后性，以及农民战争在统一战争中发挥作用的有限性。如果将视角转向统治阶级一方，那该如何看待呢？赵俪生继续提到该如何看待“统治者对起义者的镇压事件”这个问题。他认为，一方面，在站稳阶级立场的基础上，不能否认某些统一过程中事件的本身性质，“是封建剥削阶级对人民力量的一种摧残”。但是另一方面，要反对“一种极其狭隘的‘阶级观点’（其实这不是任何真正的阶级观点，而是一种非历史主义的观点）”，更“要承认这种统一运动对于中国社会发展的总进程说，其所引起的效果是有积极意义的、良好的”，这是“历史发展的客观结果”，是不容抹杀的。①

赵俪生认为“人民起义和反抗的力量既不该被屠杀和削平，而国家又完全应该统一”之间的矛盾是“不可解决的”。② 承认统一战争对于历史发展的积极作用，是否就意味着对农民战争动力作用的弱化呢？赵俪生将此问题进一步深化，将其发展为“让步政策论”。在《通过五代十国到宋初的历史过程认识唐末农民大起义之更深远的社会意义》中，赵俪生指出，唐末农民大起义“纠缠着一个农民战争与统一战争关系问题的新的看法”。他批评了“过分强调衔接在农民战争以后的统一战争的作用”的看法，并对“农民战争两种类型论”（其一是与统一战争直接衔接着的，其二是不与统一战争直接衔接着的）中“其一作用显著、另一作用隐晦的理论”进行了某种程度的否定。他肯定了唐末农民大起义在封建社会由中古向近古转变中的社会作用：“唐末的农民大起义不是、也不可能是直接打击了那个立刻衔接在后面的新兴统一皇朝的统治者”，“它是首先打击并教训了继农民战争而起的许多地方势力”，“迫使它们不能不在自己较狭小的统治区内对人民让步，并蓄养各自国内的农业和手工业的生产力”。“再通过

① 赵俪生、高昭一：《论有关隋末农民大起义的几个问题》，《文史哲》1954 年第 6 期。

② 赵俪生、高昭一：《论有关隋末农民大起义的几个问题》，《文史哲》1954 年第 6 期。

宋朝创建者们的军事统一把这些分散的农民战争的成果总括起来,整顿成为整个统一国家范围内对人民的让步,成为整个统一国家范围内对农业和手工业生产力的蓄养与提高。"很明显,对唐末农民大起义作用的分析正是"让步政策论"的体现。他将农民大起义放到整个中国封建社会的发展历程中去考察,并认为,"由于旧时代农民阶级的种种局限性的影响,我国封建社会历史时期的一切农民革命永远得不到彻底的胜利,只能成为改朝换代的工具,只能通过其对统治者的打击和统治者的某些让步,来体现封建社会本身之向前进步"。①

赵俪生的"让步政策论",根本目的是论证毛泽东的"农民战争动力论",但它在"农民战争到底如何推动历史发展"问题上加装了一个"缓冲带",强调农民战争的历史作用要通过统治阶级的让步而体现出来,肯定了统治阶级的历史贡献。最早系统阐述"让步政策论"的是翦伯赞,他在1951年2月第3卷10期《学习》发表的《论中国古代的农民战争》一文中提出:"每一次大暴动之后,新的封建统治者,为了恢复封建秩序,必须对农民作某种程度的让步,这就是说必须或多或少减轻对农民的剥削和压迫,这样就减轻了封建生产关系对生产力的拘束,使得封建社会的生产力又有继续发展的可能,这样就推动了中国历史的前进。"此后,孙祚民在1956年出版的《中国农民战争问题探索》中予以阐发。漆侠在1962年出版的《秦汉农民战争史》中把农民战争后统治阶级实行的缓和政策称为"让步政策"。

1965年,孙达人提出了与"让步政策"相反的观点,认为农民战争之后的封建王朝不可能执行让步政策,只会实行反攻倒算,这一观点被称为"反攻倒算论",史学界展开以这两种观点为代表的激烈争论。后来学者在总结"让步政策论"时,赵俪生的相关观点往往被遗忘。必须承认,赵俪生在《文史哲》发表的相关文章中对农民战争动力作用问题的阐述,不是从领袖言论出发,而是从具体事实抽象出理论,具有开拓性意义。回到"当时当地"社会场景,是赵俪生结合具体事实分析农民战争作用的关键。例如,他将对农民战争作用的考察与当时讨论热烈的另一"金花"问题——"资本主义萌芽问题"相结合,强调明末大农民军在货币财富积累的社会经济方面的意义,就在于它是促进当时社会中资本主义生产方式之萌芽的前提条件之一,"明末农民大起义的身上已经显然打下了

① 赵俪生:《通过五代十国到宋初的历史过程认识唐末农民大起义之更深远的社会意义》,《文史哲》1956年第5期。

资本主义萌芽时代的烙印”，由此“它已经明显地区别于它以前的若干次农民起义了”。[①] 这种对于农民战争意义多方面的考量，又与日后“见农民就捧、见地主就骂”的那种狭隘的“阶级观点”形成鲜明的对比，散发出历史主义观点的光辉。

除了讨论农民战争作用，赵俪生还“高举起历史主义这面大旗对农民政权的性质作了科学的界定”[②]，“最早判定农民政权依然是封建政权”[③]。1953 年，他在《论有关隋末农民大起义的几个问题》中指出，“由出身农民的分子自己所建立起义政权和国家”，“就其根本性质说，也仍是传袭了封建的政权”。[④] 在论述中，赵俪生也涉及农民的阶级属性及农民战争的思想武器问题。他指出，隋末农民起义中的窦建德，作为农民起义的领导者，“更像一个农民的领袖、一个农民的皇帝”，他“常常丧失起义原则地宣讲并奉行什么‘忠’‘孝’‘信’”这些“正统思想”的信条。[⑤] 赵俪生所持的是“农民是皇权主义者”的看法，农民是以封建理论、封建的纲纪展开斗争的，没有自己独立的指导思想。那么，农民战争是否有反对封建制度与地主阶级的性质呢？赵俪生的回答是否定的。他指出，李自成领导的起义军对政权（包括全国性政权和地方政权）的设置重视不够。从明末农民起义过程中，可以得到如列宁在他的《告农民贫困书》中分析 1902 年俄国农民暴动失败原因时一样的教训，即暴动“没有固定明确的政治要求，即没有改变国家制度的要求”[⑥]。也就是说，他认为，农民既不反对国家制度，又不能建立起自己的政治统治。在这里，赵俪生对起义政权的论述实际上又暗含了对农民战争性质的看法。

1955 年，孙祚民在《新史学通讯》第 8 期发表《关于“农民政权”问题》一文，系统阐述了与农民政权相关的一系列问题。他认为农民起义和战争没有改变封建的生产关系，因而虽然可以成功地推翻旧的封建王朝，“但他们是不可能组织‘农民政权’的”。将农民政权问题继续深究，孙祚民便触及了农民的阶级属

① 赵俪生：《论明末大农民军对货币财富的积累——“明末农民大起义”分题研究之二》，《文史哲》1956 年第 6 期。

② 王桂琴：《赵俪生先生的治学历程与学术成就》，《文史哲》2003 年第 5 期。

③ 王学典：《二十世纪后半期中国史学主潮》，济南：山东大学出版社，2000 年，第 275 页。

④ 赵俪生、高昭一：《论有关隋末农民大起义的几个问题》，《文史哲》1954 年第 6 期。

⑤ 赵俪生、高昭一：《论有关隋末农民大起义的几个问题》，《文史哲》1954 年第 6 期。

⑥ 赵俪生：《李自成地方政权所遭地主武装的破坏——“明末农民大起义”专题研究之一》，《文史哲》1955 年第 11 期。

性及农民战争性质问题。他认为农民是皇权主义者、封建社会中农民起义的斗争矛头,“自始至终总是指向某些为他们所深恶痛绝的统治阶级个别人物”,而“没有同封建制度进行战斗”。从赵俪生到孙祚民,可以看出他们在农民政权性质及农民战争性质问题上思考的前后连续性。如果说孙祚民这篇文章“是历史主义学派开始出现的标志”①的话,那么赵俪生在《文史哲》上的农民战争史研究则是历史主义学派的思想摇篮。

赵俪生发表于《文史哲》的农民战争史研究文章,也对“农民起义与多民族间的关系”和“宗教在起义中所起的作用”两个问题有所论述。他认为,中原主干民族汉族的动荡对周边少数民族而言,“总是一种带动,启发他们生产力和文化能力的提高以及生产关系、阶级关系的调整”②。在有异族入侵的时期,“中国的许多农民战争便不可避免地要与种族斗争相结合,而每一次的结合又给农民战争带来更加复杂与更加深化的内容”③。在对北魏末人民大起义的研究中,赵俪生考察了“阶级关系与种族关系之相互纠缠”。从根本性质来说,这次大起义是被压迫的少数民族和被摒于清流以外的鲜卑和汉人府户联合起来,对于统治者压迫者的反抗。在相继产生的起义中,“北朝史上不同种族的被统治阶级间之战斗的合作”,“进一步促进中古时期各族人民的融合与发展,并大大削弱了北方大族在人民头上的控制力”,致使统治者“对劳动人民不得不做出某种程度的妥协和让步,而这便多少改变了一点当时的生产关系,并多少发展了一点当时的生产力”。④

“我国封建社会的农民战争,常常与宗教发生联系。”⑤高昭一的《试论中国农民战争的特点》一文提纲挈领地阐述了宗教在起义中的作用。在没有政党之前,“宗教与秘密结社给了中国农民起义的组织条件”,但是也“带有浓厚的封建的等级原则”等局限性。“在中国历史上从五斗米道、太平道、摩尼教、一直到白莲教,就正是下层人民使用过、加强过、因而就大大区别于统治阶级信仰着的宗教与结社。”⑥1955 年,赵俪生在《试略论清代农民起义中神秘主义的加重》中,

① 王学典:《二十世纪后半期中国史学主潮》,济南:山东大学出版社,2000 年,第 278 页。
② 赵俪生:《赵俪生学术自传》,《赵俪生史学论著自选集》,济南:山东大学出版社,2009 年,第 401 页。
③ 高昭一:《试论中国农民战争的特点》,《文史哲》1953 年第 4 期。
④ 赵俪生:《北魏末的人民大起义——“中国农民战争史”之一节》,《文史哲》1953 年第 5 期。
⑤ 周朝民、庄辉明、李向平编著:《中国史学四十年》,南宁:广西人民出版社,1989 年,第 40 页。
⑥ 高昭一:《试论中国农民战争的特点》,《文史哲》1953 年第 4 期。

分析了神秘主义因素在明朝农民起义中退缩后，到清代，农民起义又与宗教结社、神秘主义密切关联的原因。① 学界关于农民战争与宗教关系的讨论高潮，在60年代初才形成。除了赵俪生已经注意到的“宗教在农民战争中所起的作用”问题外，学者还围绕“农民战争中所利用宗教的性质”“农民战争是否必须与宗教相结合”进行探讨。赵俪生对农民起义与民族、宗教关系的研究，充分展示了农民起义的复杂面向，为日后的研究提供不少启发。

至此，我们对1957年之前《文史哲》在农民战争史创始阶段中的成果作了一系统回顾，其拓荒性贡献主要归功于赵俪生。秦晖曾评价到，50年代“由赵先生的著述形成的中国农民战争史研究范式，直到1980年代仍主导该领域”②。1957年，随着反右斗争及反右斗争扩大化，离开山东大学的赵俪生后来被补划为右派，不再从事农民战争史研究。以反右斗争为由，《文史哲》刊发了两篇批判赵俪生的文章，批判其农民战争史研究的“目的是歪曲和污蔑农民阶级，贬低农民起义的意义”③，“把中国农民战争史的研究，引向资产阶级唯心主义的歧路上”④。以赵俪生为代表的农民战争史的具体研究阶段结束了。

三、从太平天国问题研究到“历史主义”论战

1958年，与全国范围内掀起的社会经济建设“大跃进”高潮相适应，陈伯达指出社会科学的“跃进”是“厚今薄古”运动，史学界随之展开“史学革命”或称“史学大跃进”。随着狂飙突进的“阶级观点”的影响，农民战争史研究被赋予了前所未有的玫瑰色彩，对农民战争史作用、性质、农民政权等重大理论问题的探讨开始进入高潮。在整个史学界，农民战争史研究随着1958年的到来进入第二个发展阶段。

但是，此时《文史哲》似乎并没有跟上学界农民战争史研究的步伐。自1957年反右斗争扩大化及1959年《文史哲》停刊、1961复刊前后，《文史哲》关于农民

---

① 参见赵俪生：《试略论清代农民起义中神秘主义的加重》，《文史哲》1955年第9期。

② 秦晖：《而今诸神皆粪土，犹有深山问道人——赵俪生先生的思想与学问》，《文史哲》2011年第5期。

③ 王新野、宋锡民：《批判赵俪生在农民战争问题上的谬论之一——对农民和农民起义的歪曲和污蔑》，《文史哲》1958年第12期。

④ 王兴亚：《资产阶级右派分子赵俪生研究中国农民战争史的反动本质》，《文史哲》1958年第12期。

战争史研究的文章数量明显减少,且以史实考证为主,主要涉及太平天国相关问题的研究。太平天国作为农民战争史的重要一环,主流学界在新中国成立初就奠定研究的思想基调。1951 年 1 月 11 日,《人民日报》发表了由胡绳执笔的《纪念太平天国革命百周年》社论,从起义任务、性质、失败原因等方面对太平天国运动进行考察,高度赞扬了太平天国抗击内外的历史意义,“太平天国是旧式的农民战争——没有先进阶级领导下的农民战争所发展到的最高峰”①。1954 年,胡绳将太平天国视为“三次革命高潮”中的第一次革命高潮。实际上,在马克思主义史学视阈下,太平天国是旧式农民战争和近代民主革命间的一个重要过渡。旧式农民战争和新式人民革命战争的最主要区别在于是否有工人阶级的领导,此为关系到革命是否成功的根本性因素。这虽是历史阐释,背后关切的却是现实社会主义道路合法性问题。在此背景下,“太平天国史在新中国成立初期呈现出一种前所未有的繁盛景象”,并主要围绕太平天国的性质、太平天国时期国内的社会经济状况和阶级关系、太平天国统治区的土地制度与土地关系、农村政权与乡官成分,对于文化、思想和工商政策以及相关人物的评价等问题撰文展开探讨。②

与学界讨论相一致,《文史哲》刊载的文章大体围绕以上内容展开研究。回顾《文史哲》的太平天国史研究,首先应当提及的学者是郦纯,其本名禄遒。他原先并不研究历史,自 1953 年开始攻治太平天国史,“在前人研究成果的基础上,比较系统地探讨了太平天国经济、政治、军事、教育等各方面的重大问题”③。其“著述宏富与贡献之大”,仅逊于一代宗师罗尔纲先生。④ 自 1957 年,《文史哲》发表了郦纯的两篇考证文章,分别为《略论太平天国的田赋制度》⑤以及《太平天国对于商业的态度和后期太平军人经商是否公营的问题》⑥,这两篇文章对太平天国的田赋、商业等发展情况进行考察。王天奖也考察了太平天国商业的一般情况,认为太平天国商业政策对当时经济、政治、社会等方面发挥了积极作

① 《纪念太平天国革命百周年》,《人民日报》1951 年 1 月 11 日。

② 参见夏春涛:《50 年来的太平天国史研究》,《近代史研究》1999 年第 5 期。

③ 舒翼:《郦纯与太平天国史研究》,《浙江学刊》(双月刊)1990 年第 6 期。

④ 王兴福:《辛勤耕耘 嘉惠学林——怀念太平天国史专家郦纯先生》,《浙江学刊》1990 年第 6 期。

⑤ 郦纯:《略论太平天国的田赋制度》,《文史哲》1957 年第 5 期。

⑥ 郦纯:《太平天国对于商业的态度和后期太平军人经商是否公营的问题》,《文史哲》1962 年第 6 期。

用，这也显示出太平天国运动是“旧式农民战争发展的最高峰”①。此外，王天奖的《太平天国的郡县地方政权》一文主要对太平天国的郡县两级地方政权加以专门的论述，指出太平天国地方政权对革命运动的推动作用。② 在人物评价方面，孟岘、陈学文、顾琴芬对石达开相关问题发表看法。③ 太平天国运动的性质问题一度成为50年代学界的争议热点，产生了三种看法。陈隗对太平天国性质问题进一步展开探讨，认为太平天国革命“虽然发生在鸦片战争以后，由于它所处的社会经济发展条件，以及它本身的特点，仍不应称作资产阶级性的农民革命；而仍然是没有先进阶级领导的自发的单纯农民战争”④。徐绪典则就太平天国的拜上帝会与宗教的关系作出探讨，以总结太平天国的历史教训，丰富有关农民战争和宗教问题的认识。⑤

不难发现，1957年至1963年期间，《文史哲》在对农民战争史其他重大理论问题关注较少的情况下，却刊发了涉及面较广的太平天国史研究文章。《文史哲》为什么没有紧紧跟上学界关于农民战争史重大理论问题热烈讨论的步伐呢？我们大体可以从两方面作出解释。

其一，这一时期，《文史哲》卷入政治运动，无法继续坚持纯学术路向。与政治气候的骤变同步，山东大学历史系部分青年教师举行了讨论会，批判《文史哲》“厚古薄今”的倾向。1958年6月，《文史哲》第6期开始进行整改，“声明特别欢迎‘结合当前政治运动’‘学习研究马列主义’‘深入批判资产阶级’‘分析批判现代文艺作品’的文章”。在这一年里，《文史哲》共发表了17篇反右斗争文章，23篇思想批判的文章。⑥ 政治性完全取得压倒性地位，《文史哲》的学术性逐渐被消解。在这种背景下，1959年1月，《文史哲》停刊，至1961年8月1日方才复刊。在停刊期间，《文史哲》曾经的老作者，如韩连琪、华山、卢南乔将在山东大学历史系上讨论的关于农民战争史性质、作用等问题的文章，发表在《山

① 王天奖：《太平天国的商业》，《文史哲》1962年第2期。

② 参见王天奖：《太平天国的郡县地方政权》，《文史哲》1958年第5期。

③ 参见孟岘：《石达开安庆易制真相》，《文史哲》1962年第3期；陈学文：《石达开远征出走与投降问题》；顾琴芬：《近年来学术界关于石达开评价的综述》，《文史哲》1963年第3期。

④ 陈隗：《关于太平天国革命的性质问题》，《文史哲》1958年第4期。

⑤ 参见徐绪典：《论太平天国的拜上帝会与基督教的关系》，《文史哲》1963年第5期。

⑥ 杨敏：《〈文史哲〉的1950年代：在学术与政治之间》，《中国新闻周刊》2011年第44期。

东大学学报》上。[①] 在一味为政治服务、自身难保的情况下,《文史哲》难以追踪学界前沿理论问题了。

其二,山东大学校内教师的变动,以及随之产生的《文史哲》编辑群体的变动,使得《文史哲》难以延续此前的学术路向。《文史哲》在创刊之后很长一段时间里,稿源部分来源于山大校内教师以及编辑群体。其编辑多是校内教师,比如杨向奎、童书业、吴大琨等,他们在《文史哲》上发表多篇重量级文章,参与了多场学术讨论,是《文史哲》得以与学界展开学术探讨的支柱。但是,据刘光裕的回忆,“华岗被捕后,山大许多著名教授纷纷离开学校”[②]。1957 年,杨向奎调到中国科学院历史研究所,吴大琨去了中国人民大学历史系,赵俪生调往兰州大学历史系。况且,1961 年复刊后的《文史哲》编委会也发生了变化,不再局限于山大本校,还有山东师范学院、山东省委党校、山东省社联等单位参与。[③]《文史哲》作为“山东大学学报之一”,本是山大教师科研与教学的基地,其所刊出的相关讨论文章,往往就是历史系教师当时正在组织着的讨论。1961 年,山大历史系师生虽就当时正在争论的农民战争的性质和作用、皇权主义等问题举行了讨论会[④],但《文史哲》复刊后并没有相关文章的发表或报道。这种现象联系《文史哲》现实生存情况便可理解。山大校内的既有学术力量突然出现了断层,加之政治压力下的复刊与编委会变更,势必要改变选稿和刊稿方向了。

就在《文史哲》的农民战争史研究看似“平静”的这段时期,1958 年后的整个史学界农民战争史研究则早已演化为“历史主义”与“阶级观点”的较量,或者说,农民战争史研究是双方在具体历史研究领域内的分歧。在具体理论纷争方面,“历史主义”一派大体以孙祚民、蔡美彪、翦伯赞、嵇文甫等为代表,他们认为农民在阶级属性方面具有小私有者的落后性;在思想武器上是以封建理论、纲纪展开斗争的皇权主义者;在性质上农民战争的矛头指向个别的皇帝、王朝和

---

① 比如,韩连琪:《论我国农民起义和农民战争的性质和作用》,《山东大学学报》(历史版)1961 年第 1 期;华山:《从“矛盾论”和“实践论”的观点看中国历史上的农民战争问题——山东大学历史系农民战争问题讨论会上的发言》,《山东大学学报》(历史版)1961 年第 1 期;卢南乔:《从秦汉农民起义、农民战争的特点来看历代农民运动的性质和作用诸问题》,《山东大学学报》(历史版)1961 年第 1 期。

② 杨敏:《〈文史哲〉的 1950 年代:在学术与政治之间》,《中国新闻周刊》2011 年第 44 期。

③ 参见刘晓东:《父亲与〈文史哲〉的复刊》,周广璜、李扬眉编:《继绝开新:作者读者编者回忆〈文史哲〉》,北京:商务印书馆,2011 年,第 81 页。

④ 参见《编者按语》,《山东大学学报》(历史版)1961 年第 1 期。

官吏，并不反对封建制度和地主阶级；在政权方面农民建立的仍然是封建政权；农民战争的动力作用通过“让步政策”体现出来。“阶级观点”派以宁可、孙达人、关锋、林聿时等为代表，他们大体持与此相对立的观点，认为农民在阶级属性方面具有劳动者的革命性；在思想武器上是“等贵贱，均贫富”的平等、平均主义思想的民主主义者；在性质上农民战争有反封建反地主的性质；在政权方面农民建立的是农民政权；农民战争的动力作用通过地主阶级的“反攻倒算”体现出来。

新中国成立初期至1958年的农民战争史研究，是历史主义农民战争观占据主流地位，它压制住了当时以“片面反封建”为要旨的流行阶级观点。“工人阶级立场寓于历史主义之中，历史主义本身就是工人阶级立场”是50年代前期的史学界的共识性原则。[①] 这种“历史主义”的要求和体现是，在肯定农民及农民战争动力作用的时候，也承认帝王将相和封建统治的合理的历史地位与作用。但是1958年开始，“歌颂和推崇农民，把农民视为社会主义乃至共产主义的载体或物质承担者”的极“左”政治思潮喷涌而出。[②] 在这种思潮下，“史学革命”对当时“历史教材、历史教师、历史教学作了几乎彻底的否定”[③]。强调为阶级斗争服务和政治运动服务的“厚今薄古”运动，“内容极为混乱，其中最‘革命’的一种理解，是把‘今’说成是劳动人民的历史，把‘古’说成是剥削阶级的历史”[④]。从“厚”劳动人民的历史“薄”剥削阶级的历史“发展为‘打破王朝体系’，‘写没有帝王将相的中国通史’，直至导致‘见地主就骂，见封建就反’的、‘狭隘的阶级观点’大泛滥”[⑤]。

这样，被推向极端的“片面反封建”的“阶级观点”就开始了对此前历史主义的农民战争观的批判。具体批判对象的矛头率先指向孙祚民。他的《中国农民战争问题探索》一书因被视为此前历史主义农民战争史研究的代表，而遭到众多报刊文章的“围剿”。《文史哲》1958年第11期发表了陈昌远的《孙祚民“中国

① 王学典：《二十世纪后半期中国史学主潮》，济南：山东大学出版社，2000年，第48页。

② 王学典：《1958当代史学方向转换的一大枢纽》，《20世纪中国史学评论》，济南：山东人民出版社，2002年，第196页。

③ 王学典：《1958当代史学方向转换的一大枢纽》，《20世纪中国史学评论》，济南：山东人民出版社，2002年，第195页。

④ 蒋大椿：《重看历史主义与阶级观点论战》，《安徽史学》1997年第1期。

⑤ 王学典：《1958当代史学方向转换的一大枢纽》，《20世纪中国史学评论》，济南：山东人民出版社，2002年，第184页。

农民战争问题探索"一书中的几个问题》一文。陈昌远认为,该书"从史料到论点,几乎全系抄自右派分子赵俪生的讲稿",并就书中涉及的"中国农民战争在历史上的作用""农民战争的'破坏性'""农民战争采取流动作战方式的原因"三个方面进行批判。文章以马列主义和毛泽东关于农民战争的理论为依据,用语比较克制,尚具有学术探讨意味,强调要利用阶级分析认识农民起义和农民战争在反对封建剥削和封建统治的推动作用。

1961 年前后,党中央对此前的"左"倾错误进行纠正,政治上确定了"调整、巩固、充实、提高"的调整方针,文化政策上重申"双百"方针。这种宽松活跃的学术氛围,给"历史主义"者们反思批评 1958 年以来的阶级斗争观点的错误提供了可能。翦伯赞、郭沫若、范文澜、吴晗等一批史学者均发表文章"对'史学革命'所制造的混乱状况,提出尖锐的批评"①,"明确提出历史科学在运用阶级观点时,必须与历史主义相结合"②。但由于国际国内的严峻形势,1962 年 9 月,毛泽东在中共八届十中全会上强调阶级斗争问题要"年年讲、月月讲"。史学中的"阶级观点"卷土重来,对"历史主义"思潮展开讨伐。

1963 年,学界出现了"历史主义"与"阶级观点"的正面论战。论战的开端是林甘泉在是年《新建设》第 5 期上发表的《历史主义与阶级观点》一文,文章反对翦伯赞等对非历史主义倾向的批评,认为单独提出历史主义,"把历史主义与阶级观点对立起来","模糊了马克思主义历史科学的党性原则",并认为历史主义与阶级观点是"完全一致的、统一的"。紧接着,宁可在《历史研究》1963 年第 4 期中发表《论历史主义和阶级观点》一文,批评林甘泉将两者视为"完全一致的、统一的"看法,并认为"彻底的历史主义必然是同阶级观点统一的",但两者是两个有区别的不同的概念,两者的统一是有条件的。他认为马克思主义历史主义作为一种研究历史的原则,有其独立存在的价值。此后,林甘泉、宁可两人又继续发表文章,就"马克思主义历史主义及其与阶级观点的关系"等问题进行争论。其他学者也发表文章就此问题展开讨论。在这种背景下,《文史哲》及时关注到这场论战。在 1963 年第 5 期,《文史哲》转载了宁可的《论历史主义和阶级观点》一文,并将文章内容分"历史主义及其与阶级观点的关系""评价历史的事物究竟应当根据什么标准""如何看待当时和后世,过去和现在的关系"三个部

① 王学典:《二十世纪后半期中国史学主潮》,济南:山东大学出版社,2000 年,第 58 页。

② 蒋大椿:《重看历史主义与阶级观点论战》,《安徽史学》1997 年第 1 期。

分作了摘要。《文史哲》发表的沈嘉荣的《论历史主义和阶级观点的若干问题》一文也批评了将历史主义和阶级观点对立起来的观点。在这篇文章中，沈嘉荣指出：“马克思主义的阶级观点是运用历史唯物主义原理考察阶级社会历史的基本指导线索。”第一，“马克思主义的阶级观点本身有着按时间、地点、环境具体考察问题的特点，不必再从外部加上这个‘历史主义’去结合、去平衡、去统一，去充当辅助行动的拐棍”。第二，“坚持运用马克思主义的阶级观点分析社会历史问题，就是按照历史的本来面貌去了解历史，就意味着尊重客观的历史事实，就意味着坚持了唯物论，就意味着尊重辩证法”。① 郑欣强调“在历史研究中坚持马克思列宁主义的阶级分析方法”，他就刘节在《怎样研究历史才能为当前政治服务》（《学术研究》1963 年第 2 期）中的观点展开讨论，认为只有站在“劳动人民的立场上来看问题”，“用阶级分析的方法清洗掉地主阶级的史学家涂抹在历史事实上的反动的主观色彩”，“才可能把握住历史事实的最本质的内核”。②

通过以上回顾，我们可以发现论战的要害所在。“阶级斗争观点突出论者”和“历史主义提倡者”都旨在捍卫他们所认识的马克思主义，都承认“阶级观点是唯物史观的核心”，并将“阶级观点”看作“阶级斗争观点”，也承认“人类文明史便是阶级斗争的发展”。③ “历史主义提倡者”力图批评的是“史学革命”以来出现的“片面反封建”的、被农民阶级立场替代的、缺乏任何历史主义精神的阶级观点，要求对封建社会的历史给予全面的研究。而“阶级斗争观点突出论者”将“历史主义提倡者”对当时“流行的狭隘的庸俗的阶级观点等非历史主义倾向的批评视为对马克思主义阶级观点的批评”。“阶级斗争观点突出论者”要捍卫马克思主义的阶级观点本无可厚非，但是直接否定了历史研究中必须遵循的历史主义原则的独立性。虽然“阶级斗争观点突出论者”的讨论本在学理范围内进行，但被关锋、林聿时、戚本禹等作了“更加充分而极端的发展，视历史主义与阶级（斗争）观点‘融为一体’”④，为极“左”政治服务，历史主义最终被阶级观点吞没。

受极“左”政治思潮的影响，《文史哲》也发表了“带有‘左’倾思想、乱打棍子

① 沈嘉荣：《论历史主义和阶级观点的若干问题》，《文史哲》1964 年第 4 期。
② 郑欣：《坚持在历史研究中运用阶级分析的方法》，《文史哲》1963 年第 4 期。
③ 蒋大椿：《重看历史主义与阶级观点论战》，《安徽史学》1997 年第 1 期。
④ 蒋大椿：《重看历史主义与阶级观点论战》，《安徽史学》1997 年第 1 期。

的文章”,“一些配合政治运动赶浪头的文章、活学活用的文章(有的是从报刊上抄录的),充斥刊物篇幅”。[①] 从1964年开始,《文史哲》发表数篇批判孙祚民、蔡美彪等关于历史主义农民战争观点的文章。庞朴的《试论农民战争的革命性质——评蔡美彪、孙祚民同志的“两种革命论”》一文批评了蔡、孙两人提出的“两种革命”的论点,认为蔡、孙二人提倡“两种革命论”不从阶级着眼来区分革命的类型,而以是否“导致社会交替”作为分类的依据,把革命强行区分为“社会革命”和“革命”,这不仅“不符合马克思主义的常识”,而且“掩盖了一切革命的阶级基础,美化了剥削阶级的革命,贬低了被剥削阶级的革命”。同时,他强调农民革命的性质是反封建,二人认为农民战争“不反封建制度”的论调,“实质上是把农民革命战争和地主阶级狗咬狗的战争‘合二为一’了”。[②] 如果说这篇文章还带有一定学术色彩的话,那么此后的几篇文章则变成了政治批判的翻版。

《文史哲》在1964年第6期,集中发表了鲁史兵的《对孙祚民同志在中国农民战争问题上的错误观点必须彻底批判》(此文原载《大众日报》1964年12月5日)、王阁森的《究竟是历史唯物论,还是历史唯心论——评孙祚民同志在中国农民战争问题上的若干观点》、孔阶平的《所谓反对美化农民,实际是丑化农民——与孙祚民同志商榷》三篇文章,这些文章大都出于同样的话语模式。在“农民起义是阶级斗争的最高表现形式”的基调下,“历史主义”的批判者们强调站在什么立场评价封建社会的农民阶级是决定其观点错误与否的关键。当站在无产阶级立场时,“在热情地歌颂农民的革命传统的同时,指出其弱点”,“这种立场和观点是为无产阶级的政治服务的”;当站在地主资产阶级立场时,就会丑化和污蔑农民,贬低其在历史上的意义,这种立场和观点是为地主、资产阶级政治服务的。孙祚民等人正是站在了地主资产阶级立场上。[③] 但事实是,他们这里强调的“无产阶级立场”已经被置换成“农民小生产者立场”。这已不是学术讨论,而是政治斗争。对孙祚民农民战争史观点的批判,实质上是“历史主义”与“阶级观点”的又一次较量。此后,历史学完全成为极“左”政治的俘虏。

---

① 吴富恒:《努力把〈文史哲〉办好》,《文史哲》1981年第4期。

② 庞朴:《试论农民战争的革命性质——评蔡美彪、孙祚民同志的“两种革命论”》,《文史哲》1964年第5期。

③ 参见王阁森:《究竟是历史唯物论,还是历史唯心论——评孙祚民同志在中国农民战争问题上的若干观点》,《文史哲》1964年第6期

四、《文史哲》关于农民战争史研究的意义

回顾《文史哲》在五六十年代关于中国农民战争史研究的历程可以发现：1957年之前，《文史哲》对中国农民战争史研究发挥了开拓作用，这有赵俪生的“筚路蓝缕”之功。1958年之后，被政治运动裹挟的《文史哲》历经停刊、复刊，其间未能跟上史学界对农民战争史研究巨大理论问题的探讨，最后“由于过分强调阶级斗争和突出政治，使《文史哲》逐渐失去学术刊物的性质”①。五六十年代《文史哲》关于农民战争史研究的意义大致包括以下两方面。

第一，《文史哲》的农民战争史研究使其成为推动新中国学术转型的关键性学术刊物。其农民战争史研究促进了农民战争史学科的建立，由赵俪生开拓的农民战争史的专题研究为日后重大理论问题讨论奠定了基础，有不容忽视的学术史意义。赵俪生在《中国农民战争史论文集》的“付印题记”中点明他的研究具有“先天地补缺的性质”，这种“补缺”的工作实际上为马克思主义史学开拓了一个新的研究领域。巴勒克拉夫曾认为，“新中国历史研究由于强调了中国农民的革命性以及他们在促进社会变革上的推动作用，从而‘从根本上改变了中国历史的语言’，建立了评估和重现中国过去历史的标准”②。具体而言，从当时整个史学界的农民战争史研究来看，其中重要的学术遗产是对相关资料的系统挖掘、搜集与整理，这为后来人研究中国古代底层社会提供了丰富的史料基础。若将农民战争史研究置于世界学术演变史中，“这种对下层民众的关注契合了梁启超在世纪初提倡研究民众史的号召，与国际学术界尤其是法国年鉴学派、英国‘社会史学派’对下层社会的关注和所倡导的‘写从下往上看的历史’的学术主张殊途同归，有其不容否定的学术价值”③。

第二，五六十年代《文史哲》关于农民战争史研究的历程，又映射出共和国学术转型中诸多复杂性因素。首先是意识形态因素。农民战争史学科的产生及大规模理论性问题的论战，实质是“革命意识形态”④背景下的产物，它在很大程度上是为了论证毛泽东关于农民战争动力作用的理论，为中国革命提供历史

① 吴富恒：《努力把〈文史哲〉办好》，《文史哲》1981年第4期。

② [英]杰弗里·巴勒克拉夫：《当代史学主要趋势》，杨豫译，北京：北京大学出版社，2006年，第177页。

③ 王学典：《五朵金花：意识形态语境中的学术论战》，《文史知识》2002年第1期。

④ 王学典：《意识形态与历史：近50年来农战史研究之探讨》，《史学月刊》2005年第7期。

合法性,落脚点在于为现实服务。农民战争史研究“基本上承袭了战争时期指导思想的内容,即过于强调斗争哲学”,“片面地理解人民群众是历史创造者的原理。对农民战争的历史评价,缺乏具体分析,把农民阶级的觉悟估计过高”①,历史上的农民及自发的本能的农民起义被“神圣化”“革命化”,将农民的历史地位和作用无限制地拔高和美化,而不能正视和承认农民阶级自身的落后性,也不能客观评价封建王朝与统治阶级的历史作用。也就是说,学术的“非正常”的意识形态化,扭曲了学术的客观性和历史的真实性。其次是唯物史观的运用问题。在十七年史学中,“阶级观点是唯物史观的核心”“人类文明史是阶级斗争发展史”“劳动人民是历史的创造者”诸如此类“流行唯物史观”一度成为农民战争史研究甚至整个史学研究的指导思想,以至“片面地理解马克思主义关于阶级和阶级斗争的学说,把无产阶级和资产阶级、农民和地主、奴隶和奴隶主之间的矛盾和斗争绝对化”②,这实际上是把马克思经典作家的理论观点简单化、绝对化、公式化、教条化了。直到新时期思想解放与“拨乱反正”,随着对“历史发展动力问题”和“历史创造者问题”的讨论,社会科学工作者开始重新审视唯物史观本身,剔除其中不符合实际的教条因素和意识形态因素,农民战争史的研究评价才随之趋于平实与客观。

学术问题研究和讨论由“热”趋“冷”,并不一定是悲哀,也可能是它回归到自身应有的价值与评价尺度。20 世纪八九十年代以至 21 世纪以来,农民战争史研究由回顾反思到朝着更加多元化的方向发展。不少学者试图调整农民和地主两大阶级冲突的研究路径,转换研究思路③,并提倡将“研究中国农民战争问题转变为研究中国农民问题”④。平衡学术与现实的关系,还原和再现下层社会被长期湮没的历史面相,应是农民战争史研究的出发点和发展方向。

---

① 苏双碧:《中国农民战争史》,肖黎主编:《中国历史学四十年(1949～1989)》,北京:书目文献出版社,1989 年,第 373 页。

② 黎澍:《中国社会科学三十年》,《历史研究》1979 年第 11 期。

③ 相关研究如臧知非:《制度设计与农民历史命运——农民战争史研究视角问题琐议》,《史学月刊》2005 年第 7 期;李振宏:《社会危机应对视域下的农民战争史研究》,《社会科学文摘》2016 年第 1 期。

④ 刘芬:《中国农民战争史研究会第十二届学术讨论会综述》,《东方论坛》2008 年第 6 期。

第三章　新话语、新视野下的中国文学史书写

民国时期，军阀割据、风云动荡，内忧外患的民族危机催生了多元化的政治取向，复杂的政治生态成为孕育思想文化变革的沃土。五四新文化运动带来了文学革命，民国时期中国文学显现出其独有特点。其一，民国新文学诞生于思想启蒙与民族救亡的时代。知识分子一方面运用民主与科学的新思想反抗封建旧文化，用文学启蒙国民的思想；另一方面又将个人价值与社会发展紧密结合，吸收西方先进文化，以文学家的角度介入社会生活，并参与到现代民族国家的塑造中去。最具典型性的是鲁迅提出的“改造国民性”的主张，它“既包含了关心国家兴亡民族崛起的政治意识，又切合文学注重人的命运及其心灵的根本特性”，“通过‘干预灵魂’来‘干预生活’，便成了二十世纪中国文学自觉的使命感”，在以“改造民族的灵魂”为主题的文学中，又“表现了一种深刻的‘自我启蒙’精神”。①

其二，民国文学发展呈现出一种自由多元的格局。“这是价值重估、怀疑一切的时代，文学在大破大立中开辟狂飙突进的道路；这是中外交汇、自由探索的时代，勇敢的作家大胆拿来，进行着从文体引进到理论借鉴等多方面的有益尝试”，“这是‘人’的发现与个性解放的时代，文学肯定一切生命的咏唱，鼓励所有独立的创造”。② 在政治、思想尚未一统的时代，多数作家可以自由创作。因政治倾向、创作方法、审美风格等维度的差异，多样的文学流派与文学社团产生了。就政治思想主张的差异而言，国民大革命到来后，文学上分为左、右两个方向，“国民党所倡导的民族主义文学和共产党所领导的左翼文学，另有自由主

① 黄子平、陈平原、钱理群：《论“二十世纪中国文学”》，《文学评论》1985 年第 5 期。
② 周晓明、王又平主编：《现代中国文学史》，武汉：湖北教育出版社，2004 年，第 128 页。

义者或附骥、游离前述两派寻求自己文学生存土壤”[①]。然而各文学流派间的张力又非不可弥合，在抗日战争中，左右两派文艺力量结成统一文艺战线挽救民族危亡。

在民国时期众多的文学流派中，由左翼革命文学发展而来的解放区革命文学，借助新民主主义革命胜利的政治力量，最终整合其他文学潮流，成为共和国的唯一文学形态——社会主义革命文学。1949年7月，第一届全国文学艺术工作者代表大会召开。周扬在会议上宣布：“毛主席的《文艺座谈会讲话》规定了新中国的文艺的方向，解放区文艺工作者自觉地坚决地实践了这个方向。”[②]这次会议要宣示的是，解放区文艺成为正统，并彻底与五四传统分道扬镳。几乎与马列主义毛泽东思想成为新中国的意识形态同步，毛泽东的文艺思想成为新中国文学的指导思想。为全面贯彻毛泽东文艺思想，对五四后“新文学”的重新阐释和“改造”成为新中国革命文学发展的必要一环。按照1942年《在延安文艺座谈会上的讲话》的规定，革命文学需要解决的关键问题是“文艺为人民群众的问题”，即立场和态度问题。具体要求知识分子将资产阶级启蒙中形成的个人立场转变到“为工农兵和人民大众”的立场，树立社会主义革命世界观，注重普及与提高，突出文学的阶级性质，强调运用阶级分析方法进行创作及研究。如此一来，知识分子与工农兵的历史主体地位发生了置换，知识分子由承担启蒙与先知者角色的写作主体转变为革命叙事的记录者[③]；工农兵则成为知识分子的教育者，乃至革命文学创作的参与者。

因新中国成立后一段时期内革命文学发展的同质性，后来研究者在回顾这段文学史时，将新中国成立后十七年的文学定义为“十七年文学”。“十七年文学”具有以下特点：

第一是文学的“一体化”。“十七年文学”是共产党成为执政党后，“对文学文化的领导由纯科学的理论想象进入到具体的‘政党实践’阶段”，此时期的文学“不仅与时代、社会保持同构对应的关系，而且也被纳入‘政治—经济—文化’

---

① 汤溢泽：《民国文学史特点研究》，汤溢泽、廖广莉主编：《民国文学史研究》，长春：吉林大学出版社，2011年，第29页。

② 周扬：《新的人民的文艺》，北京大学等主编：《文学运动史料选》第5册，上海：上海教育出版社，1979年，第684页。

③ 参见陈晓明：《中国当代文学主潮》，北京：北京大学出版社，2013年，第29页。

一体化体制中，当作社会主义事业的有机组成部分”。[①] 这是20世纪文学的第二次“革命”，这次“革命”的实践完全是政治与制度力量推动的，文学创作者由民国时期的自由创作者成为有组织被管理的体制内人员，并遵循共同的文学规范，创作反映革命精神与时代特征的人民的大众的文艺作品。将文学史限制在新民主主义革命的框架内，这个过程又是暴力的。体现国家意志的文学叙事采用的是一套革命话语，凡与此相抵牾的都被纳入“改造”的范畴，诸如《红楼梦》研究大批判、胡风文艺思想批判等一系列思想文化批判运动的爆发正缘于此。

第二，现实主义始终是十七年文学的主潮。在社会主义文学与“左”倾思潮的博弈中，现实主义为与社会现实斗争相配合，不得不产生一定程度上的变异。在现实主义理论的指导下，文艺创作要紧跟现实斗争，配合政治政策，“反映社会生活中的政治内容”，“把再现人民群众的历史创造活动放在创作的中心地位”，这正是当时最为普遍的“运动文学”思潮。[②] 与此并行发展的还有“写英雄人物思潮”，在这思潮影响下，文学以“歌颂”为主题，反映社会的光明面，赞美英雄人物，这造成了现实主义文学内容的单一化、公式化与概念化。为纠正这种偏向，1956年“双百”方针后，“干预生活”思潮和“人学”思潮兴起，主张反映生活和人的复杂性，展现文学的“主体”意识。然而当社会现实斗争激烈时，1958年革命的现实主义和革命的浪漫主义“两结合”的文学思潮兴起，其后虽有1962年的“写中间人物”和“现实主义深化”思潮的涌动，但终未把文学从属政治的“附庸”地位中拯救出来，现实主义在“文化大革命”到来之际走向末路。

在共和国文学的塑造中，《文史哲》主动发掘现实主义，重构中国文学话语理论体系，在社会主义文学研究中发挥了推动作用。《文史哲》既是当代文学史缔造的参与者，更是记录者。它所开展的“杜甫研究”“鲁迅研究”等专题研究，展现出共和国文学独有的学术与政治同向同行的特点。

---

① 吴秀明：《关于“十七年文学”整体评价的思考》，《学术月刊》2007年第6期。

② 刘文田：《“十七年”文学思潮漫议》，《河南大学学报》(哲学社会科学版)1990年第5期。

第一节　现实主义:中国文学话语的重构

一、新中国成立前现实主义理论的发展

“现实主义”作为一个专业术语,最早出现于18世纪德国剧作家席勒的理论著作中。在文学领域,现实主义作为一种历史性的概念范畴、文艺思潮和文学派别,发轫于19世纪的法国现实主义运动。① 现实主义最本质的意义在于真实而客观地反映社会现实,文艺创作上要求细节刻画真实、形象生动典型、具体描写客观。作为工业资本下的产物,其最大的特点是具有批判功能,强调人的主体意识与个性解放。现实主义文学思潮是19世纪欧洲资本主义制度下的产物。现实主义文学具有真实性(客观性)、典型性和历史性三大特征。② 司汤达、巴尔扎克、狄更斯等一批现实主义作家,批判社会的黑暗扭曲,同情底层人民的困苦生活,着力揭露谎言与批判人性丑恶,促进了19世纪批判现实主义文学的发展。与此同时,马克思、恩格斯在一系列著述通信中对文艺的认知世界功能、人性解放与人性解放、历史真实性、典型环境与典型人物、文艺与意识形态、世界观与创作方法等现实主义特征作了集中论述,构建了一个较为完备的马克思主义现实主义文艺理论体系。③

中国的现实主义,最初是晚清至近代以来文人为应对民族危亡,将其作为一种理论批判工具,从西方的批判现实主义文学中汲取引入的。晚清时期,现实主义以“写实派”的概念引入中国④,梁启超等人在“小说界革命”的倡导中,就涉及现实主义文学的批判功能与启蒙作用。由于不了解西方现实主义文学真谛,“只是从中国社会整体变革的政治需求出发,凭借自己对西方现实主义文学的直观感受和主观臆断,直接将社会革命的理想要求移植到文学中来”⑤。现实

---

① 参见张新木、叶琳、王守仁主编:《战后世界进程与外国文学进程研究 第1卷 战后现实主义文学研究》,南京:译林出版社,2019年,第29页。

② 参见张新木、叶琳、王守仁主编:《战后世界进程与外国文学进程研究 第1卷 战后现实主义文学研究》,南京:译林出版社,2019年,第34页。

③ 参见杨丹丹:《理论观念、创作方法与文学实践——马克思主义文论与新中国现实主义文学》,《文艺论坛》2019年第4期。

④ 参见鲁太光:《重建当代中国文学想象》,北京:中国言实出版社,2016年,第54页。

⑤ 宋剑华:《二十世纪中国现实主义文学运动之反省》,《文学评论》1999年第5期。

主义在西方以资产阶级为批判对象，而在中国，其批判对象随着社会面临的内外危机，转向清政府与帝国主义列强。中国文人基本是从传统文学现实主义思维的角度去介绍研究现实主义，夹杂了浓重的民族主义情怀与实用主义色彩。

中国现实主义文艺理论体系的建立，始于五四新文化运动时期。20 世纪 20 年代，陈独秀、胡适等五四先驱倡导在文学领域进行一场文学革命运动，全面引入西方现实主义文学理论。陈独秀在创办的《新青年》上提出"写实文学"与"社会文学"的主张，李大钊、瞿秋白等在译介马克思主义文艺理论时对现实主义作出阐述，茅盾在此前后写了大量理论文章与作品来支持中国现实主义文学运动。但是，陈独秀等人在强烈的社会政治变革诉求下引介西方现实主义文艺理论，尤其认同现实主义的批判功能和启蒙功能，因而使得现实主义带有明显的实用与功利主义色彩。如此一来，批判现实主义与马克思主义现实主义两者未得到明确区分。但两者在五四新文化运动的指引下，给"中国现代文学提示了启蒙主义的方向"，塑造了"自由的表达形式、个性解放的主张、反抗封建主义的社会理念"等创作特色。①

苏联的社会主义现实主义理论在中国的引入和传播，将文学与革命政治进一步结合，对我国日后文坛产生了深刻影响。国内"文坛甚或出现紧步苏联社会主义现实主义后尘，演绎其起落与兴衰、成功与挫折的奇特现象"②。1931 年至 1932 年，"左联"反复强调苏联"拉普"的"唯物辩证法的创作方法"，借此批判"左"的"革命的罗曼蒂克"倾向，以配合当时中国的革命斗争。③ 1933 年 11 月，周扬在《关于"社会主义现实主义与革命浪漫主义"——"唯物辩证法的创作方法"之否定》中，第一次将苏联的社会主义现实主义理论引入国内。④ 此后，社会主义现实主义经过左翼作家的大量译介讨论，逐渐成为左翼文学遵奉的创作理论。

1942 年，延安文艺整风时期，毛泽东于《在延安文艺座谈会上的讲话》中系统阐释了文艺从属于政治的无产阶级革命现实主义文艺理论思想，确立了文艺创作的立场和方向，即中国文艺必须朝着"工农兵方向"和"文艺大众化"的创作

---

① 陈晓明：《中国当代文学主潮》，北京：北京大学出版社，2013 年，第 25 页。

② 崔志远：《现实主义的当代中国命运》，北京：人民文学出版社，第 107 页。

③ 参见王文胜：《在与思："十七年"文学现实主义思潮新论》，南京：南京师范大学出版社，2005 年，第 17 页。

④ 参见张宏：《论现实主义创作在中国的历史嬗变与当下意义》，《文学评论》2010 年第 2 期。

原则发展。这就要求作家放弃五四启蒙思潮时形成的个人立场,代之以工农兵立场。在“普及”过程中,“知识分子与工农兵的历史主体位置”被置换了,知识分子由“启蒙者”变成“为工农大众服务的写作者”。① 毛泽东在谈到艺术方法和艺术作风时,明确指出“我们是主张社会主义的现实主义的”,虽然毛泽东并未对此作进一步阐释,但不难发现,他所提出的革命现实主义文艺思想与苏联的社会主义现实主义一脉相承,并没有实质区别。其核心即文艺要为政治服务,文学与政治、文学与宣传、作家的世界观与创作方法、主题与题材、内容与形式等一系列概念都被纳入现实主义的讨论之中②,文艺作品反映的生活要比实际生活更强烈、更典型、更集中、更理想。此后,毛泽东文艺思想便成为延安地区及解放区的主导文艺思想和行动指南,并随着解放战争的胜利由解放区延伸到全国,成为唯一的文艺理论模式。

1949 年 7 月,中华全国文学艺术工作者代表大会在北京召开,郭沫若作了题为《为建设新中国的人民文艺而奋斗》的报告,茅盾、周扬分别作了关于国统区和解放区文艺运动的报告。“在这次全国性的代表大会上,解放区的文学经验居于绝对的主导地位。”③大会在总结历史经验的基础上,一致拥护毛泽东的《在延安文艺座谈会上的讲话》中提出的文艺为人民服务并首先为工农兵服务的新方向,并将之确定为今后新中国文艺发展的总方针。“这是一次确认历史的结束与开始的伟大仪式”,“作为社会主义革命文学的起源,1942 年的《讲话》代替了 1919 年的五四新文化运动”。④

二、毛泽东文艺思想成为根本指导思想

新中国成立后,随着国家意识形态的统一,毛泽东文艺思想通过与政治权力话语的结合,取得文艺理论界的唯一合法地位,成为贯穿“十七年文学”的根本指导思想。为了配合构建马克思主义政治意识形态的新要求,文艺界亟须重建和巩固现实主义文艺理论体系。民国时期曾为自由身份的文艺作家被统一纳入马克思主义文艺理论的领导下后,首先需要学习毛泽东文艺理论,通过文

① 陈晓明:《中国当代文学主潮》,北京:北京大学出版社,2013 年,第 36 页。

② 参见鲁太光:《重建当代中国文学想象》,北京:中国言实出版社,2016 年,第 54 页。

③ 李扬:《中国当代文学思潮史》,上海:上海社会科学院出版社,2005 年,第 4 页。

④ 陈晓明:《中国当代文学主潮》,北京:北京大学出版社,2013 年,第 56 页。

艺创作践行、传播新意识形态。同时，文艺界也展开对以胡适为代表的资产阶级自由主义文艺理论的批判。新中国成立前夕，在《文汇报》中关于“可不可以写小资产阶级”的问题讨论中，强调以“工农兵”作为文艺史观的描写对象和主体，就已经暗含了对资产阶级文艺理论的清算。1951 年后，文艺界开始对电影《武训传》的批判运动，紧接着在思想改造运动中开展文艺整风运动，将无产阶级意识形态贯彻到新中国的文艺创作中去。

在这种时代背景下，山东大学通过思想改造运动，参与到建构社会主义文艺理论体系的过程中。思想改造期间，《文史哲》就发表了山东大学师生的文章，探讨了对毛泽东文艺思想及社会主义文艺理论的学习体会。中文系教授吕荧在《关于工人文艺》一文中认为，工人是“人类社会的建设者和文化的创造者”。工人创作的作品“写的都是自己的事，自己的工作和生活”，真实地把这种生活内容思想内容化为艺术的形象，“写出了工人阶级新生活内容、新思想情感和新品质的一个侧面”。工人在新社会获得了解放，做了社会的主人，他们既劳动又思考，用人类最高的智慧创造着伟大的文化，所以他们创作的文学是真正的平民文学、人民文学，这个时代属于他们。①

刘泮溪在《漫谈控诉文学》中指出，控诉是反抗反动统治阶级的残酷剥削和压迫的重要手段，是把群众的思想、感情、意志组织起来，对阶级压迫和民族压迫进行斗争的一种强有力的方式。文章认为，《诗经》的《伐檀》篇、白居易的《卖炭翁》《杜陵叟》和杜甫的诗都“在某种程度上曾经控诉过统治阶级的罪恶”，配合着政治斗争发挥了它们的战斗效能。在近代封建军阀与帝国主义的黑暗统治下，革命文学变成了“扩大政治影响促进革命高潮的强有力的武器”。现实主义作家在这种革命文学中号召实践的斗争，带有控诉性的革命文学配合阶级斗争，“集中地揭穿反动派的阴谋，暴露反动派的本质，使人民提高警惕，燃起对敌人的愤怒，增强战斗的决心”。②

黄药眠就文学中的人民性问题及其共同特征提出意见。文章认为，必须反对“机械地运用阶级观点去分析文艺作品”和无视人类历史是阶级斗争的历史的两种错误见解。属于统治阶级的古典作家在某些历史情况下，以敏锐的洞察力去体会人民的情绪，从人民那里汲取源泉，在作品中塑造人民的典型，作家与

---

① 吕荧：《关于工人文艺》，《文史哲》1951 年第 3 期。

② 刘泮溪：《漫谈控诉文学》，《文史哲》1951 年第 4 期。

人民结合的大小决定了作品中人民性程度的深浅。对于什么是人民性,文章认为"文学的人民性是历史的范畴",主要具有作品描写对象为人民关心、作者以进步立场反映生活、描写现象深刻广泛、带有艺术性和作品体现人民大众需求等四个特点。作者将社会主义现实文学"历史化"以求其现实存在的合法性,他认为社会主义现实主义文学作为古典文学的继承和发展,必须站稳马列主义立场,深入参与斗争,向人民学习,为丰富中国的新文学而奋斗。①

《文史哲》除了发表关于毛泽东文艺思想的学习文章外,也开展对资产阶级文艺思想的彻底清算。当时作为学生的李希凡通过冈察洛夫在《奥勃洛摩夫》中塑造的农奴主和资本家两个典型人物,去分析当时俄国新兴资产阶级本身的真实情况。"由于冈察洛夫的自由主义者和有产者的世界观的限制",其不可避免地在创作上留有缺陷,在《奥勃洛摩夫》的典型创造上也保留了资产阶级人道主义。冈察洛夫对于这两个人物创造的成功与失败,正说明了"阶级立场和观点的决定作用,'思想'比'艺术'更强;也说明了现实主义创作方法的正确和主观主义创作方法的虚伪"②。

臧云远则指明革命文艺发展中存在的问题及文艺整风的必要性。他指出,近两年中国革命文艺战线存在很多问题,部分文艺作品中带有资产阶级和小资产阶级文艺思想,"不是站在工人阶级及其主导思想上看问题,处理问题",这实际上违背了毛主席的文艺思想、文艺路线和文艺方向。从具体表现来看,在文艺创作上,"单纯地追求着技巧,而不能贯彻新现实主义的创作方法",变成空洞的形式主义。另外,"自然主义的写作倾向",只是照样写样,忽略了现实应该是什么样,而不是现实是什么样,不能起到教育人民的作用。在文艺的艺术借鉴上,"本来是以人民文艺为基础,向古典的艺术经验,批判地吸收,向民间,尤其是向苏联的先进艺术经验学习",而有些情况却是并未批判地吸收,而是全盘吸收。高校中部分教师则"灌输腐臭的西欧资产阶级的文艺观点","依然是为考据而考据,对中国的古典文艺,不去分析封建的糟粕与民主的精华","不能用系统的马列主义的思想方法,来有系统地批判整理文艺教学"。所以文艺整风是适时和英明的,文艺工作者要站稳工人阶级立场,与非无产阶级的文艺思想划

① 参见黄药眠:《论文学中的人民性》,《文史哲》1953年第6期。

② 李希凡:《典型人物的创造——从〈奥勃洛摩夫〉里的"斯托里兹"谈起》,《文史哲》1951年第4期。

清界限。高校教师要"有系统地清理自己的教学思想，用系统的马列主义的思想武器，把旧有的成套的资产阶级思想体系，从心灵的深处连根挖出，彻底地批判，旧我才能变成新我"。①

1952年，适逢毛泽东的《在延安文艺座谈会上的讲话》发表10周年，华岗在参加青岛文艺界组织的纪念大会上发表讲话，该讲话内容后刊发在《文史哲》上。华岗作为宣传理论家兼山大校长，自觉地站在马克思主义立场上，从整体上对《在延安文艺座谈会上的讲话》10周年以来中国文艺发展状况进行分析。首先对文艺发展的规定性方向作了明确的总结，即一切文艺作品皆来源于人民生活，作者加工后要使文艺作品更有组织性和集中性，要更典型、更理想，从而写出典型环境中的典型性格。其次，华岗指出了文艺整风中存在的问题。具体来说，一部分文艺工作者拒绝贯彻工农兵文艺方针，根本原因是他们没有清算自己的资产阶级思想，披着进步外衣与马列主义外衣，"以资产阶级和小资产阶级的宇宙观来指导文艺运动"。那么，文艺工作者要如何开展文艺创作活动呢？华岗进一步强调，他们必须否定自己原有小资产阶级立场，"到最广大最丰富的文艺源泉中去观察、体验、研究和分析，找出典型环境中的典型性格"，认真学习马克思列宁主义和毛泽东思想，积极为工农兵服务，这才能写出对人民有益的作品。②

借此纪念大会的机会，孙昌熙、刘泮溪也发表对于毛泽东《讲话》的学习体会。他们同样批评了文艺界思想混乱的现象，即脱离政治、脱离群众，宣传着各种非无产阶级的错误思想，呈现出公式化和概念化的倾向。"为了贯彻毛主席的文艺方向，开拓新现实主义创作方法的道路"，他们具体阐明了文艺创作者的工作方向：革命文艺工作者要深入到工农兵群众中去，要在文艺思想上展开批评与自我批评，学习马列主义和毛泽东思想，"分析各阶级的相互关系和个别情况"，"运用马列主义的立场观点方法，认识并掌握实际生活斗争的发展规律，获得主题，直到创造出艺术作品"。同时，为了反映矛盾和斗争是现实生活的本质，要大力表现新英雄模范，"用艺术的手腕集中组织起来，使之典型化，刻画出他们的伟大精神和优良品质"。他们指出，新现实主义创作方法就是"善于运用

---

① 臧云远：《整顿文艺战线 改进文艺教学》，《文史哲》1952年第2期。

② 华岗：《贯彻毛泽东文艺方针的根本关键——在青岛市文艺界纪念毛主席〈在延安文艺座谈会上的讲话〉发表十周年大会上的讲话》，《文史哲》1952年第5期。

唯物辩证法来认识社会”,以文艺手段反映社会的矛盾与斗争,着重反映前进的一面,给人以教育。在创作人物方面,根本方法就是塑造“典型环境中的典型性格”。孙、刘二人又以丁玲的《太阳照在桑干河上》为例,具体论述了新现实主义创作方法在文艺上的运用。①

透过《文史哲》所发表的几篇文章,可以看出在思想改造阶段,文艺界对于毛泽东文艺理论的学习热情十分高涨。学人们都在尝试以现实主义文艺理论引导文艺创作,而新文艺理论方法践行的关键在于批评资产阶级等旧的文艺思想,并站在工人阶级立场上,创作反映社会现实的作品。此外,中国文艺界所倡导的新文艺理论方针在一些重要问题上都与苏联的社会主义现实主义理论保持高度一致,作家要在思想改造中树立无产阶级立场,明确文学艺术必须为工农兵服务,强调文学的阶级性、人民性、典型性和理想性。② 这也为接下来的社会主义现实主义理论在中国文艺界的确立奠定了基础。

三、社会主义现实主义成为正统

新中国成立初期,中国处于社会主义过渡的关键时期,社会主义改造和经济建设在如火如荼地展开。但当时中国的政治、经济、文化等各方面政策多师法苏联,所以在文艺理论上,中国接受苏联的社会主义现实主义创作方针也就顺理成章了。1953 年 9 月,第二次文代会在京召开,周扬和茅盾分别作了题为《为创造更多的优秀的文艺作品而奋斗》《新的现实和新的任务》的报告,号召文艺工作者要为实现新的历史任务而奋斗,强调繁荣文艺创作,用社会主义现实主义创作方法去创造新英雄形象。周扬提出在表现形式上“提倡各种不同的艺术形式的自由竞赛。社会主义现实主义不但不束缚作家在选择题材、在表现形式和个人风格上的完全自由,而且正是最大限度地保证这种自由,借以发挥作家的创造性和积极性”③。至此,社会主义现实主义创作方法被官方确立为中国文学艺术创作批评的最高原则,用以规范中国文艺界的创作。④

《苏联作家协会章程》中对社会主义现实主义的经典表述是:“社会主义现

① 孙昌熙、刘泮溪:《学习〈矛盾论〉——对新现实主义创作方法的体会》,《文史哲》1952 年第 5 期。

② 参见王文胜:《在与思:“十七年文学”现实主义思潮新论》,南京:南京师范大学出版社,2005 年,第 64 页。

③ 周扬:《为创造更多的优秀的文学艺术作品而奋斗》,《文艺报》1953 年第 19 期。

④ 参见李扬:《中国当代文学思潮史》,上海:上海社会科学院出版社,2005 年,第 5 页。

实主义，作为苏联文学与苏联文学批评的基本方法，要求艺术家从现实的革命发展中真实地、历史地和具体地去描写现实。同时艺术描写的真实性和历史具体性必须与社会主义精神从思想上改造和教育劳动人民的任务结合起来。”[①]实际上，其本质含义是以政治视角取代文学视角，强调教育功能和认识作用，文艺要为政治现实服务，要侧重于对社会作肯定性描述，积极歌颂社会的光明面，这在某种程度上已沦为政治化和实用化的“工具理论”。[②] 与苏联社会主义现实主义有所区别的是，中国文艺界对社会主义现实主义的创作标准作了宽泛化的理解，允许艺术形式的多样化。一些作家和理论家力求将社会主义现实与中国自身的传统经验相结合，以阐明中国现实主义的历史源流、现实存在与发展的合法性。冯雪峰在《中国文学从古典现实主义到无产阶级现实主义的发展的一个轮廓》一文中试图“把现实主义的根基立在中国本土的传统与五四新文学运动上”[③]。周扬在1953年初发表于《文艺报》的《社会主义现实主义——中国文学前进的道路》，将社会主义现实主义与五四以来中国革命的文学运动联系起来，实际上又模糊了社会主义现实主义的内涵。[④]

从1954年第7期起，陆侃如、冯沅君在《文史哲》上连载18期《中国文学史稿》，一反抗战前所著《中国文学史简编》中的理念，以社会主义现实主义的“进步”的观点和方法重写中国文学史。这部文学史将文学遗产的发展历史及人物作品，加以综扩简要的评论叙述，重在凸显中国古代文学的人民性和现实性。“引言”中交代了文学史的主要任务：“总结我们祖先在文艺领域内的劳动成就，寻求文学发展的规律，寻求文学和社会生活与阶级斗争联系的规律，给重要作家与重要作品以适当的估价，把过去只有少数人能接触到的宝藏交还给广大的劳动人民，使它能在祖国社会主义建设中发挥应有的作用。”[⑤]《中国文学史稿》的发表，引发了读者的讨论。《文史哲》于1956年第9期、第10期刊载了“中国文学史稿”讨论会发言稿，讨论者包括高亨、刘泮熙、殷孟伦、袁世硕等。部分学者肯定了《中国文学史稿》的成就和优点，即运用新观点和新方法来分析文学遗

---

① 曹葆华等译：《苏联文学艺术问题》，北京：人民文学出版社，1953年，第13页。

② 参见李运抟：《中国当代现实主义文学六十年》，南昌：百花洲文艺出版社，2008年，第68页。

③ 陈晓明：《中国当代文学主潮》，北京：北京大学出版社，2013年，第87页。

④ 参见王文胜：《在与思：“十七年文学”现实主义思潮新论》，南京：南京师范大学出版社，2005年，第80页。

⑤ 冯沅君、陆侃如：《中国文学史稿》(一)，《文史哲》1954年第7期。

产,以挖掘"现实主义是中国文学史上的主流",但也指出了书中存在的"公式化、简单化的缺点和偏向"。此外,余冠英在《人民日报》上发表文章,对《中国文学史稿》提出了商榷意见,比如认为在分期方法上"用社会历史的框子来套文学史","在叙述史实的时候也有将文学作品机械地、简单地当做社会史材料的倾向",缺点是有"庸俗社会学的倾向","缺乏具体分析","忽视文学的特点"。①

与旧文学史就文学论文学的书写模式不同,这部《中国文学史稿》特别注重挖掘文学与社会现实的联系,乃至将文学与当时的社会生活对应起来,完全将文学视为现实生活的镜像。它不但在分期上借用社会史的框架,在叙述史实的时候也将文学作品当作社会史材料。作者在总述某些阶段的文学概况时分为"历史的背景"与"文学的鸟瞰"两节,但在后一节里有些叙述仍然是前一节的补充说明或举例。例如,第十五章的"文学的鸟瞰"重点考察文学中反映出的手工业如何扩大生产、工业市镇如何扩大繁荣或是商人的活动等等,轻视了这一时期文学本身的成就和特征。此书在介绍作品时首先将其当作社会史料来对待,其次才将其看作艺术作品,有时甚至无视其艺术作品的本性。例如,对话本"汪信之一死救全家"一再强调主人公"兼营工业与手工业",对"金玉奴棒打薄情郎"特别指出它反映了"团头制度",在施润泽、蒋兴哥、杨八老、转运汉、徐老仆的故事中,焦点在于他们对手工业与商业盛况的反映。对许多作品只关注它们反映了什么社会历史内容,而不涉及如何反映,文学创作的技巧手法等文学自身的元素被忽略了。这部文学史不少地方单纯用经济生产的发展来解释文学发展的原因,例如在论及"风诗和南诗"时,将其产生的根源完全归结于"经济的发展、繁荣地区的扩大",对于东周时期"散文之所以突飞猛进",也认为"主要是因为东迁以后生产力的提高和经济繁荣地区的扩大,从而比较普遍地增进了人们对于文化的要求"。这种将文学史还原为社会史的做法,一方面开辟了文学史研究的新路径,另一方面又失之简单机械,文学与社会的互动被化约为单向的反映。

该书将现实主义作为衡量文学作品价值的主要标准。越是"直接取材于当时社会的现实生活",作品的意义越大。该书"引言"和"结语"中两度开列中国古代伟大作家的名单,在诗人中有白居易而无李白,在戏曲作家中有李玉而无

① 余冠英:《读"中国文学史稿"》,《人民日报》1956年6月6日。

王实甫。白居易之所以能进入古代伟大作家的行列，是因为他的《秦中吟》和《新乐府》的“主题思想非常明确，主要是批判社会上、政治上种种不合理的现象，特别对于统治阶级的罪行予以无情的揭发”。李白虽是“盛唐以前最伟大的诗人”，虽然“他的浪漫主义基本上是积极的，是与现实主义相结合的”，虽然他的作品中也表现了“爱祖国、爱人民的高贵品质”，但他终究是“一个浪漫主义的诗人”，不曾明确地广泛地揭露当时政治上的黑暗面，所以就被排除在古代伟大作家之列。李玉的伟大，在于他的作品“有些是直接取材于当时社会的现实生活，政治倾向性比较鲜明，斗争性比较强烈”，他的《清忠谱》“在写周顺昌与魏忠贤的斗争中……表现着群众抵抗人民公敌的战斗热情”。而王实甫的《西厢记》虽然“使他获得其他剧作家所难得的荣誉”，虽然“它的成就首先建立在它的强烈的思想性上”，但其意义局限于“反对父母包办的婚姻，反对借金钱或势力强迫成功的婚姻，反对扼杀青年男女真挚的爱”。李白的现实主义是不彻底的，《西厢记》的社会意义不如《清忠谱》重大。现实主义几乎成为判断文学作品价值的唯一标准。

这部文学史体现出鲜明的阶级观点，特别关注文学作品中对阶级斗争的反映。书中指出，《聊斋志异》是“借狐鬼来谴责统治阶级”；《西游记》中孙悟空的性格是属于劳动人民的，猪八戒的性格是属于寄生阶级的；《三国演义》中的桃园结义故事之所以为广大群众所乐道，只是因为刘备是以织屦贩席为业的，张飞是卖肉的，关羽是推车子的，都出身下层群众。[①] 这就有将阶级分析方法泛化之嫌了。

尽管存在不足之处，作为共和国时期用新观点、新方法书写的第一部系统的中国文学史，《中国文学史稿》不仅为新中国成立后中国文学史研究开辟了新的范式，而且为深入认识社会主义现实主义理论提供了样本。

与整个文艺界对社会主义现实主义的讨论同步，《文史哲》于1954年集中刊载了数篇探讨社会主义现实主义的文章。一方面，部分学者分析了中国社会主义现实主义的发展源流与传统。陆侃如在《什么是中国文学史的主流？》中提出社会主义现实主义是五四运动以来的文学主流。文章认为五四以来的进步作品有社会主义思想因素，“作为共产党领导下的革命工作一部分的文学，其主

---

① 参见余冠英：《读“中国文学史稿”》，《人民日报》1956年6月6日。

流不可能不是社会主义现实主义”。他认为现实主义精神同样存在于中国古典文学传统中,古代的优秀作品反映了群众为实现美好理想而斗争的创作理念,具有高度的人民性和典型性。优秀的艺术家常把现实主义与浪漫主义这两种潮流相结合。因而从本质上考察,任何时期的有意义的作品都是现实主义的作品,“所以整个文学史的主流必然地是现实主义”。① 潘颖舒阐明了瞿秋白在中国社会主义现实主义文学发展中的先驱地位。瞿秋白指出,文艺是宣传革命思想和革命斗争的工具,文艺工作的根本问题是如何认识文艺与政治的关系,瞿秋白奠定了中国马克思主义文学批评的初步基础。②

另一方面,有学者对苏联的社会主义现实主义、相关作家及苏联文艺发展经验作了评介。徐维垣对苏联的社会主义现实主义作了初步介绍,指明高尔基是社会主义现实主义文学的奠基人,因为他抨击了自然主义和颓废主义,并批判地和创造性地继承了俄国古典现实主义的优选传统,发展了现实主义的艺术方法,“创造了社会主义现实主义的艺术方法,从而奠定了苏联文学的基础”③。黄嘉德、曾宪溥介绍了俄国作家契诃夫的主要创作思想。文章认为19世纪的现实主义文学是在契诃夫的手中完成的。契诃夫忠实于俄国古典文学现实主义,在创作中反对现实生活的自然主义和颓废主义,强调作品以客观性去反映现实生活,以个性化和典型化的特殊手段表现概括的阔度。④ 黄嘉德指出苏联文化继承了全人类最优秀的文化遗产,并呼吁国内文艺界要学习苏联先进经验,“有计划有步骤地接受外国古典文学遗产,介绍现代进步文学,并以马克思列宁主义的观点方法进行有系统的研究”⑤。

在1955年《红楼梦》大讨论而引发的资产阶级学术思想批判中,文艺界也探讨了《红楼梦》所蕴含的现实主义因素。这一时期,《文史哲》发表多了多篇批判文章。学者在批判俞平伯的《红楼梦》观点过程中,就《红楼梦》涉及的现实主义问题展开探讨。吴富恒“结合比较文学上现实主义和自然主义的区别,来讨论俞平伯在‘红楼梦’研究中采取自然主义观点方法的错误及其思想根源”。“现实主义文学是以艺术形象反映现实生活中主要的、本质的、典型的东西,揭

① 陆侃如:《什么是中国文学史的主流?》,《文史哲》1954年第1期。
② 参见潘颖舒:《中国马克思主义文艺批评的奠基者——瞿秋白同志》,《文史哲》1954年第6期。
③ 徐维垣:《社会主义现实主义文学的奠基者——高尔基》,《文史哲》1954年第6期。
④ 参见黄嘉德、曾宪溥:《契诃夫的思想和创作》,《文史哲》1954年第7期。
⑤ 黄嘉德:《世界文学在苏联(上)(下)》,《文史哲》1954年第10期、第11期。

示社会—历史发展的规律和趋向”，以教育改造人民、社会为目的，具有社会政治意义。而自然主义文学“主张描写实在的人物（真人真事）和个性化，反对所谓抽象人物和绝对事物等，主张描写的‘真实性’与‘自然性’，因而拒绝了社会性概括和典型化”。俞平伯“以自然主义的观点方法割裂了‘红楼梦’艺术形象和社会概括的完整性，贬低了红楼梦的伟大现实主义价值”，否定了它的典型意义。这一切的根源都是受了“反动的买办资产阶级知识分子胡适的影响”，所以必须“肃清资产阶级观点方法在学术研究中的反动恶劣影响，树立科学的马克思列宁主义文艺观”，给予《红楼梦》及其他古典现实主义文学作品正确评价。① 此外，冯沅君、潘颖舒、吴大琨、许文雨、关德栋、琦书畊等围绕着现实主义的人物塑造、人民性、历史真实与艺术真实展开探讨。② 《红楼梦》讨论进一步深化了学者对于现实主义文艺理论的认识。

《文史哲》对社会主义现实主义的讨论，加强了人们对于社会主义现实主义理论的把握，有助于将社会主义现实主义运用到文艺创作中。但是也隐约暴露出一些弊端，由于过度抬高社会主义现实主义在中国文艺界的历史地位，理论本身又带有政治化偏向，因而文艺创作片面强调为工农兵服务，缺乏对现实社会的客观描写。所谓的“真实性”并不真实，而呈现出概念化、公式化等错误倾向，文学艺术性大打折扣，这为此后文艺发展“左”倾化埋下伏笔。

四、现实主义理论的曲折：“两结合”论的提出

1957 年之后，社会主义现实主义这一创作原则被“革命的现实主义和革命的浪漫主义”的“两结合”论取代。这种现象的出现与时代环境骤变息息相关。一方面，随着中苏关系的破裂，取法苏联社会主义现实主义这一创作原则的合理性遭受质疑。毛泽东力图摆脱苏联文艺思潮的笼罩性影响，以建立中国本土的文艺理论体系。另一方面，随着现实社会中“大跃进”运动的开展，“要求文学

---

① 吴富恒：《论现实主义与自然主义的区别——批判俞平伯研究红楼梦的错误观点和方法》，《文史哲》1955 年第 1 期。

② 参见冯沅君：《试论红楼梦的人物塑造——以刘老老为例——在红楼梦第三次讨论会上的发言》，《文史哲》1955 年第 1 期；潘颖舒：《略谈“红楼梦”的人民性》，《文史哲》1955 年第 1 期；许文雨：《从历史的真实和艺术的真实的区别来看过去研究红楼梦路线的错误》，《文史哲》1955 年第 1 期；关德栋：《关于艺术的所谓真实感和细节描写》，《文史哲》1955 年第 1 期；琦书畊：《红楼梦的历史真实与艺术真实兼谈考据》，《文史哲》1955 年第 1 期。

艺术事业作更大的跃进”,创作的文学作品“应该具有共产主义的思想,用共产主义精神来教育人民群众”。这种文艺作品“是最真实的,同时又是具有最高理想的文艺”。[①] 这使得“现实主义理论面临挑战”,因为理想是无法超越现实经验的,社会主义的“现实”如何能表达共产主义的“理想”呢?“现实主义擅长批判、暴露,怀旧、向后看;只有浪漫主义才能在对乌托邦的未来信念中观念式地表现现实。”[②]因而“两结合”创作方法的提出从表面上解决了“社会主义现实主义”在时代要求面前的运用难题。

1958 年 3 月,毛泽东在成都会议上指出,诗歌的“形式是民族的,内容应该是现实主义和浪漫主义对立的统一”。毛泽东这时期对新民歌的青睐,缘于新民歌自身的歌颂赞扬特质,迎合了毛泽东对于“大跃进”的鼓足干劲、多快好省的冒进心态。[③] 随之周扬在《新民歌开拓了诗歌的新道路》中具体提出:“毛泽东同志提倡我们的文学应当是革命的现实主义和革命的浪漫主义的结合,这是对全部文学历史的经验的科学概括,是根据当前时代的特点和需要而提出来的一项十分正确的主张,应当成为我们全体文艺工作者共同奋斗的方向。”[④]

1960 年7 月第三次文代会上,郭沫若在开幕词中明确提出:“我们应该掌握毛主席提出的革命现实主义和革命浪漫主义的相结合的艺术方法。”随后周扬的《我国社会主义文学道路》与茅盾的《反映社会主义跃进的时代,推动社会主义时代的跃进!》两文对“大跃进”以来“两结合”的宣传讨论、实践总结和创作方法作了权威阐述。由此,“革命现实主义和革命浪漫主义相结合”的艺术方法正式被确定为全国文艺工作者的创作原则,这一带有“左”倾的文艺理论迅速推行开来。

“两结合”在文学中的具体运用首先体现在新民歌的学习及创作中。新民歌作为一种“群众文艺创作”活动,其显著特点是反映“劳动人民在大跃进中的共产主义气概”[⑤]。1958 年 4 月 14 日,《人民日报》发表《大规模收集全国民歌》的社论,积极鼓励创作者们“到群众中去,和群众相结合,拜群众为老师,向群众

---

① 《争取文学艺术的更大跃进》,《人民日报》1958 年 9 月 30 日。

② 陈晓明:《中国当代文学主潮》,北京:北京大学出版社,2013 年,第 90～91 页。

③ 参见李扬:《中国当代文学思潮史》,上海:上海社会科学院出版社,2005 年,第 7 页。

④ 华中师范学院中文系编:《建设共产主义文学》第一辑,武汉:华中师范学院,1958 年,第 101 页;周扬:《新民歌开拓了诗歌的新道路》,《红旗》1958 年第 1 期。

⑤ 《争取文学艺术的更大跃进》,《人民日报》1958 年 9 月 30 日。

自己创造的诗歌学习”，以创作出为群众服务的新民歌。同年，即有学者在《文史哲》上发表文章，对新民歌及人民群众在文艺创作中的作用等相关问题展开讨论。刘泮溪首先肯定了新民歌的地位，认为社会主义“大跃进”中产生的新民歌在思想上和艺术上有无比优越性，它们反映了生产斗争和阶级斗争中劳动人民的政治热情、劳动热情，社会主义制度的优越性和生产劳动中的英雄形象。继而他强调了新民歌的优点，并表明学习态度。他指出，新民歌具有社会主义的内容、革命的现实主义和革命的浪漫主义相结合的方法两个主要特点。新民歌要求在现实主义的基础上发扬浪漫主义的优良传统，去塑造社会主义新人形象。而劳动者作为建设社会主义的集体英雄，本身所具有的革命浪漫主义性格就构成了民歌中浪漫主义的基础。所以文艺工作者要向劳动人民学习，参加劳动，与劳动人民的思想感情打成一片，这样才能真正从为社会主义文化建设服务的原则出发，创作出为工农兵服务、劳动人民喜闻乐见的作品。①

袁世硕强调了劳动人民在文学创作中的伟大创造力量，认为代表劳动人民的民间文学是中国古代文学的正统，同时他批判了封建社会以封建统治阶级文学为正统的文学史观。他进而举例论述“中国文学是从民间文学发展起来的”，中国的早期神话是“中国文学中的现实主义和积极浪漫主义相结合的优秀传统的发端”，中国古代诗歌“归功于历代人民群众不断的集体性的创造”，古代杰出的诗人都是受“民歌的现实主义和积极浪漫主义的精神”影响成长起来的。中国古代的民间故事高度集中、概括地反映了我国古代人民的生活和精神，古代小说、戏曲也是从人民群众的创作改编加工而来，所以必须承认民间文学“在整个文学发展史中是最活跃、最革命的因素”，是中国古代文学的正统。② 与此同时，《文史哲》又在第 8 期、第 9 期连载了一批赞扬“大跃进”运动的民歌③，以促进文艺工作者向群众创作的诗歌学习，体现文艺创作中的“两结合”论。

1959 年，庐山会议掀起的反右斗争，令“左”倾思想更加极端化。文艺界不但没有反思“两结合”创作方法中的失误，反而更加突出浪漫主义在文学中的地位。《文史哲》1961 年复刊后，在第 1 期中就有对中国文学中的浪漫主义的探

---

① 参见刘泮溪：《向大跃进中的新民歌学习》，《文史哲》1958 年第 8 期。

② 袁世硕：《必须确认民间文学是中国古代文学的正统》，《文史哲》1958 年第 10 期。

③ 比如《文史哲》1958 年第 8 期的《干劲》《山歌满山跑》《鼓起劲儿》《干完再喝不算迟》《总路线》《汗珠换得谷满仓》《小扁担》《河水能挑干》，《文史哲》1958 年第 9 期的《水库谣》《红号外》《两个巨人一握手》。

讨。冯沅君初步探究古典戏剧中的浪漫主义,认为古典戏剧的浪漫主义创作方法以浪漫主义为主导,具体分为六种类型。古典戏剧的浪漫主义创作方法体现出反抗精神,这又与民间文学利用积极浪漫主义创作方法去反映劳动人民的斗争之间关系深刻,所以古典戏剧的浪漫主义创作方法的形成与发展和民间文学有很大关联。① 李希凡就小说中革命英雄的传奇情节和形象创造作了分析。文章认为,《林海雪原》《野火春风斗古城》《烈火金刚》和《敌后武工队》这四部小说题材内容虽不尽相同,却具有共同的传奇色彩,革命英雄主义精神构成了它们共同的基调。李希凡认为,传奇性的情节构造是对传统文学民族风格某些方面的继承与发展,传奇性情节构造必须服从整体艺术形象的创造,必须紧密融合英雄形象、性格的创造。②

"两结合"论的具体含义是要求"把革命精神和求实精神相结合的原则运用到文学艺术上,把文学艺术中现实主义和浪漫主义这两种艺术方法辩证地统一起来,以便更利于表现人民群众的英雄时代和英雄人物,有利于全面地吸收文学艺术中一切优良传统,有利于更好地发挥作家艺术家不同的个性和风格"③。它在创作原则上尤为强调,"忠实于现实生活同时又比现实生活更高,不是教人们停留在今天的现实中,而是鼓舞人们去创造更新更美的未来的现实"④。这是官方对"两结合"论的指示。但是从以上所提《文史哲》相关文章来看,无论是对于新民歌的学习,还是对于浪漫主义的探讨,相关学者多流于"响应性"的学习与倡导,而学习的根本方法和目的就是文艺工作者与群众相结合,向劳动人民学习,开展文艺普及和提高工作。除此之外,这些学者并未对"两结合"的创作方法是否具有操作层面的可行性作出客观性学术分析,更没有产生实质性的作品。

事实上,"两结合"论是以现实主义对客体的强调,来消解浪漫主义张扬的主体,以浪漫主义的想象掩盖现实主义的真实性,过分强调"革命的浪漫主义",而忽视"革命的现实主义",从而衍化为一种为政治功利性需求而服务的创作手法。⑤ 它被政治抬高到创作方法这一具有很强原则性的语境层次后,就明显缺

---

① 参见冯沅君:《古典戏剧中浪漫主义初探》,《文史哲》1961 年第 1 期。

② 参见李希凡:《漫谈革命英雄传奇的情节和形象的创造》,《文史哲》1961 年第 1 期。

③ 《刻苦努力:争取文艺工作的更大胜利》,《文艺报》1960 年第 13 期。

④ 《争取文学艺术的更大跃进》,《人民日报》1958 年 9 月 30 日。

⑤ 参见王文胜:《在与思:"十七年文学"现实主义思潮新论》,南京:南京师范大学出版社,2005 年,第 88 页。

乏了逻辑间的合理性和术语间的结构性。[①] 内涵上缺乏具体的规定性与明确的针对性，缺乏有章可循的工作范式，使得文艺工作者不能准确把握这一创作原则的核心内涵，难以真正落实到创作实践中。

五、现实主义理论的核心命题——“典型”问题的讨论

自50年代开始，文艺界在对现实主义理论进行讨论的同时，也对“典型”问题展开论争。“典型”概念因牵涉文艺创作，尤其是人物创作问题，而成为现实主义文艺理论的核心命题。50年代中期，当时流行的“典型”问题看法是，“典型是共性和个性的统一”。“典型性完全等于阶级性，典型的共性就是阶级性，典型的个性就是阶级性的具体表现或者仅仅是一些个人的爱好、脾气、习惯之类。”在这种理论下，流行的是一种“简单化”“公式化”的创造典型人物的创作方法，即“从许多不同的阶级、阶层或职业的人物身上，抽出他们的阶级、阶层或职业的共性，然后再加上一些个人的特征”。这种流行的创作方法实际上不利于创作实践，限制了“塑造典型人物方面的广阔的天地”。[②]

1956年，《文艺报》转载了苏联《共产党人》杂志的《关于文学艺术中的典型问题》专论。这篇专论文章“批评在苏联文艺界流行的如下的‘烦琐哲学的公式’”，即典型的东西一定要反映社会本质，将其“规定为党性在现实主义艺术中表现的基本范围”，强调典型问题就是政治问题。[③] 也就是说，专论尤为批评、反对的是将典型与政治等同起来。苏联文艺界批评的关于典型问题的“公式”曾对国内文艺创作产生了影响，并且当时流行的“典型”的看法又与此“公式”具有极大的相似性。为了“适应国内提高文学创作和文学评论水平的要求”，以及受“当时苏联文艺界展开关于典型问题的讨论的影响”[④]，中国文艺界旋即开展对典型问题的讨论。

《文史哲》在1956年刊登了张文勋的《关于文学艺术的特征问题——对巴人同志的“文学论稿”的几点意见》、杨嘉仁的《略谈典型化》两篇文章。这两篇

---

① 参见刘克宽：《现实主义的时代性改造——“十七年文学沉思”之一节》，《海南师院学报》1997年第2期。

② 何其芳：《〈艺术的春天〉序》，易明善、陆文璧、潘显一编：《何其芳研究专集》，成都：四川文艺出版社，1986年，第323、324页。

③ 栾昌大：《典型问题论争三十年》，《吉林大学社会科学学报》1980年第2期。

④ 栾昌大：《典型问题论争三十年》，《吉林大学社会科学学报》1980年第2期。

文章涉及的是文学创作问题,都批评了巴人在《文学论稿》中提出的典型化公式的错误。1954年出版的《文学论稿》,"是作为当年各大学文科参考书(或教材)为目的而写的",它是巴人在早期研究的基础上,"根据马克思主义文艺理论和《在延安文艺座谈会上的讲话》的精神,结合新中国的社会实际情况而写成的一部具有中国特色的社会主义文艺理论专著"。① 书中论述了社会主义现实主义的理论,在典型问题上,巴人将典型创造概括为两个阶段过程:第一个阶段是把"各阶级的各个成员的性格"加以"抽象与综合"的过程;第二个阶段是"从一般到特殊"的"个性化"过程。巴人的这个"典型的概括"一度成为文艺界文艺创作所遵奉的一个公式。

张文勋从批评巴人艺术创作中"先从具体到抽象,然后又从抽象到具体"的这个"简单图式"出发,指出从巴人的这个创作过程来看,"似乎个性是典型的附加物","似乎一般加个别就是典型",这实际是"把典型化和个性化截然分开,形而上学地看一般与个别的关系"。"这样地理解典型的创造是不正确的","对创作实践是有害的,因为它也会导致作家不从活生生的丰富多彩的现实生活出发去创造典型,而是从一些所谓'本质'之类的抽象概念出发去创作",使创作概念化。②

杨嘉仁指出,"典型化是现实主义创作方法的灵魂",并根据现实主义作家创作中对形象思维和逻辑思维的不同程度的运用,进行分析、比较,将现实主义作家不同的典型化过程分为三种情况。由此得出结论,"现实主义作家全都积极地而且卓有成效地力求从理性上充分理解生活、明确主题思想",只是"他们所能达到的,是各不相同的正确程度"。"他们的典型化方法,特别是形象思维与逻辑思维在典型化过程中的关系,非常多样",文中所概括的三种情况都可以作为"典型化的规律","如果任取其一,立为全体现实主义作家典型化的公式,一定是主观片面,不合实际的"。杨嘉仁继而指出巴人的"典型的概括"是"片面和错误的公式"。错误之一"在于忽视了典型化方法与过程的多样性","夸大了逻辑思维在典型化中的地位,片面地认为'由特殊到一般,由一般到特殊'是所有现实主义作家在创作中一致遵循的规律","又抹杀了在理性认识之后的形象

---

① 王克平:《〈文学论稿〉的版本介绍》,《上海鲁迅研究》2011年第4期。

② 张文勋:《关于文学艺术的特征问题——对巴人同志的"文学论稿"的几点意见》,《文史哲》1956年第8期。

思维的继续认识作用，而把它当成了单纯的‘观念形象化’的手法”。错误之二在于“没有看出并强调理性认识前后的体验生活与表现生活的统一性”，其理论成为“公式化、概念化作品的助产士”。[①]

1956年，《文史哲》关于典型问题的讨论，是一部分文艺工作者在批评当时文艺创作中“公式化”“概念化”现象而顺带涉及的，并未针对“典型”概念本身有细致探讨。60年代初文艺政策调整时期，文艺界对典型问题的第二次集中讨论，方才直逼其本质。1962年8月，在中国作协召开的“农村题材短篇小说座谈会”上，邵荃麟针对文艺界对于“两结合”的错误理解与滥用，提出“写中间人物”和“现实主义深化”的文艺观点，直指当时文艺创作存在着革命性强而现实不足的弊端。“现实主义深化”“要求表现人民内部矛盾，表现这种矛盾的长期性、艰苦性和复杂性”，表现矛盾的方式是创造中间人物。这里的“写中间人物”的主张正是为了纠正1958年以来在农村题材小说创作中的“人物形象单一化”问题，提倡人物描写的多样化，而非仅限于描写英雄人物。这实际上是在“典型性思维方式层面上提出问题”。[②] 邵荃麟的这一“‘内部讲话’没有公开发表，但讲话的精神已在社会上传播”[③]。当时的“文艺批评，往往比以前更着重地提出典型人物作为一个主要的评价尺度”[④]，部分文艺创作者发表商榷文章，从而掀起了文艺界对于典型问题的再次争鸣。在这一时期，《文史哲》发表了11篇文章，再次参与到典型问题的讨论中来。

在这次讨论中，有的学者思想较为解放，从如何提高文学创作水平的实际出发，深入论析典型的本质，如典型的共性与个性、典型的普遍性与阶级性的关系问题等。另有部分专家学者，如何其芳、蔡仪等，“敢于开顶风船，实事求是地讲出自己的意见”[⑤]。蔡仪在《文学艺术中的典型人物问题》中提出的观点就挑战了当时流行的典型理论。他指出，“典型人物的普遍性并不全等于阶级性”，“普遍性固然都和阶级性有一定的关系，有的也可以在一定意义上说就是阶级性，但是有的却不能说就是阶级性，也许是一种比较狭小范围的普遍性，也许是一种更广泛范围的普遍性”。因为他认为“每个人的作为典型的性格核心”并不

---

① 杨嘉仁：《略谈典型化》，《文史哲》1956年第10期。

② 崔志远：《现实主义的当代中国命运》，北京：人民文学出版社，2005年，第293～294页。

③ 崔志远：《现实主义的当代中国命运》，北京：人民文学出版社，2005年，第297页。

④ 蔡仪：《文学艺术中的典型人物问题》，《文学评论》1962年第6期。

⑤ 栾昌大：《典型问题论争三十年》，《吉林大学社会科学学报》1980年第2期。

全等于阶级性。又“因为人的阶级性是由阶级地位所规定的实际生活对人的思想、意识、性格的影响。实际生活是多方面的，影响也是多方面的，因此阶级性也随各方面的实际生活表现成为种种特点”。此外，针对“一般批评文章中很少对人物形象的个别性进行分析”，只考察普遍性的问题倾向，蔡仪指出“不能忽视典型的个别性”。[①] 实际上，以蔡仪为代表的这部分文艺工作者，批评的是当时流行的典型理论，即“典型是共性(普遍性)与个性(特殊性)的统一”的公式对文艺创作所造成的公式化、概念化等不利影响。他们“力求摆脱典型是共性个性的统一，典型是阶级的代表，反映阶级本质是典型塑造的关键这些框框”[②]，转而从现实实际出发进行文艺创作。

蔡仪的观点招致了另外一部分学者的批评。狄其骢在《文史哲》上发表《对文学典型的思考——兼与蔡仪同志商榷》一文，对蔡仪的“共性不等于阶级性”观点予以反驳。狄其骢认为，“与典型人物阶级性相对的一切特征，虽则具有非本质的形式的普遍性，即超阶级的普遍性，但也只能是个别性”，所以“人以及典型人物的普遍性，就是它的本质，就是阶级性”。进一步解释的话，就是“在生活中，典型人物是与社会与阶级处在活生生的关系和联系中的。他的典型性正存在于这种关系和联系中；正在于他的生活与斗争、思想与行动的表现，揭示了社会的阶级的本质的某些方面，含有某种社会意义”[③]。

姚承宪虽然没有直接针对蔡仪，但他也在《文史哲》上发表文章讨论典型的共性问题，他捍卫流行的阶级观点：“在阶级社会里，典型的共性，就是它的阶级性。除了阶级性之外，绝没有什么纯粹的个性，或超阶级的人性，或者民族同性或国民共性等。”[④]与蔡仪直接提出“普遍性不完全等于阶级性”等观点，立场鲜明地批评流行典型观点不同的是，应汉光虽也认识到了流行典型观点的不足，但是又表现得自相矛盾。他在《文史哲》上发表的《谈性格的类型——典型共性中的初级本质》一文，对狄其骢提出反对意见，并提出了一个新的概念——“性格类型”。他认为“一个典型实质上是鲜明的个性、性格的类型性和阶级的本质特性三者有机的统一”。文章试图证明从个性到阶级性存在着一个中间环节，

---

① 蔡仪：《文学艺术中的典型人物问题》，《文学评论》1962年第6期。

② 栾昌大：《典型问题论争三十年》，《吉林大学社会科学学报》1980年第2期。

③ 狄其骢：《对文学典型的思考——兼与蔡仪同志商榷》，《文史哲》1963年第3期。

④ 姚承宪：《关于典型的共性问题》，《文史哲》1963年第1期。

即性格类型，它“是一种以阶级性为核心、以一定的社会关系为内容的初级的社会本质的体现”。若将阶级性与类型性相比较，那么“阶级特性是概括范围更窄而内涵更丰富的一种性格类型，而性格类型是概括范围较广而内涵较浅的一种社会特性”。[①] 文章发表后，应汉光又给《文史哲》来信，表示“文章发表时经过删节，很易引起误解”，需要进行说明。在这里，他强调不存在超越阶级之上的“共性”。[②] 也就是说，应汉光仍然在表面上肯定“典型的普遍性就是阶级性”，这令其观点“貌似旧说，神似新说”。究其矛盾缘由，或如栾大昌日后分析的，虽“清楚地看到传统的说法过于简单化”，但又考虑到新说“可能被判定为修正主义”，还是“传统说法确是比较稳妥、保险”。[③]

狄其骢、应汉光的文章在《文史哲》上发表后，他们的观点以及蔡仪的关于典型共性问题的看法迅速招致其他学者的商榷乃至批评。文锋坚持认为“典型的普遍性就是阶级性”。对于蔡仪提出的“典型的普遍性可以小于阶级性”，“典型的普遍性是‘性格核心’”，以及应汉光提出的“典型的普遍性是‘性格类型’”的观点，文锋表示均不赞同。此外，文锋还批评了狄其骢的观点，指出狄其骢对蔡仪“普遍性不是阶级性”论点的批判也是不彻底的，狄其骢“只是抽象地承认了普遍性是阶级性，而在许多具体问题上又否定了这一观点”，其基本思想与蔡仪观点没有本质不同。[④]

此后，《文史哲》陆续刊载批评应汉光的文章，其中有学者也连带批评了蔡仪、何其芳的“共性不等于阶级性”的观点。孟伟哉[⑤]、怡然与默然[⑥]均一方面反对应汉光的“典型共性大于阶级性”的观点，强调“典型的普遍性就是阶级性”；另一方面对应汉光提出的“性格类型”一说提出异议。郭志今、马白专门就应汉光的“类型性格”说提出商榷意见，认为“所谓‘类型性格’云云，不过是超历史、超阶级的抽象，与阶级观点直接相违背”[⑦]。谷熊认为“典型的共性是阶级性”，

---

① 应汉光：《谈性格的类型——典型共性中的初级本质》，《文史哲》1963 年第 5 期。

② 《作者来信》，《文史哲》1963 年第 6 期。

③ 栾昌大：《典型问题论争三十年》，《吉林大学社会科学学报》1980 年第 2 期。

④ 文锋：《也谈文学中的典型问题》，《文史哲》1963 年第 6 期。

⑤ 孟伟哉：《典型“共性”的本质及其它》，《文史哲》1964 年第 2 期。

⑥ 怡然、默然：《用阶级分析的方法研究艺术典型——与蔡仪、应汉光同志商榷》，《文史哲》1964 年第 4 期。

⑦ 郭志今、马白：《评“性格类型”说——与应汉光同志商榷》，《文史哲》1965 年第 4 期。

反对蔡仪和何其芳的“共性不等于阶级性”的论点。[①] 在此期间，应汉光又撰文回应了孟伟哉等人的商榷，并反复强调“类型性格”是典型的共性的初级本质，“类型性格大于阶级而不超阶级”[②]。紧接着，文锋再次撰文驳斥应汉光的“性格类型”说，认为应汉光在其“‘性格类型’的‘杂烩锅’里放一个‘阶级性核心’做幌子”，本质是“不同意典型的共性是阶级性”，也歪曲了马克思主义辩证法的基本原理。他指出，“这种性格类型说是资产阶级的文学理论，是为资产阶级调和阶级矛盾服务的”，并强调“研究文学典型，应该以马克思主义唯物辩证法和阶级学说为指导”。[③]

通过《文史哲》关于典型问题的讨论可以发现，这些对“蔡仪、应汉光观点”的“反对者们”竭力引经据典去证明流行典型观点的真理性。凡是与“典型的普遍性(共性)是阶级性”不同的新观点一概被视为异端。他们实质坚守的已经不是真正的马克思主义现实主义文艺理论了，而是一种僵化的、扭曲的、完全以阶级斗争观点为纲的公式。这种公式所依托的，恰如文锋所言，“文艺是阶级斗争的武器”，“作为指导文艺创作和文艺批评的文艺理论”，是“阶级性的更加集中的表现”。[④] 力图反映现实生活与社会矛盾确实是社会主义现实主义理论的目的，却不能完全以阶级斗争观点为纲。然而，随着现实社会中阶级斗争的激化，极“左”政治思想的泛滥，“典型化成了文艺工具论的借口和支撑，要求文艺典型高于现实生活，典型越来越被抽空了艺术真实的精神内核，成了意识形态的文学面孔”[⑤]，文艺理论完全沦为政治斗争的工具。

现实主义从20世纪初引入中国开始，便随着政治与社会的特点而变化，不断去适应中国文学发展的要求，至新中国成立后成为20世纪中国文学发展的主流。借此，通过《文史哲》，我们可以进一步明晰新中国成立后现实主义的发展历程，更可发现《文史哲》在十七年文学时期的显著特点。

其一，现实主义的发展始终是一个不断被“规训”“塑形”的过程，在这个过程中，现实主义逐渐褪去它在五四时期的自由主义和启蒙主义色彩，而被赋予

---

① 参见谷熊：《论典型的共性和阶级性的关系——兼评蔡仪、何其芳同志关于典型问题的论点》，《文史哲》1965年第2期。

② 应汉光：《再谈类型性格是典型共性中的“初级本质”》，《文史哲》1964年第4期

③ 文锋：《再谈文学中的典型问题——驳应汉光同志的“性格类型”说》，《文史哲》1964年第5期。

④ 文锋：《再谈文学中的典型问题——驳应汉光同志的“性格类型”说》，《文史哲》1964年第5期。

⑤ 杜晓杰：《“典型”的典型命运》，《宁波大学学报》(人文科学版)2015年第1期。

无产阶级革命使命。在现实主义的发展中，政治与意识形态成为“风向标”。与现实主义的命运相似，《文史哲》对文艺理论的阐发也与政治动向亦步亦趋。《文史哲》创刊伊始，通过思想改造文艺整风运动，宣传毛泽东文艺思想的同时，清算资产阶级文艺思想。1953年第二次文代会将社会主义现实主义确立为文艺创作的最高准则后，《文史哲》展开对社会主义现实主义的讨论，紧接着借助《红楼梦》大讨论继续展开文学批判活动。“两结合”论提出后，《文史哲》又马上开展了新民歌的学习以及对浪漫主义的探讨，但是并没有发表与此理论有不同声音的文章。1958年后，随着极“左”思潮的不断激化，《文史哲》虽仍力求学术性，但其政治化色彩却愈发强烈。关于“典型”问题的讨论，虽然局面激烈，但是文章总基调都是立足于阶级观点。《文史哲》中的现实主义与政治不断博弈，直到最后屈从于极端意识形态的过程，恰恰反映了十七年文学思潮的进程。

其二，现实主义理论的核心在于它与社会现实的紧密结合，由此构建了一套适应国家建设需求的新的学术典范。十七年文学就是在“革命话语体系内、在社会主义现实主义原则的规范下，依托‘革命战争’和‘合作化运动’两大主题的展开，在历史的向度上追求着新中国谋求发展的宏大叙事”①。在现实主义理论的发展中，《文史哲》发挥着重要的传播媒介作用。一方面，创刊初期，在华岗的带头倡导下，山大教师诸如刘泮溪、陆侃如、冯沅君自主学习毛泽东文艺思想，站在马列主义立场批判资产阶级文艺思想，并将理论成果发表在《文史哲》上。另一方面，从1951年至1957年间，《文史哲》刊登了部分山大学者如吕荧、吴富恒、黄嘉德及其他学者，译介苏联及其他国家的无产阶级文艺理论家论述现实主义的前沿文章。② 这些文章对托尔斯泰、高尔基、普希金、伯林斯基等人的现实主义文学理论和国际现实主义的发展作了专门介绍。这些译介文章的

① 王文胜：《现代性的选择与失落——对“十七年”现实主义文艺思潮的一种阐述》，《南京师大学报》（社会科学版）2007年第1期。

② 如吕荧译：《列宁论托尔斯泰》，《文史哲》1951年第1期；[苏]A.H.布洛夫，金诗伯、吴富恒译：《马克思列宁主义的美学反对艺术中的自然主义》，《文史哲》1951年第2期、第3期；[苏]D.扎斯拉夫斯基，张健人译：《萨尔蒂可夫-锡且特林》，《文史哲》1951年第4期；[法]A.斯梯，黄嘉德译：《战斗的作家》，《文史哲》1952年第6期；[苏]B.布尔索夫，徐维垣译：《在高尔基的小说“母亲”中的社会主义现实主义》，《文史哲》1953年第4期；[苏]A.A.布拉果依，陆凡译：《普希金的创作道路》，《文史哲》1954年第2期、第3期；[苏]Z.斯密尔诺瓦，吕荧译：《伯林斯基的美学》，《文史哲》1954年第2期；[苏]柯兹优拉、西多罗夫，黄嘉德译：《普列汉诺夫的美学观点》，《文史哲》1955年第12期；[苏]雅·艾尔斯布克，李世珍、唐海译：《世界文学中现实主义发展的基本阶段》，《文史哲》1957年第5期。

发表使国内文艺界直观地了解到国外尤其是苏联的现实主义理论,有助于社会主义现实主义理论的实践运用。

今天我们若重新审视新中国成立后关于现实主义理论问题的讨论,便可发现,在阶级斗争观点一度覆盖文艺创作的时候,“文学”被纳入当下社会与历史的创造中。此时,“文学”需要充当的是历史本体的角色,只能自动向政治、向意识形态看齐。如此一来,文学塑造的形象必须具有普遍性,反映阶级性。在具备普遍性之后,文艺作品就营造出一种“历史真实”,也就起到了重塑历史的作用。与此同时,还有一部分文艺创作工作者,始终将“文学”视为一种学术求真的工作,认为它必须反映社会现实,反映生活与人本身。此时,他们实际上又将“文学”视为历史认识的工具,只需“呈现”“记录”,需要在一定限度内“抽象”地反映政治以外的、更广阔范围的复杂现实世界。

在现实主义文艺理论的指导下,文艺工作者在新中国成立后遵循着为工农兵服务的政治宗旨,注重普及与提高,创作出一批反映革命精神与时代特征的人民的大众的经典文艺作品。由此,现实主义在“在提高文学的社会价值、扩展其表现领域、提高自身影响力诸方面,都发展到了一个新的时代高度”①。不可否认的是,新中国成立后的现实主义创作对中国文学发展产生了一定的消极影响。掣肘于意识形态因素,现实主义文学彻底背离五四传统,完全丧失现实主义的批判精神和写实精神。在“左”倾政治思潮的影响下,社会主义现实主义甚至偏离现实主义的轨道,一味“强调世界观对创作方法的支配作用,甚至用世界观代替创作方法”,“忽视了‘真实性’基本原则”。② 虽然有诸如胡风、蔡仪等文艺工作者力图将文学创作重新拉回现实主义的正常发展轨道,但最终惨遭批判。随着现实主义理论的日益狭窄化、公式化,文学创作将人的主体地位驱逐到边缘地带。文艺作品承担着反映社会发展的光明面,惩恶扬善,塑造英雄人物的使命,这种“以理想主义的底色和英雄主义的基调,使创作在不同作家不同主体不同生活反映领域面前,都变得具有了相同的风貌和色彩”③。

正因为十七年时期现实主义的曲折发展,随着新时期政策的变化以及现代

① 刘克宽:《现实主义的时代性改造——“十七年文学沉思”之一节》,《海南师院学报》1997年第2期。

② 鲁太光:《重建当代中国文学想象》,北京:中国言实出版社,2016年,第54页。

③ 刘克宽:《现实主义的时代性改造——“十七年文学沉思”之一节》,《海南师院学报》1997年第2期。

主义的挑战，80年代中期后，一度出现否认十七年现实主义文学艺术价值的观点，认为50年代中期以后的文学创作主流是“伪现实主义和反现实主义”；“十七年的文学只是一种僵化的、简单化的狭隘功利主义的文学”；十七年和“文化大革命”十年统统被视为“所谓文艺本性的‘迷失期’”。[①] 其实，对于现实主义，我们应持一种“历史主义”的态度来评判。现实主义文艺理论仍有它的理论意义和学术价值，其所倡导的深入生活、正确反映生活、遵循典型化、塑造典型环境中的典型性格和表现理想、思想性与艺术性的统一等创作原则，对于中国文艺界的文艺创作仍具有积极作用。文艺界需摆脱政治对于文艺创作的过度干预，让文艺作品回归其本性。

第二节　“人民诗人”杜甫研究

杜甫研究自宋代开始，便有“千家注杜”之说，后经近千年的发展，已然成为一门经久不衰的“显学”。历代研究者各取所需，将自己关心的命题注入此研究中，以杜诗诠释自己所处时代之风貌。[②] 20世纪，杜甫研究深受新旧文化、东西文化交互碰撞及数次政治思潮的影响，经历了肯定、否定、再肯定的过程。[③]《文史哲》紧随时代步伐，积极加入杜甫研究的行列。本节通过回顾《文史哲》新中国成立至“文化大革命”所刊发的杜甫研究相关文章，梳理杜甫研究的具体发展历程，剖析这一时期文艺界在杜甫研究中的成败得失，以及政治如何左右学术的发展走向，据此评估《文史哲》在杜甫研究中付出的学术努力。

一、从“诗圣”到“平民诗人”：民国时期的杜甫研究

20世纪初，西方文化思想传入中国，“科学”“民主”等现代理念启迪人心，为杜甫研究开辟出新境界。1922年，梁启超在诗学研究会演讲《情圣杜甫》，抛却传统道德标准第一的“诗圣”之名，以“真善美”的新标准评价杜诗，首倡“情圣”之说，认为“他的情感的内容，是极丰富的，极真实的，极深刻的”，“表情的方法

---

① 罗守让：《革命现实主义和中国当代文学》，《理论与创作》1991年第3期。

② 参见陈文华主编：《杜甫与唐宋诗学》，台北：里仁书局，2003年，“前言”。

③ 参见刘明华、田波澜：《百年歌自苦，“万代”有知音——纪念杜甫诞辰1300周年的对话》，张忠钢主编：《杜甫研究论集——中国杜甫研究会第六届年会论文集》，西安：西安出版社，2013年，第19页。

又极熟练,能鞭辟到最深处"。梁启超称杜甫为"半写实派","用第三者客观的资格,描写所观察得来的环境和别人情感,从极琐碎的断片详密刻画",认为"工部写情,往往愈拶愈紧,愈转愈深"。[①] 1929年,胡适在《白话文学史》中将杜甫列为专章,用社会学方法,着眼于时势变迁与文学潮流的密切关系考察杜甫及其诗作。胡适认为"八世纪中叶以后的社会是个乱离的社会,故这个时代的文学是呼号愁苦的文学,是痛定思痛的文学,内容是写实的,意境是真实的",要能"表现人生",即"民间的实在痛苦,社会的实在问题,国家的实在情况,人生的实在希望与恐惧",而杜甫作为这个时代的最伟大代表,开启了中国文学史上一个最光华灿烂的时期。胡著认为"问题诗"是杜甫的创体,杜甫在乱离中,"发为歌诗:观察愈细密,艺术愈真实,见解愈深沉,意境愈平实忠厚",开后世社会问题诗的风气。[②]

苏雪林的《唐诗概论》称杜甫为"写实主义大师",认为安史之乱后,杜甫不同于李白、王维、裴迪、高适、岑参的逃归天上、山林、静默,而是迎上去仔细观察、剖析,严肃、沉痛地呼喊时代痛苦,其诗不但是"诗史",而且真实地表现伟大人格与诙谐趣味。[③] 诗人兼学者的闻一多则在《杜甫》及《少陵先生年谱会笺》中,依托旧学,以新观点、新方法开拓杜诗新诗境,他这样评价杜甫:"两汉时期文人有良心而没有文学,魏晋六朝时期则有文学而没有良心,盛唐时期则文学与良心二者兼备,杜甫便是代表,他的伟大也在这里。"[④]与此同时,吴经熊的《杜甫论》、汪静之的《李杜研究》、傅东华的《李白与杜甫》、胡小石的《李杜诗之比较》等,也围绕杜甫的生平、思想、李杜诗作比较等方面展开研究,探索杜甫及杜诗的学术价值和艺术成就。

20世纪三四十年代,中国处于民族灾难最深重之际,杜诗中的忧国忧民思想和民族意识正契合抗战救国主旋律,杜诗所反映的时局动荡与流离生活与当时人们的身心感受产生共鸣。[⑤] 学术界常作有关于杜甫的讲演,出版关于杜甫

---

① 梁启超:《情圣杜甫》,《晨报副刊》1922年5月28日、29日;中华书局编:《杜甫研究论文集》第1辑,北京:中华书局,1962年,第1～13页。

② 胡适:《白话文学史》,北京:中国和平出版社,2014年,第247、263页。

③ 参见苏雪林:《唐诗概论》,上海:商务印书馆,1934年,第91页。

④ 郑临川:《闻一多先生说唐诗(下)——纪念一多师诞生八十周年》,《社会科学辑刊》1979年第5期。

⑤ 参见彭燕:《杜甫研究一百年》,《杜甫研究学刊》2015年第3期。

的书籍，杂志上发表关于杜甫民族观、战争观、民生观和爱国思想的文章，以此激发人们的爱国激情和抗战士气。冯至的《杜甫与我们的时代》写到，抗战以来，人们尝到战争痛苦，这时再读杜诗，字字真实，“写征役之苦，‘三吏’‘三别’是最被人称道的；写赋敛之繁，《枯稷》《客从南溟来》《遣遇》诸诗是最为沉痛：‘生还今日事，间道暂时人’，是流亡者的心境”①。杜甫不但是唐代人民的喉舌，亦是现代人民的喉舌。刘大杰的《中国文学发展史》成书于抗战期间，刘书认为杜甫“用他的理智，去细细地观察人生社会的实况，从自己的生活经验，去体会旁人的苦乐”，是“全民众全社会的代言人”。战乱之时，尤需通俗浅易的白话诗，要做平民诗人，而杜诗语言就有这一特质。② 1944 年，翦伯赞在《杜甫研究》中以阶级分析法研究杜甫，认为杜甫真实地反映时代，“为贫苦大众，为变局的时代而哭叫。他揭露社会的黑暗，控诉权贵的罪恶，谴责贪污剥削”，“是人民的歌手”。③

除此之外，这一时期杜甫研究在文献版本的整理、研究方面也取得较大成就。以洪业的《杜诗引得序》与程千帆的《杜诗伪书考》为标志，前者系统全面地考辨了杜集成书、注释、评点的发展过程及诸本源流关系，后者对历代杜集注本伪书的形成、流布、弊端作了详细考证、分析，两者代表了当时杜集文献整理考辨的水平。④

综观 20 世纪前半期的杜甫研究，新观点、新方法涌现，成果颇为丰硕，据不完全统计，与杜甫研究有关的文章有 160 多篇⑤，形成了一个研究高峰期。这一时期的主要研究特点是旧学、新学并存，传统与现代兼容，以社会学为主流的新方法引领杜甫研究潮流，传统的考据、文献整理工作继续有条不紊地开展，并取得阶段性成就。马克思主义理论方法也在杜甫研究中得以初步运用。学界形成了一个学术独立自由、多元发展的局面，梁启超、胡适、闻一多、冯至等一批“既有深厚传统国学基础，又受海外知识熏陶的学人，着力在打通中西、融贯古

① 冯至：《杜甫与我们的时代》，《萌芽》1946 年 7 月第 1 卷第 1 期；中华书局编：《杜甫研究论文集》第 1 辑，北京：中华书局，1962 年，第 176 页。

② 参见吴中胜：《抗战时期的“杜甫热”》，《光明日报》2015 年 11 月 30 日。

③ 翦伯赞：《杜甫研究》，《群众》1944 年 11 月第 9 卷第 21 期；中华书局编：《杜甫研究论文集》第 1 辑，北京：中华书局，1962 年，第 149 页。

④ 参见彭燕：《杜甫研究一百年》，《杜甫研究学刊》2015 年第 3 期。

⑤ 参见彭燕：《杜甫研究一百年》，《杜甫研究学刊》2015 年第 3 期。

今中开拓杜甫研究的新视野、新方法、新境界”①。他们力求在前人研究的基础上,从现代视角重新审视杜甫其人其诗,以现代观念和方法研究杜甫,在不同层面挖掘杜甫及诗作的“写实主义”和“平民性”,突破固有的“诗圣”形象,赋予“平民诗人”的身份,开启了杜甫平民化的写实潮流。

二、现实主义的凸显:新中国成立前期杜甫研究

新中国成立伊始,研究范式随着政权更迭而发生转换,马列主义文论和毛泽东文艺思想成为全国文化领域的指导思想和创作原则,指导文艺界的一切文艺创作与文学研究。学人们诚心接受改造,积极学习、运用马克思主义文艺理论和方法进行古典文学研究,以新观点重新建构中国古典文学。受苏联文艺理论的影响,现实主义创作方法被照搬到中国的文学研究中,“现实主义与人民性成了评价古典作家作品的两把尺子”②,“中国文学史研究开始将文学史归结为‘现实主义与反现实主义斗争’的模式”③。学界以现实主义和人民性为新标准,围绕杜甫的人民性、阶级性、现实性和政治性等问题展开探讨和分析④,力图以马克思主义观点建立新杜学,杜甫研究由此迎来一个新的发展时期。

1949 年,冯至在《小说月刊》上发表新中国成立后第一篇有关杜甫研究的文章——《杜甫的家世与出身》。1950 年,冯至在《中国青年》上发表《爱人民爱国家的诗人——杜甫》,以历史唯物主义的评判标准对杜甫作出新评价,给予杜甫“爱人民爱国家”的称许。1951 年,冯至在《新观察》第 1 至 12 期上连载《杜甫传》,作为新中国成立后第一部杜甫研究专著。《杜甫传》以马克思主义理论观点评述杜甫的生平与创作,力图客观公允,标志着杜甫研究的新进展。1954 年,傅庚生的《杜甫诗论》以现实主义、人民性和爱国主义的新标准,对杜甫作了全面、系统的分析研究,认为杜甫在安史之乱时逐步接近人民,由一个“阶级浪子”走向人民立场,其诗便表现出人民性、现实性和民主性。同时,又结合时代对杜诗的“沉郁”艺术特征进行剖析,探究杜诗的情思与咏物的契合关系,为建立新杜学作出了贡献。除此之外,颐伟议、程千帆、夏承焘、傅璇琮、郭预衡等也以新

① 潘殊闲、张志烈:《杜甫研究百年回顾与展望》,《西华大学学报》(哲学社会科学版)2019 年第 1 期。
② 张忠纲、赵睿才:《20 世纪杜甫研究述评》,《文史哲》2001 年第 2 期。
③ 林继中:《百年杜甫研究回眸》,《河北大学学报》(哲学社会科学版)1999 年第 2 期。
④ 参见彭燕:《杜甫研究一百年》,《杜甫研究学刊》2015 年第 3 期。

的理论、方法从不同角度和层面对杜甫展开分析探究。

山东大学向来以文史见长，杜甫研究是其强项之一。从闻一多对杜诗的“无师自通”，到以萧涤非为代表的一批学者“追随惜苦辛”，杜甫研究在一代代学人的承旧创新中不断发展。作为杜甫研究大家的萧涤非，在抗战时期，颠沛流离的困顿生活与国破家亡的痛苦令其与杜诗产生感情上的共鸣，使其萌生研究杜甫的念头。1947 年，萧涤非在山东大学开设杜诗课程，成为其杜甫研究的开端。[①] 新中国成立后，萧涤非积极学习马列主义文艺理论和毛泽东文艺思想，并将之运用到杜甫研究中。1952 年，萧涤非在《文史哲》第 5 期中发表《学习人民语言的诗人——杜甫》。文章认为杰出的诗人学习人民的语言，承继人民语言的艺术性和优越性，杜甫作为最伟大的诗人，在这方面的表现和成就便是一个旁证。萧涤非从体裁、手法和词汇三方面说明杜甫学习人民的语言的实际情况，认为杜甫善于虚心学习民歌，有效使用民歌的体裁，成功利用民歌的烘托表现手法和通俗词汇，以此造就了杜诗的生动性与素朴性特质。对于为何独有杜甫才能学习人民的语言，萧涤非认为，首先由于杜甫有着不同于一般诗人的生活实践。安史之乱后，杜甫与劳动人民打交道，对劳动人民有了深刻了解，与劳动人民的关系达到水乳交融的程度。其次是因为杜甫重视语言的创作态度，能认识到人民语言的优越性。该文是萧涤非新中国成立后第一篇运用马克思主义观点对杜甫进行分析评价的文章，对于当时的杜甫研究起到了开拓作用。

1955 年，萧涤非在《文史哲》第 4、5、6、7 期上连载发表《杜甫研究》。《杜甫研究》原是萧涤非在山东大学开设“杜甫研究”课程期间撰写的讲稿，分为杜甫的时代、生活、思想、作品和影响五部分。首先，文章认为社会的巨大变动对杜甫成为一个杰出的现实主义诗人有着决定性作用，“很大的程度上提高了他对现实的认识，加深了他对统治者和侵略者的仇恨从而增强了对祖国对人民的热爱，使他的诗篇具有高度的现实主义精神和无比的鲜明而丰富的人民性”。艰难困苦的生活是杜甫成为伟大人民诗人的根本关键，是他的人道主义和现实主义精神的根源，亦即他的创作根源。通过艰难生活，“杜甫才认识了人民的高尚品质，了解了人民的思想感情，同情了人民的难以想象的痛苦，并用自己的血泪写出了人民的酸辛”。[②] 其次，杜甫之所以能成为伟大的爱国诗人、人民诗人，是

---

① 参见萧涤非著，萧光乾选编：《萧涤非文选》，济南：山东大学出版社，2006 年，第 2 页。

② 萧涤非：《杜甫研究(一)》，《文史哲》1955 年第 4 期。

因为他具有进步思想和高尚人格。人道主义、热爱祖国、热爱人民、热爱劳动和“无贵”“无福”等进步思想,“以及由此形成的高尚人格,武装了杜甫,使杜甫能够同情人民疾苦,反映人民生活,敢于向丑恶的残酷的现实宣战,敢于斥责剥削者和侵略者,从而使得他的作品具有无比的鲜明的人民性和爱国精神,具有高度的政治性和现实性”①。再次,萧涤非指出杜甫创作方法的总特征是现实主义,他的作品具有高度的人民性和艺术性,人民性的核心思想是热爱祖国、热爱人民,具有广阔性、深刻性、真挚性三个特征,而形式的适应性、描写的客观性、语言的精练性和韵律的严谨性既是艺术性的四个特征,又是为杜甫高度的人民性和现实主义精神服务的。② 最后,文章认为杜甫是一个全面发展的集大成的诗人,他不仅总结了唐代以前各时代的诗歌,而且其创作具有高度的思想性和多样的艺术性。杜甫在思想内容和艺术创作两方面对后世影响巨大,尤其是他的现实主义、人道主义和爱国主义具有重要历史意义。③

《杜甫研究》是萧涤非运用毛泽东文艺思想的立场、观点和方法研究杜甫及其诗歌的一部著作。在研究中,萧涤顾及研究对象自身,以及他所处的社会状态,“将鲁迅对‘知人论世’批评方法的改造付诸实践,并力图以马克思主义社会学的观点去论世,去寻求作家作品与时代社会的内在关系”④。它代表了新中国成立初期杜甫研究的最高成就,被公认为“建国三十年来杜甫研究界的代表著作”,在学界产生了广泛影响,也奠定了萧涤非在杜甫研究领域的学术地位。同时,萧涤非为配合当时的胡适批判运动,于同年《文史哲》第 9 期发表《批判胡适对杜甫诗的反动观点》。虽然该文针对胡适在杜甫研究中所持的超阶级超政治、趣味主义和形式主义等观点展开批判,但也在一定程度上间接阐释了杜甫的现实主义、人道主义和爱国主义。1957 年,萧涤非在《文史哲》第 5 期上发表《杜甫研究(下卷)引言》,对杜诗选注部分作了一个解释说明。此外,陆侃如、冯沅君亦在《中国文学史稿(九)》中对杜甫作了专节介绍,认为杜甫是唐代最伟大的诗人,其伟大主要表现在社会矛盾爆发、人民陷入水深火热时,杜甫受现实启发,逐渐向人民靠拢,从而写出了“三吏”“三别”这样思想性与艺术性高度结合

① 萧涤非:《杜甫研究(二)》,《文史哲》1955 年第 5 期。
② 参见萧涤非:《杜甫研究(三)》,《文史哲》1955 年第 6 期。
③ 参见萧涤非:《杜甫研究(四)》,《文史哲》1955 年第 7 期。
④ 林继中:《“知人论世”批评方法的升华——〈杜甫研究〉学习札记》,《文史哲》1992 年第 2 期。

的作品。[①]

1958 年，“大跃进”背景下产生的“革命的现实主义和革命的浪漫主义相结合”的“两结合”创作方法直接影响到杜甫研究。同年 3 月，毛泽东到四川视察工作，参观了杜甫草堂，提出杜诗是政治诗。此观点很快成为杜甫研究的最高指导思想，日后研究者不同程度地诠释杜诗的政治性。在极“左”思潮的泛滥下，杜甫及其诗歌被赋予浪漫主义和政治性的解释，而现实主义的艺术特征和学术价值却被忽视。虽出现一些有见地的成果，但总体而言，杜甫研究逐渐脱离了文学研究的正常轨道，唯阶级论的研究方法使之陷入教条化、政治化的僵硬局面。[②]

60 年代初，极“左”思潮有所收敛，杜甫研究不再局限于政治性的解读，其文学特征与艺术特色再次得到关注。1961 年，杜甫被世界和平理事会确定为世界文化名人，1962 年又适逢杜甫诞辰 1250 周年，全国各地都举办活动纪念杜甫。郭沫若在纪念杜甫诞生 1250 周年大会上发表开幕词《诗歌史中的双子星座》，认为“他的诗歌真实而生动地反映了现实。他尽了最大努力发挥主观能动性，写作态度认真、刻苦，其诗的思想性和艺术性高度结合”。郭沫若称赞杜甫为“伟大的诗人”“爱国诗人”，“和人民打成一片”，并提出李白和杜甫是中国文学史上的双子星座概念，提倡李杜的结合，也就是浪漫主义和现实主义的结合。冯至也作了《纪念伟大诗人杜甫》的主题报告，对杜甫在中国文学史上的地位给予了高度评价。世界名人与纪念诞辰的效应叠加，掀起了杜甫研究的一个小高潮。学界纷纷撰写纪念文章，对杜甫及诗歌展开讨论。仅1962 年，“国内报刊就发表了有关纪念杜甫的各类文章三百余篇”[③]；其涉及杜甫的生平、思想、信仰、交游、创作态度、诗歌主张以及杜诗的内容、风格、艺术、意境语言等各个方面，从不同的方面和角度对杜甫及其诗歌作了深入而全面的研究和评价[④]。学界由此也得出共识，认为杜甫是一位“人民诗人”，其思想虽源于儒家，但对儒家学说既有批判有发扬，也遵循着现实主义创作原则，把现实主义推向了一个更高的

---

① 参见陆侃如、冯沅君：《中国文学史稿（九）》，《文史哲》1955 年第 3 期。

② 参见彭燕：《杜甫研究一百年》，《杜甫研究学刊》2015 年第 3 期。

③ 祁和晖、濮禾章：《建国以来杜甫研究情况述略》，《杜甫研究学刊》1988 年第 1 期。

④ 参见郑庆笃：《杜甫研究论文综述（1950～1976 年）》，《文史哲》1987 年第 1 期。

阶段。①

在此大背景下,《文史哲》也发表了两篇纪念杜甫的专题文章。萧涤非本着对诗人“细论文”的精神,就杜甫《羌村》第二首中的“娇儿不离膝,畏我复却去”这两句的两种不同解释与吴小如、傅庚生展开商榷,围绕诗中的“少欢趣”“畏”“却”“上一下四”“忆昔好追凉,故绕池边树”的理解问题与句法问题进行学理分析。② 该文虽为纪念文章,实则是一篇翔实、严谨、辩证的学术论文,体现出萧涤非扎实的学术功底与求真求实的学术态度,对于当时杜甫研究的文献整理、训诂考证起到了一定的推动作用。詹瑛则透过杜甫中年时期创作的诗篇,对杜甫中年思想的发展过程展开分析,提出杜甫的中年思想发展过程经历了曲折道路,政治理想的破灭、仕途的蹭蹬、生活的穷困屈辱,使得他的思想感情接近人民,而安史之乱所产生的民族矛盾、阶级矛盾进一步加深了杜甫的认识。③

1963年,山东大学就文化思想遗产批判继承问题进行讨论,学者们纷纷在《文史哲》上著文表达自己对于文化思想遗产的理解与阐释,讨论内容亦涉及杜甫的思想及其诗歌。王水照就杜诗的艺术创作特色进行讨论。文章首先对于冯文炳在杜诗中的典型问题提出异议,认为杜甫受创作环境、创作意图、诗歌体裁和手法特点制约,不能真正创作出典型环境的典型性格。其次反对吴调公的“审美特性”美学观,认为“杜诗中的‘蓬勃的生气’是由诗人从时代土壤中发展起来的性格、思想、理想所‘规定’的”。再次认为傅庚生片面地把作为一种风格或诗品的“醇美”当作评价的最高标准,相对贬低了别种风格的价值,古典诗歌研究应以革命批判精神对传统用语加以系统整理,结合具体作家作品给予科学证明。文章指出方管过度强调艺术技巧反把杜诗简单化、机械化了,应在实事求是中总结艺术技巧、在具体作品内容中寻找意义。最后总结诗歌艺术分析必须将现代艺术原理和美学原理与古代诗歌理论遗产相结合,“必须坚持革命的批判精神和实事求是的科学态度,防止硬搬或因袭”。④

维章针对萧涤非《杜甫研究》中一些观点质疑和商榷道,萧涤非在研究中有

---

① 参见王辉斌:《杜甫研究新探》,合肥:黄山书社,2011年,第299页。

② 参见萧涤非:《一个小问题 纪念大诗人——再谈杜诗“娇儿不离膝,畏我复却去”》,《文史哲》1962年第3期。

③ 参见詹瑛:《从杜甫诗文中看他中年的思想发展过程》,《文史哲》1962年第6期。

④ 王水照:《关于杜甫诗歌艺术特色的一些评论》,《文史哲》1964年第3期。

意无意地过度美化、抬高杜甫，混淆精华与糟粕的界限。杜甫受所处时代特点和阶级地位的制约与影响，其整体思想未突破儒家思想的局限，这就决定了杜甫不可能否定封建制度。而萧涤非只是过分强调“生活”的作用，没有正确进行马列主义的阶级分析。对于杜甫的“忠君与爱国”，萧涤非简单地将杜甫的封建思想体系看作一件“外衣”，只抓住进步性的精华作全部肯定，而撇开封建性糟粕，缺乏马克思主义的历史主义观点，脱离了马克思主义的阶级分析方法。建议萧涤非在杜甫研究中，“应当尊重历史，坚持古为今用，推陈出新的原则，正确地运用历史唯物主义、阶级观点、阶级分析方法，力求做到客观、全面、历史的研究和分析，批判地继承和发展遗产”①。

“文化大革命”开始后，杜甫研究备受冷落。1966 年至 1971 年间，学界未发表一篇关于杜甫的文章。1971 年，郭沫若的《李白与杜甫》一书出版，以扬李抑杜的观点打破沉寂。郭沫若在书中一反此前对杜甫的高度评价，认为杜甫是一个“完全站在统治阶级、地主阶级一边的”②封建卫道士，曾被视为“人民诗人”的杜甫形象跌落神坛。1974 年，在“评法批儒”运动浪潮下，杜甫被视作尊儒的封建诗人受到批判，杜甫研究沦为“儒法斗争”的牺牲品。受当时政治环境的影响，《文史哲》从 1973 年再次复刊至“文化大革命”结束，所发表的文章也未曾涉及杜甫研究。整体而言，“文化大革命”时期杜甫研究陷入停滞中断，为数不多的文章也带有强烈的政治批判色彩，内容和结论荒诞、幼稚，学术彻底沦为政治的附庸，完全丧失了学术独立性。③

综观新中国成立至“文化大革命”时期的杜甫研究，在主流意识形态话语的引导下，学界运用马克思主义理论解析杜甫及其诗歌，对其予以社会学的阐释。从总的基调来看，主要从阶级视角，从人民性、人民诗人的角度以及关心民众、忧国忧民的角度来谈杜甫④，“以人民性、爱国性、阶级性、政治性以及现实主义为时代特征的杜甫研究表现得尤为突出”⑤。50 年代前期，“将杜诗的写实性由

---

① 维章：《如何正确评价杜诗——读〈杜甫研究〉的一点体会》，《文史哲》1964 年第 5 期。

② 郭沫若：《李白与杜甫》，北京：人民文学出版社，1971 年，第 124 页。

③ 参见何梅琴主编：《中国古代文学二十讲》，西安：陕西人民出版社，2008 年，第 229 页。

④ 参见刘明华、田波澜：《百年歌自苦，“万代”有知音——纪念杜甫诞辰 1300 周年的对话》，张忠钢主编：《杜甫研究论集——中国杜甫研究会第六届年会论文集》，西安：西安出版社，2013 年，第 21 页。

⑤ 潘殊闲、张志烈：《杜甫研究百年回顾与展望》，《西华大学学报》（哲学社会科学版）2019 年第 1 期。

传统‘诗史’的认识提高到‘现实主义的创作方法’，应当说是个进步”[①]。马克思主义的新观点、新方法为杜甫研究开创了一个新局面，杜诗的现实性得到挖掘，杜甫也被冠以“人民诗人”的称号。但由于对马克思主义的理解和掌握并不到位，不少文章生搬硬套一些苏联文艺理论的概念和名词术语，全然不顾中国古典文学的自身特点和规律，杜甫研究出现了一些简单化、庸俗化的倾向。[②] 随着50年代后期至60年代极“左”政治思潮的发展，杜甫研究中的浪漫主义压过了现实主义，甚至被置于唯阶级论的研究视角下。片面地强调阶级分析，而缺乏历史的、全面的剖析，忽视了原本丰富的艺术创作手法，陷入形而上学庸俗社会学的泥潭。

王国维有言：“一代有一代之文学。”杜甫研究由民国时期以写实主义为主的多元阐释，到新中国成立后以现实主义为核心的一元发展，这种变化是学术范式转型发展的内在理路使然，更是政治生态环境大变迁下的必然结果。综观《文史哲》在50年代的杜甫研究，其发表的文章数量仅10余篇，相较于整个学界的600多篇而言，占比较低。但其贡献并不小，马克思主义理论观点充分地运用于杜甫研究中，取得的成果颇具开拓性。虽然受到政治运动的影响，但文章的政治意识色彩并不浓重。究其原因，一是山东大学本作为杜甫研究的重镇，高水平学者为文章的高质量提供了保障。二是在杜甫研究中，《文史哲》自身立足学术创刊的宗旨和原则，有着对学术性的坚守执着。新中国成立后前30年的杜甫研究历经风雨，在曲折中前进，以现实主义为主导的杜甫研究利弊交织，终究难以抗拒学术与政治同步的趋势。随着“文化大革命”的结束、思想解放的到来，学术研究方法、研究观念发生急剧转变，80年代以后的杜甫研究方迎来春天。

第三节　鲁迅典范的阐释与再造

鲁迅，作为20世纪历史发展中一个典型的文化符号，其所蕴藏的思想资源总是能表达不同的个人、群体与时代的诉求，鲁迅研究随之产生。80年代思想

---

① 林继中：《百年杜甫研究回眸》，《河北大学学报》(哲学社会科学版)1999年第2期。

② 参见郑庆笃：《杜甫研究论文综述(1950～1976年)》，《文史哲》1987年第1期。

解放至90年代，随着政治对学术的松绑，学人站在相对以往更加公正客观的角度回顾与审视鲁迅研究。关于鲁迅研究的学术史回顾是一项绕不开的内容。其中，如陈金淦、朱文华、易竹贤、刘泰隆等研究者的论著在对鲁迅研究进行历史分期的同时，分析其在不同历史时期的得失与特色。他们的学术成果是本节总结回顾鲁迅研究的主要依据。20世纪的鲁迅研究大致可分为四个时期：新中国成立前时期、新中国十七年时期、“文化大革命”十年动乱时期、新时期。本节关于《文史哲》的鲁迅研究涉及的是新中国十七年时期，但有必要追溯新中国成立前的鲁迅研究。

一、新中国成立前的鲁迅研究

关于新中国成立前鲁迅研究的具体进程，学界认识有所差异。多数学者认为鲁迅研究的奠基期是1919年五四新文化运动开始至1927年间。但在此之前，就有对鲁迅作品进行公开评论的文字了。鲁迅的创作与对鲁迅作品的研究评价几乎是并肩而行的。1913年4月，恽铁樵（署名焦木）对鲁迅发表于《小说月报》第4卷第1号的小说《怀旧》一文作了随文评点和篇末的“焦木附志”，评价较高。随着鲁迅小说《狂人日记》《阿Q正传》的发表以及小说集《呐喊》《彷徨》的出版，鲁迅的创作开始引起学界的重视。这一时期鲁迅研究的范围“包括鲁迅生活、思想、小说、杂文及其在中国文学史上的地位等等”①。因“鲁迅作品在那时还不具有任何权威性”②，读者根据自己的标准，“从各自不同的政治思想和艺术观点出发来评论鲁迅的作品及其思想，其中不少文字都带有研究性质”③。如吴虞的《吃人与礼教》(1919)，茅盾的《读〈呐喊〉》《鲁迅论》(1927)，张定璜的《鲁迅先生》(1925)，一声的《第三样世界的创造》(1926)等文章对鲁迅在小说、杂文等文学上的价值表示肯定，成仿吾的《呐喊的评论》(1924)一文则对鲁迅作品持否定态度。④ 之所以在评价上有分歧，根据王富仁的分析，是否从对鲁迅作品的社会人生感受入手是产生分歧性评价的重要因素。⑤ 此时期的评论和研究虽是初步的，“缺乏系统性和理论性，多数是读后感式的”，但是初步确立

---

① 刘泰隆：《鲁迅研究七十年(上)》，《广西师范大学学报》(哲学社会科学版)1989年第2期。

② 王富仁：《中国鲁迅研究的历史与现状》，福州：福建教育出版社，2006年，第6页。

③ 朱文华：《鲁迅研究史的六个阶段》，《江汉论坛》1982年第1期。

④ 参见朱文华：《鲁迅研究史的六个阶段》，《江汉论坛》1982年第1期。

⑤ 参见王富仁：《中国鲁迅研究的历史与现状》，福州：福建教育出版社，2006年，第6页。

了鲁迅创作在文学史上的地位。①

鲁迅研究的初步展开时期是1927年至1936年鲁迅逝世前。② 1927年11月茅盾(署名方璧)发表《鲁迅论》,“这是鲁迅研究史上对鲁迅的思想和创作进行较为系统研究的第一篇真正的作家论,也是较早强调鲁迅杂文具有重大社会意义的一篇重要论文”③。紧接着在1928年“革命文学”论争中,受“左”倾思想影响的太阳社、创造社成员对鲁迅展开攻击。对此,冯雪峰发表《革命与智识阶级》一文来维护鲁迅,称赞鲁迅在五四、五卅期间,是智识阶级中“做工做得最好的”,批评了创造社、太阳社中部分人“狭小的团体主义”的错误。为应对国民党反动派在国统区的文化“围剿”,1930年“左联”成立,鲁迅成为“左联”中的旗帜人物,瞿秋白实际在幕后指挥。然而“左联”成立后,马克思主义革命派左翼内部“始终存在着一个如何看待鲁迅及其作品的问题”,1933年瞿秋白的《〈鲁迅杂感选集〉序言》就是在这种情况下产生的一篇在鲁迅研究中具有里程碑意义的文章。④

为澄清在鲁迅评价上的混乱,瞿秋白将鲁迅放到中国历史发展进程和现实斗争环境中,运用马克思主义观点考察他的实际作用。第一,他“正确阐述了鲁迅杂文产生的社会历史根源和战斗意义”⑤。第二,第一次运用历史唯物主义的观点“深刻分析了鲁迅的思想发展过程,并对鲁迅的革命道路第一次作出了由进化论到阶级论的基本正确的概括”,“将鲁迅的思想发展分成前后既有联系又有质的区别的两个阶段”。⑥ 他对鲁迅前后思想转变的论述成为此后研究者反复引用的经典性结论:“鲁迅从进化论进到阶级论,从绅士阶级的逆子贰臣进到

① 参见陈金淦:《鲁迅研究六十年的一个轮廓》,《鲁迅研究的历史与现状》,南京:江苏教育出版社,1986年,第4页。

② 关于这一段鲁迅研究时期的划分,学人意见不一。如刘泰隆认为此阶段为迂回发展时期(1928年至1936年鲁迅逝世前);朱文华将1928年至1937年视为围绕鲁迅的争论以及科学地研究鲁迅的开始;易竹贤则将1930年“左联”成立到1949年全国解放间统视为鲁迅研究的深入期。本书取1927年为鲁迅研究的初步展开的开始,主要是因1927年国内革命战争失败,社会文化随着国共两党政治的分裂而分裂,知识界人士因政治倾向的不同而分为左、中、右三个不同派别,人们站在不同政治立场上来重新认识和评价鲁迅及作品。参见王富仁:《中国鲁迅研究的历史与现状》,福州:福建教育出版社,2006年,第24页。

③ 陈金淦:《鲁迅研究六十年的一个轮廓》,《鲁迅研究的历史与现状》,南京:江苏教育出版社,1986年,第4页。

④ 参见王富仁:《中国鲁迅研究的历史与现状》,福州:福建教育出版社,2006年,第35页。

⑤ 陈金淦:《鲁迅研究六十年的一个轮廓》,《鲁迅研究的历史与现状》,南京:江苏教育出版社,1986年,第5页。

⑥ 易竹贤:《六十年来鲁迅研究工作评介》,《江汉论坛》1981年第3期。

无产阶级和劳动群众的真正的友人，以至于战士，他是经历了辛亥革命以前直到现在的四分之一世纪的战斗，从痛苦的经验和深刻的观察之中，带着宝贵的革命传统到新的阵营里来的。”此外，瞿秋白将鲁迅的思想特点概括为“最清醒的现实主义”“‘韧’的战斗”“反自由主义”“反虚伪主义”，提出鲁迅既是“革命家”，又是“思想家”和“文学家”。这篇文章“标志着中国马克思主义鲁迅研究学派的开始出现，它把鲁迅研究提到了一个新的境界和水平”①。但对鲁迅的思想贡献也不乏分歧，1936 年出版的李长之的《鲁迅批判》一书就否认了鲁迅的“思想家”地位。总之，在此时期，鲁迅研究进一步深入，并开启了从文学和思想两个方面研究的路向。

1936 年至 1949 年是鲁迅研究的深入发展时期。1936 年 10 月 19 日，鲁迅病逝。鲁迅逝世后，不仅全国报刊刊发纪念文章，而且“党中央、毛泽东和中央其他领导同志对鲁迅的高度评价，确立了鲁迅的崇高地位”②。1937 年 10 月 19 日，陕北公学举行鲁迅逝世周年纪念大会，毛泽东在会上发表《论鲁迅》的演说，从政治家的视角评价鲁迅是“民族解放的急先锋”“党外的布尔什维克”，“鲁迅在中国的价值，据我看要算是中国的第一等圣人。孔夫子是封建社会的圣人，鲁迅则是现代中国的圣人”，并将鲁迅精神概括为“政治的远见”“斗争精神”“牺牲精神”三个特点。③

随后在 1940 年出版的《新民主主义论》中，毛泽东在论述“中国文化革命的历史特点”时，高度评价了鲁迅在中国新民主主义文化革命中的“旗手”作用，并用三个“家”和七个“最”的语词对鲁迅的地位作出经典论断：“鲁迅是中国文化革命的主将，他不但是伟大的文学家，而且是伟大的思想家和伟大的革命家。鲁迅的骨头是最硬的，他没有丝毫的奴颜和媚骨，这是殖民地半殖民地人民最可宝贵的性格。鲁迅是在文化战线上，代表全民族的大多数，向着敌人冲锋陷阵的最正确、最勇敢、最坚决、最忠实、最热忱的空前的民族英雄。鲁迅的方向，

---

① 陈金淦：《鲁迅研究六十年的一个轮廓》，《鲁迅研究的历史与现状》，南京：江苏教育出版社，1986 年，第 5 页。

② 陈金淦：《鲁迅研究六十年的一个轮廓》，《鲁迅研究的历史与现状》，南京：江苏教育出版社，1986 年，第 6 页。

③ 毛泽东：《论鲁迅》，中共中央文献研究室编：《毛泽东文艺论集》，北京：中央文献出版社，2002 年，第 9、10 页。

就是中华民族新文化的方向。”①

五四之后，中国新的文化生力军是“共产主义的宇宙观和社会革命论”，“所谓新民主主义的文化，一句话，就是无产阶级领导的人民大众的反帝反封建的文化”。② 也就是说，毛泽东的评价是在“新民主主义”这样一个大框架之下进行的。与瞿秋白在《〈鲁迅杂感选集〉序言》一文的精神相似，毛泽东将鲁迅和中国革命进一步联结起来。毛泽东要凸显的是具有共产主义文化思想的鲁迅，他的价值在于反帝反封建，鲁迅的方向代表的是新民主主义文化的方向。毛泽东的经典论断成为后来研究者与非研究者“认识、理解和学习、研究鲁迅的一个最为完整、科学的纲领”③，指导并推动了鲁迅研究的展开。

学界相继开展鲁迅研究的基本建设工作。鲁迅的著作被辑录成《鲁迅全集》出版。1936 年，茅盾发表《研究和学习鲁迅》，在文中号召“研究鲁迅”是目前紧要的工作，“研究鲁迅”同时就是学习他的战术，并强调“在民族存亡关头和战争紧张的现在，‘鲁迅研究’的意义就是继承他的工作”④。在这段时期内，研究队伍从国统区扩大到解放区，研究者结合现实斗争，自觉用马克思主义的立场、观点、方法来研究鲁迅。鲁迅研究的思想和文学两大方向进一步拓展，思想研究方面如李平心的《人民文豪鲁迅》、胡绳的《鲁迅思想发展的道路》等着重分析了鲁迅思想发展，文学创作研究方面如由路沙编辑、草原书店出版的《阿 Q 正传》，巴人的《论鲁迅的杂文》等重点阐述了鲁迅创作的艺术性意义。

新中国成立前的鲁迅研究在平稳发展中不断深化，虽然中共领袖人物对鲁迅作了肯定性评价，但在一个政治与文化尚未完全整合的社会里，上层的讲话、文件的指示性精神无法对所有层域的人，进行压倒性的甚至强制性的思想统合。整体来看，关于鲁迅的评价仍是多元化的，或可从中国革命事业发展的角度出发赞扬其功绩，或可从对社会生活的感受出发对其作品进行评论甚至批评。但是这种局面随着新中国的成立而彻底改变了。

---

① 《毛泽东选集》第 2 卷，北京：人民出版社，1991 年，第 698 页。

② 《毛泽东选集》第 2 卷，北京：人民出版社，1991 年，第 697、698 页。

③ 陈金淦：《中国无产阶级认识和评价鲁迅的发展过程》，《鲁迅研究的历史与现状》，南京：江苏教育出版社，1986 年，第 31 页。

④ 茅盾：《研究和学习鲁迅》，查国华、杨美兰编：《茅盾论鲁迅》，济南：山东人民出版社，1982 年，第 53 页；原载《文学》1936 年 12 月 1 日第 7 卷第 6 号。

二、新中国成立后“十七年”鲁迅研究的缘起

新中国成立后，鲁迅正式成为全国性的文化偶像。在所有的思想文化资源都要为思想统一服务的时候，鲁迅这个“现代中国的圣人”，被视为“时代和人民的忠实的儿子”[①]，在现代中国文化思想上已具备崇高的地位和广泛的影响力，自然继续“被”特写在新时代旗帜上。其实，新中国成立前毛泽东“发现”并“选择”鲁迅，就是“为了‘统一思想’而施行的政治谋略”。毛泽东肯定鲁迅反帝反封建的共产主义者形象与新文化旗手地位，实则与“文武兼备”的革命战略息息相关，“‘神道’是为了‘设教’，‘借尸’是为了‘还魂’”，毛泽东通过“掌控对于‘鲁迅’及其作品的阐释权”，“完全实现了对鲁迅所代表的现代知识分子的全面掌控”。[②]

新中国成立后，对鲁迅的解释继续采取这种政治实用主义的态度。但是，“他的思想遗产并不完全符合新时代意识形态的要求”[③]，这不仅在于鲁迅主张创作自由的启蒙主义文艺思想，与毛泽东文艺思想中所强调的“文学为政治服务”、“站在工农兵立场上”走大众化道路的新时代文学要求格格不入，还在于鲁迅自始至终致力于批判国民性的启蒙道路已经不合新时代要求了。因为人民群众已经由曾经被压迫的地位翻身变成国家的主人、历史的创造者，需要对其予以赞扬而非批判，这时候若再批判就是站在人民的敌对面上。这就需要有意过滤掉鲁迅的“启蒙主义者”的一面。在具体措施上，就是要“对鲁迅的遗产进行选择，对鲁迅的形象进行再造”。其中最重要的工作有两项：“一是努力把鲁迅与革命拉进；二是努力使鲁迅形象与毛泽东思想完全一致。”[④]这些工作的具体落实正是靠新中国的“鲁迅研究者们”。

在“改造”鲁迅的同时，宣传与学习鲁迅成为一种“政治仪式”。国家直接介入纪念与研究鲁迅的宣传工作，一方面用“实物”的形式将鲁迅精神固化，譬如，在北京、上海、绍兴多地设立鲁迅纪念馆；在逝世纪念日举办纪念集会活动；有

---

① 《伟大的作家，伟大的战士》，《人民日报》1956 年 10 月 19 日。

② 田刚：《毛泽东与鲁迅：“文艺与政治的歧途”》，《文史哲》2012 年第 2 期。

③ 李新宇：《1949：进入新时代的鲁迅——“鲁迅与当代中国”研究之一》，《齐鲁学刊》2007 年第 3 期。

④ 李新宇：《1949：进入新时代的鲁迅——“鲁迅与当代中国”研究之一》，《齐鲁学刊》2007 年第 3 期。

计划地搜集、整理、出版鲁迅著作,如 1958 年出版了带有注释的十卷本的《鲁迅全集》和十卷本的《鲁迅译文集》;将鲁迅作品选入大中小学课本;等等。另一方面,将学习鲁迅融入意识形态的理论学习中。《人民日报》多次结合现实政治需要在鲁迅逝世纪念日刊发社论。这些社论文章指明了学习的方向。第一,学习“鲁迅先生坚韧的思想斗争的精神”。这种精神是与当下“文化思想战线上的斗争任务”相通的,学习坚韧的斗争精神是进行思想改造,“在文化思想工作上加强和巩固马克思列宁主义思想的领导,肃清帝国主义、封建主义的思想影响,并且对自由资产阶级和小资产阶级的各种错误思想进行严肃的批判”①的利器。第二,“学习鲁迅对待民族遗产的革命精神”,“他对待民族遗产的态度,和他对待其他问题的态度一样,都和他的革命爱国主义的精神分不开”。② 第三,“广泛地传播鲁迅的思想遗产”,学习“鲁迅式的艺术”,培养“鲁迅式的工作人员用鲁迅式的热情和顽强性”为人民服务。③ 从这些充满“战斗口号”色彩的指令式文字来看,对鲁迅的学习侧重于其思想遗产。由此,鲁迅研究进入了新中国成立后“十七年”中的大规模展开时期。

三、《文史哲》与鲁迅研究

(一)山东大学鲁迅研究的开拓者和奠基者——华岗

《文史哲》从 1951 年创刊至 1963 年间,共发表 30 余篇鲁迅研究的相关文章,成为新中国成立后鲁迅研究的一个重要平台。《文史哲》的鲁迅研究能有如此丰硕的研究成果,与华岗密不可分。可以说,华岗是“山东大学鲁迅研究的开创者和奠基者”④。在《文史哲》创刊之前,华岗就高度重视对鲁迅思想的学习。1949 年 10 月 19 日,在青岛市各界纪念鲁迅先生逝世 13 周年大会上,华岗作了《我们应该从鲁迅思想中学习什么》的讲话,指出鲁迅思想中对“目前有最大教育意义的几点”:“俯首甘为孺子牛”的精神、“战斗的清醒的现实主义”、“民族主义和国际主义”统一的精神。同日,华岗又在《胶东日报》鲁迅纪念专刊上发表

---

① 《学习鲁迅,坚持思想斗争》,《人民日报》1951 年 10 月 19 日。

② 《继承鲁迅的革命爱国主义的精神遗产——纪念鲁迅逝世十六周年》,《人民日报》1952 年 10 月 19 日。

③ 《伟大的作家,伟大的战士》,《人民日报》1956 年第 10 月 19 日。

④ 解洪祥:《山东大学的鲁迅研究》,郑春、孔令顺编选:《山东大学文学与新闻传播学院校庆 110 周年纪念文集》,济南:山东文艺出版社,2011 年,第 312 页。

了《鲁迅所理想的中国》一文。1950 年 4 月,华岗被任命为山东大学校长,并担任《文史哲》杂志社社长。此后,华岗在对鲁迅思想遗产的宣传学习之外,又进行鲁迅研究。华岗格外重视鲁迅研究的原因,除了服务于当时新中国课程改革与中国现代文学课程建设外,另有一重要因素,那就是学习鲁迅顺应了知识分子思想改造的需要。他明确指出,鲁迅对旧社会"勇敢地反戈一击"的榜样作为,对"现在还没有改造过来的知识分子"摆脱旧社会思想意识的束缚具有"莫大的启发作用"。① 此外,鲁迅思想已被包含在毛泽东的思想框架内,学习鲁迅思想实质上也是学习马克思列宁主义的一环。研究鲁迅由此成为贯彻新意识形态的重要部分。

从 1951 年到 1952 年间,华岗在《文史哲》上连续发表了 5 篇研究鲁迅的论文,分别是《鲁迅思想的逻辑发展》《鲁迅论中国历史》《鲁迅论科学》《鲁迅论文艺》《鲁迅论妇女问题》。1953 年,这 5 篇论文结集为《鲁迅思想逻辑发展》一书,由新文艺出版社出版。该书"是全国解放后较早运用辩证唯物主义全面而系统地阐述鲁迅思想的专著",当时与"平心的《人民文豪鲁迅》等,成为较早的一批鲁迅研究有分量有开创意义的学术专著"。② 该书在"内容提要"中指出,分为两部分内容:一部分是总论,即《鲁迅思想的逻辑发展》;另一部分是分论,即对鲁迅思想的历史观点、科学观点、文艺观点以及鲁迅对于妇女问题的意见这几个主要方面分别进行分析。总论和分论互有联系,构成华岗鲁迅思想研究的有机统一体。

关于鲁迅思想发展的过程,当时大部分学者接受的是瞿秋白在《〈鲁迅杂感选集〉序言》中的论断,但是也存在不同看法。华岗在《鲁迅思想的逻辑发展》一文中表明了写作的目的,即对当时流行的如下"不符合客观事实"的观点表示不满:一是"否认鲁迅思想的发展性质,认为鲁迅思想是一次完成的东西",二是"否认鲁迅思想进步的本身逻辑规律,以为完全由外因所促成"。也就是说,华岗是为了澄清当时鲁迅思想发展中的错误认识。在《鲁迅思想的逻辑发展》一文中,华岗首先讨论了"鲁迅究竟是谁"的问题,强调要用一种历史主义的态度

---

① 华岗:《我们应该从鲁迅思想中学习什么》,《华岗选集》编辑委员会选编:《华岗选集》第 3 卷,济南:山东大学出版社,2003 年,第 1867 页。

② 高旭东:《华岗与鲁迅研究》,青岛市政协文史资料委员会、山东大学青岛校友会编:《华岗纪念文集》,青岛:青岛出版社,2003 年,第 131 页。

去评判鲁迅。鲁迅是“他所处历史条件下社会关系的产物”，不同于伏尔泰、尼采、安特莱夫、孔子、庄子、韩愈，是20世纪的“文学家和思想家”“新文化运动的主将”“人民革命领袖和导师”“民族英雄”。

接着，华岗分析了鲁迅思想产生的社会基础和历史背景，并以新民主主义革命中的重大革命事件为主线，论述了鲁迅进行“文化革命”的战斗历程。他强调鲁迅积极主动向马克思主义靠近，1928年起鲁迅“研究马克思列宁主义的社会科学和介绍马克思列宁主义的文艺理论及文艺作品”，也“参加了中国共产党所发起的群众运动”。华岗指出，鲁迅的人生历程正说明毛泽东在《新民主主义革命论》中对鲁迅的评价。接着，华岗阐释了鲁迅思想发展本身的逻辑性质，这是该文论述的主要内容。华岗对鲁迅前期思想中的进化论，虽也采用了瞿秋白在《〈鲁迅杂感集〉序言》中的论断，但是有他独到的见解：第一，“鲁迅的进化论宇宙观和他的战斗现实主义相结合，就作了他后来发展到无产阶级宇宙观的桥梁”。第二，华岗指出鲁迅的进化论基于社会现实，有“发展观点”，“承认人类具有能动的作用”，可以改变环境，承认事物发展过程中有“飞跃”。华岗阐明了鲁迅进化论的特点后，接着分析鲁迅怎么样由进化论跃向阶级论——“与其说最初是受了学说的诱导，不如说是出发于深刻的现实观察和实践体认”。1927年第一次国内革命失败后，“现实的政治斗争”以及对“阶级矛盾决定一切的事实”使鲁迅认识到“被压迫阶级和被剥削阶级对于压迫阶级和剥削阶级的反抗和革命”推动了社会的发展。另一个引起质变的因素是对马克思主义理论的学习。由此华岗认为，“由阶级论跃向阶级论，由批判的现实主义跃进到无产阶级现实主义，由小资产阶级革命作家发展成为无产阶级解放事业的伟大战士和中国文化革命的主将，这就是鲁迅思想发展路程中的生动逻辑”。最后，华岗得出结论：“鲁迅思想具有极其深厚的社会实践基础，同时又包含有他自己的韧性奋斗及自我教育和自我改造的过程，所以鲁迅思想是合逻辑的辩证发展。”①

在鲁迅思想的研究中，华岗极其重视鲁迅的历史观。在《鲁迅论中国历史》中，华岗阐述了鲁迅历史观的主要特点及贡献。华岗指出，鲁迅在1907年就写成《人之历史》，研究从猿发展到人的进化史，“是我们中国史学界最早研究社会发展史的先驱”。鲁迅研究历史的目的，是“以中国的具体历史来证明历史科学

---

① 华岗：《鲁迅思想的逻辑发展》，《文史哲》1951年第1期。

的阶级性和战斗性，同时就在批判旧历史中找出新时代”，用鲁迅在《华盖集》中的话来概括就是，“读史是查陈账，而查陈账是为了照出现在，预示将来”，即揭露“中国封建阶级怎样蹂躏历史和伪造历史”。鲁迅认为，旧时中国的野史比正史可靠，重写历史需要采用和参考这些可取的史籍。鲁迅将中国封建社会历史的阻滞状态和守旧性当作北京老房子的“活埋庵”，华岗认为鲁迅对中国历史特征的这种总结“真正说出了旧中国社会的病根”。华岗强调，鲁迅在历史学上的伟大建树既表现在史籍辑录工作上，也表现在他所著的文学作品中。①

“由于鲁迅曾有由自然科学转习文学的经历，且终生关心自然科学事业，故他与自然科学有极密切的关系。探讨这种关系，探讨鲁迅的自然观，是鲁迅研究的一个有机组成部分。”②但是在新中国成立前，很少有人关注鲁迅的科学观。华岗成为新中国成立之初最早阐发鲁迅科学观的学者，他的《鲁迅论科学》一文具有开创性。华岗首先论述了鲁迅从事科学思想启蒙的活动，然后对鲁迅的科学思想进行深刻的阐述。在“科学的起源”方面，鲁迅“虽然没有提出具体的说明，但在大体轮廓上，却很扼要地提出了符合客观事物规律的阐释”。在“科学的功能”方面，鲁迅认为其显著体现在“改造自然和推动社会的进步”。鲁迅推崇科学的目的是服务于启蒙主义，因而“科学必须和封建主义及宗教迷信作斗争”。华岗认为，鲁迅在从事文艺运动之后，也没有放弃对于科学的关注，并主张科学运动和文艺运动必须互助合作，他要求前进的社会科学必须对人民大众“指出方向”，还要“给予力量”。由此华岗总结道：“从自然科学到文艺，又从文艺到社会科学，这就是鲁迅先生一生工作的基本历程”，他不仅是“中国人民文艺的伟大作家和导师，而且是中国人民科学（包括自然科学和社会科学）的光辉旗帜和战士”。③ 华岗关注到的这一鲁迅研究的新维度，对认识五四知识分子的思想发展历程是有价值的。林辰的《鲁迅与自然科学》一文对鲁迅的自然科学观作了“认真的、全面的、科学的考察和研究”④。

华岗所富有的马克思主义理论修养，令其格外关注鲁迅的文艺理论。华岗在《鲁迅论文艺》一文中，将鲁迅的文艺观分为“文艺的源泉和作用”“文艺的起

---

① 参见华岗：《鲁迅论中国历史》，《文史哲》1951 年第 2 期。

② 袁良骏：《建国之初鲁迅研究的新开拓、新侧面》，《河北学刊》1986 年第 6 期。

③ 华岗：《鲁迅论科学》，《文史哲》1951 年第 3 期。

④ 袁良骏：《建国之初鲁迅研究的新开拓、新侧面》，《河北学刊》1986 年第 6 期。

源和发展”“文艺在旧中国的社会地位”“创作方法”“文艺批评”等方面来阐释。最后，华岗联系正在进行的思想改造指出，文艺工作者必须站在工农兵立场，才能“为人民群众中最大多数的工农兵服务”。鲁迅认为要经过根本性质的改造，应在积极方面指出文艺工作者注意的文艺观点，正是“一切文化工作者改造自己与推进工作的主要关键和正确路线”。①

鲁迅在关注底层社会反封建压迫的过程中，格外重视妇女的解放问题。华岗的《鲁迅论妇女问题》一文首先从妇女在旧中国封建社会中的地位入手，分析了鲁迅有关这一问题的论述。然后，华岗又以对鲁迅的小说《祝福》和《离婚》的具体分析，揭示出妇女悲惨屈辱的命运，其目的就是促进妇女解放运动，并提出了关于妇女解放的意见。华岗认为鲁迅的这些见解对当时与压迫妇女的封建思想作斗争也有指导意义和参考价值。②

上述文章是华岗关于鲁迅研究的主要内容，他在充分运用马克思主义方法的基础上，多次引证毛泽东在《新民主义主义论》等文章中对鲁迅的评价，将鲁迅的革命历程与思想发展结合起来考察。华岗对于鲁迅思想发展的研究，尤其是对鲁迅前期思想进化论思想中发展观点的肯定，具有重要的学术影响。一个显著的例子是，1953 年，中学语文教师潘颖舒在《文史哲》上发表文章，通过回应读者对入选中学语文教材的鲁迅小说《故乡》的疑问，对《故乡》进行了深入的剖析。其中在回答“从《故乡》里反映鲁迅当时的思想情况是什么”这个问题时，作者就根据华岗在《鲁迅思想的逻辑发展》中的关于鲁迅进化论思想的论断，去分析《故乡》所反映的鲁迅当时的思想情况，认为“应该从鲁迅思想的不断运动着的和不断变化着的、是旧东西在衰亡和新东西在产生的过程去探讨和研究”，认为鲁迅的“伟大革命精神”正是这篇文章发展的顶点。③ 华岗为《文史哲》在创刊初期的鲁迅研究奠定了基础，它反映了“山东大学鲁迅研究历史发展的第一个阶段”，“也是最早和最充分地形成和显示了山东大学鲁迅研究的鲜明的特色和传统”，即“重整体把握，重理论深度”④，尤以鲁迅思想研究为重点。

---

① 华岗：《鲁迅论文艺》，《文史哲》1951 年第 4 期。

② 参见华岗：《鲁迅论妇女问题》，《文史哲》1952 年第 1 期。

③ 潘颖舒：《关于鲁迅〈故乡〉的几个问题》，《文史哲》1953 年第 3 期。

④ 解洪祥：《山东大学的鲁迅研究》，郑春、孔令顺编选：《山东大学文学与新闻传播学院校庆 110 周年纪念文集》，济南：山东文艺出版社，2011 年，第 312 页。

（二）系统研究鲁迅的专著——《鲁迅研究》

华岗在自己身体力行研究鲁迅之外，还组织中文系教师从事鲁迅研究，山东大学的鲁迅研究随之发展到第二阶段。这一时期，更加注重对鲁迅文学贡献的研究。孙昌熙说，为“正确认识鲁迅，继承和发扬鲁迅精神，提高教师与学生的思想和业务”，并将鲁迅研究“作为一个中文系的中心研究项目”①，“1952 年，华岗校长提出在山大中文系开设‘鲁迅研究’课，并成立了一个备课小组，在华岗校长的具体指导下，由中文系教师刘泮溪、孙昌熙、韩长经三人组成”②。华岗指导他们“以马列主义观点方法，尤其以毛泽东同志研究鲁迅的方法以及对鲁迅的崇高评价作为准则，在充分肯定鲁迅的革命贡献的同时”，探索鲁迅文艺思想的形成和发展，“用科学的比较方法，研究鲁迅小说、杂文、散文等创作特色以及鲁迅在中国现代文学史上的地位和贡献。还将鲁迅在批判继承优良传统和借鉴外国的辉煌成就以及鲁迅从实践中总结出来的研治古代作家作品的理论贡献等等都作为课程内容”。③

1953 年，“鲁迅研究”专题课正式开课，华岗亲临讲坛讲授了一部分，“这是全国高等学校中首创的‘鲁迅研究’课程”④。在授课过程中，刘、孙、韩三人将教学与科研结合起来，把讲稿当作研究论文来写。“为了求正于海内鲁迅研究专家”⑤，以及“看学术界反应如何”⑥，讲稿经华岗亲自修改后，陆续发表在 1953 年至 1954 年间的《文史哲》上，共 8 篇文章，最后结集成册为《鲁迅研究》，1957 年由作家出版社出版。这是解放后系统研究鲁迅较早的专著之一。“较之《鲁迅思想的逻辑发展》，这本后出的《鲁迅研究》就显得更全面系统，带有‘鲁迅学’

---

① 孙昌熙：《孙昌熙自述》，高得增、丁东编：《世纪学人自述》第 5 卷，北京：北京十月文艺出版社，2000 年，第 43 页。

② 高旭东：《华岗与鲁迅研究》，青岛市政协文史资料委员会、山东大学青岛校友会编：《华岗纪念文集》，青岛：青岛出版社，2003 年，第 135 页。

③ 孙昌熙：《孙昌熙自述》，高得增、丁东编：《世纪学人自述》第 5 卷，北京：北京十月文艺出版社，2000 年，第 43 页。

④ 高旭东：《华岗与鲁迅研究》，青岛市政协文史资料委员会、山东大学青岛校友会编：《华岗纪念文集》，青岛：青岛出版社，2003 年，第 135 页。

⑤ 孙昌熙：《孙昌熙自述》，高得增、丁东编：《世纪学人自述》第 5 卷，北京：北京十月文艺出版社，2000 年，第 43 页。

⑥ 郭同文：《华岗与山大中文系的“鲁迅研究”》，郑春、孔令顺编选：《山东大学文学与新闻传播学院校庆 110 周年纪念文集 · 记忆卷》，济南：山东文艺出版社，2011 年，第 371 页。

的性质。"[①]它"在海内外都产生了巨大影响,不仅引起国内现代文学研究领域和鲁迅研究领域的重视,而且一些高校以此书为教材相继开设'鲁迅研究'。香港博文书局将《鲁迅研究》翻印行销,苏联、捷克鲁迅研究专家对此书也给予了高度评价,使他们都成为我国当代鲁迅研究的著名专家"[②]。

下面将以刘泮溪、孙昌熙、韩长经三人合著的《鲁迅研究》内容为纬,以时间为经,分析这一阶段《文史哲》的鲁迅研究。

在《鲁迅研究》一书中,刘泮溪承担了全书大半部分内容的写作,特别是杂文部分。他早年在西南联大读书,学习西方文艺理论时,就接触了马克思主义文艺理论。在昆明教书时,已经"秘读《在延安文艺座谈会上的讲话》,并通过教学与写文章,偷偷引用,大胆宣传"[③],这使他加深了对马克思主义文艺思想的认识,明确了革命文艺发展的道路和方向,并为此后鲁迅研究奠定了基础。抗战胜利后,他到山东大学任教,并任文学院的秘书兼中文系现代文学教研室主任、《文史哲》编委等。解放前,他就立志学习鲁迅。据张杰的回忆,刘泮溪"十分崇敬鲁迅先生,崇敬他为人民所作的无私奉献,钦佩他对旧社会所作的入木三分的分析和批判。他要学习鲁迅鲜明的立场和韧性的战斗精神。他要以学习、鲁迅、研究鲁迅作为自己终生之事业"[④]。他在对鲁迅崇敬之感的基础上,又"对鲁迅的著作逐篇进行研读并作笔记"[⑤],这使他在讲授"鲁迅研究"时,能够对鲁迅的思想和创作进行综合分析。

"杂文研究是鲁迅研究中重要的领域。怎样认识鲁迅杂文传统、评价鲁迅杂文价值、开展杂文创作是新时代的新问题。"[⑥]刘泮溪的《鲁迅杂文的政治意义和艺术价值》就此方面问题进行探讨。文章首先对鲁迅杂文产生的社会背景及

---

① 高旭东:《华岗与鲁迅研究》,青岛市政协文史资料委员会、山东大学青岛校友会编:《华岗纪念文集》,青岛:青岛出版社,2003年,第135页。

② 郭同文:《华岗与山大中文系的"鲁迅研究"》,郑春、孔令顺编选:《山东大学文学与新闻传播学院校庆110周年纪念文集·记忆卷》,济南:山东文艺出版社,2011年,第371页。

③ 孙昌熙:《化短暂为永久 序张杰著〈春风桃李忆吾师〉》,《张杰回忆散文》,泰安:泰安市新闻出版局,2001年,第4页。

④ 张杰:《掩卷茫然对短檠——忆刘泮溪教授》,《张杰回忆散文》,泰安:泰安市新闻出版局,2001年,第60页。

⑤ 张杰:《掩卷茫然对短檠——忆刘泮溪教授》,《张杰回忆散文》,泰安:泰安市新闻出版局,2001年,第61页。

⑥ 刘秉书:《恩师刘泮溪的"鲁迅研究"》,郑春、孔令顺编选:《山东大学文学与新闻传播学院校庆110周年纪念文集》,济南:山东文艺出版社,2011年,第220页。

其性质范围作了说明，认为鲁迅杂文是在中国新民主主义革命的迫切要求下产生的，这就决定了其性质是“文艺性的论文”，是“诗与政论的结合，是诗人和战士一致的产物”。接着，刘泮溪从政治意义与艺术价值两方面对鲁迅杂文进行评析，以说明它对中国革命所起的伟大作用及在艺术上的卓越成就。其政治意义就在于积极的战斗作用，“无情的解剖和批判不合理的社会制度，猛击旧社会的上层建筑”，“同时教育群众、动员群众、组织群众从事革命”，从而密切配合了新民主主义革命每个阶段的革命要求。鲁迅的杂文作为一种创作，“有崇高的艺术价值”，“政治性和艺术性达到了有机的统一”，“其思想性的深广与艺术性的卓越，在中国文学史上达到了登峰造极的高度，把它列入世界进步文艺之林也独放光明”。①

刘泮溪曾对诗歌有一定的兴趣和研究，他搜集整理的民间歌谣为其文学研究提供了丰富的资料。他的大学毕业论文《从“诗界革命”到新诗》就是一篇诗歌研究论文。这些研究经历令其自然要关注到鲁迅对诗歌的研究。在《鲁迅的诗歌和书信》一文中，刘泮溪指出鲁迅在诗歌的起源问题、功用问题、内容与形式问题等方面发表过意见，并且创作过新诗以及旧体诗，满足了革命的需要，发挥了它的战斗性。沿着扩大材料范围的思路，刘泮溪挖掘了书信的价值，并认为鲁迅的大部分书信“兼有杂文的成分，其中有政论性、战斗性、形象性，更不乏抒情成分”，内容真实是其特色，它是“研究鲁迅的生活、工作以及创作的重要材料”。②

刘泮溪在研究中也关注到鲁迅在批判继承中国文化优良传统以及介绍世界文艺的成就。他的《鲁迅所创造的民族形式》一文主要探讨了鲁迅在中国文化的民族形式方面所发挥的创造作用。鲁迅创造了不拟古、不欧化，更不是概念化公式化的作品，这些作品既发扬了民族文化艺术的优良传统，又吸收了世界文化的进步成分，更成功地反映了特定阶段的社会现实与民族特性，他使这些成分互相联系起来，构成有机的统一。鲁迅的小说、散文、杂文，都是民族形式的典范，是教育大众的利器。③ 在《鲁迅介绍世界文艺的战绩》中，刘泮溪指出鲁迅以“介绍和翻译”工作开始文学生涯，此后是翻译与创作并进。前期对东欧

---

① 刘泮溪：《鲁迅杂文的政治意义和艺术价值》，《文史哲》1953年第5期。

② 刘泮溪：《鲁迅的诗歌和书信》，《文史哲》1954年第8期。

③ 参见刘泮溪：《鲁迅所创造的民族形式》，《文史哲》1954年第3期。

被压迫民族文学和俄罗斯文学的介绍，后期对苏联文学艺术的介绍及翻译，使中国的翻译界坚持着与革命要求相适应的正确方向。[①]

孙昌熙同样对鲁迅在整理中国文学遗产方面的工作有所总结。他认为对待文学遗产，鲁迅坚持反封建文化的目的，“反对它那些消极的有毒素的成分(封建性的糟粕)，接受它那些积极的对新文化有营养的成分(民主性的精华)”，“积极的从其中寻找革命的可以作为向现实战斗的因素，并把它融化在自己的作品里，向黑暗统治势力进行战斗”。因而鲁迅是第一个“以马克思列宁主义观点及其科学方法，发掘出古典文学的生命——人民性”的文艺工作者。然后孙昌熙介绍了鲁迅整理和研究文学遗产的方法，首先具有无产阶级的立场，其次要读懂古书，并掌握科学的研究方法，还要做好考据和整理史料工作。孙昌熙概述了鲁迅整理古典文学最大的成绩是著成了《古小说钩沉》《唐宋传奇集》《小说旧闻钞》等。孙昌熙肯定了鲁迅整理中国古代文学遗产的成绩：“他所开辟的研究文学遗产的道路是正确的、科学的”，“今天一些整理与研究文学遗产的人，也无不是沿着这条道路前进的”。[②]

其实孙昌熙对鲁迅研究着力更深的领域是鲁迅的小说。他早年在西南联大读书及工作时，就发表过小说和散文，从事文学创作。但是新中国成立后，孙昌熙先前的文学创作风格已不符合社会主义文学的工农兵方向的要求。当时王统照约他为《胶东日报》写一篇作品评论稿，孙昌熙写了《野草·风筝》评析并发表，“这是孙先生第一篇研究鲁迅的文章，也坚定了他弃文学创作改做研究的信心”[③]。孙昌熙所具有的古典文学及马克思主义文艺理论素养，使其鲁迅研究更系统，又不乏创新性。“当一般人还认为比较文学是国外引进的‘舶来品’时”[④]，孙昌熙已经在鲁迅研究中运用比较文学方法开拓了新领域。1951年，孙昌熙在《文史哲》创刊号上发表了《鲁迅与高尔基》一文。文章认为高尔基对鲁迅的影响尤为重要，研读高尔基以及其他作家的作品，是鲁迅接受马列主义的一个优先条件。文章还介绍了两大文豪的友谊、鲁迅对高尔基的评论，并作了两个人的比较研究，这篇文章的性质已经属于比较文学领域。

---

① 参见刘泮溪：《鲁迅介绍世界文艺的成绩》，《文史哲》1954年第12期。

② 孙昌熙：《鲁迅整理中国文学遗产的成绩》，《文史哲》1954年第10期。

③ 张洪军：《孙昌熙先生研治鲁迅和现代文学的成就》，《文史哲》2011年第5期。

④ 生力：《孙昌熙教授与鲁迅研究》，《文史哲》1986年第1期。

孙昌熙对鲁迅小说的研究始于发表在《文史哲》上的《鲁迅小说的特色》一文。孙昌熙指出，鲁迅的小说是“照彻旧中国国民性和腐朽社会的镜子”，其高度的艺术性决定于其高度的思想性，继而论述了鲁迅小说中涉及的妇女、农村土地、知识分子等社会问题。他认为鲁迅融合古代和现代的“历史小说”是与黑暗势力战斗的一种新式武器。最后他重申了研究鲁迅小说的新意义。此外，他指出在小说创作中对优秀文学遗产的吸收和继承也值得揣摩与学习。[①]

另一位研究者韩长经生于 1927 年，年少刘、孙二人十余岁。与刘泮溪、孙昌熙在新中国成立前素有的鲁迅创作及研究经历不同的是，韩长经在解放初接受了新式教育，是在马克思主义下成长起来的。1952 年他从山东大学中文系毕业后留校任教。在政治学习期间，韩长经给华岗的政治课以及讲话的报告全文做记录，致力于宣传马克思主义。[②] 可想而知，韩长经的鲁迅研究是更为自觉地在新民主主义革命的框架下展开的。

1953 年，为庆祝鲁迅 72 周年诞辰纪念，《文史哲》发表了两篇文章。一篇为前文所述的刘泮溪的《鲁迅杂文的政治意义和艺术价值》一文，另一篇是韩长经的《鲁迅的现实主义的发展道路》一文。韩长经用长达10 页的篇幅分析了鲁迅由前期社会主义走向后期社会主义现实主义的因素和内容。他作此文的目的用一句话概括来说就是，“鲁迅的现实主义的发展过程，正可典型的说明了中国社会主义现实主义的发展过程”。韩长经首先澄清了现实主义在中国现代文学上的发展方向问题，强调文学与政治不可分开，文学是革命工作的一部分，五四之后的中国革命性质已是社会主义革命的一部分，因此“文学运动的基本方向，也必然是社会主义现实主义的方向”。自五四文学革命开始，虽出现了反映不同社会阶级观点的各种流派，“但形成主流的不可能不是社会主义现实主义”。具体说来，作品所包含的社会主义现实主义的因素，是“彻底的不妥协的反帝反封建的精神”。

正文中，韩长经分六个部分来论述。关于鲁迅初期走向现实主义的因素，韩长经认为时代与革命的要求起了决定作用，早年的困苦生活经历是客观条件，主观因素是“民主主义思想支配下所产生的要求改良人生，提倡个性解放”观念。接着，韩长经指出鲁迅初期现实主义有其特点，一是用“是非分明、敌友

① 参见孙昌熙：《鲁迅小说的特色》，《文史哲》1953 年第 6 期。

② 参见张杰：《忆长经》，《张杰回忆散文》，泰安：泰安市新闻出版局，2001 年，第 170～172 页。

分明的清醒精神”去表现阶级社会里的阶级矛盾，二是“敢于正视血淋淋的现实人生”，三是“能够清醒的认识到希望在于将来，有着革命的浪漫主义的萌芽”，四是“对于中华民族性格中某些消极成分的批判”，五是有“战斗的特色”。韩长经强调是否“具有工人阶级的立场和共产主义的世界观”是区别社会主义现实主义和旧现实主义的决定性因素。旧现实主义着重批判暴露，而“社会主义现实主义不只要反映现实，批判现实，主要地在于它以党性原则去指导社会前进”。由此，韩长经继续分析鲁迅走向社会主义现实主义的条件：一是“革命现实发展的引导”，二是“本身对改造现实的要求”，三是“苏联文学的影响”使其认识到文学是阶级意识的反映，四是1927年后，由进化论者逐步发展为阶级论者并掌握马克思列宁主义。最后韩长经指出鲁迅社会主义现实主义的内容是揭发社会矛盾的复杂性并找出解决矛盾的办法，创作中采用典型化的原则。①

为进一步说明鲁迅对新民主主义革命的贡献，韩长经又依据鲁迅的杂文集撰写《鲁迅与文艺统一战线及文艺批评》一文，论述鲁迅在文艺统一战线及文艺批评上的贡献。文章第一部分指出，鲁迅在每一个历史时期的文艺统一战线上，都是文艺统一战线的主将。“他对统一战线的许多宝贵的意见”，“直到今天还放着灿烂的光辉”。文章第二部分指出，“鲁迅主张科学的文艺批评”，站稳工人阶级立场，“始终为进步的无产阶级文艺批评的正常发展而积极斗争”，并“培养、教育、鼓舞青年作家”。在结语中，韩长经再次强调：“鲁迅对统一战线及文艺批评的意见，有力地说明了他是中国社会主义现实主义文艺批评的奠基者，也更加证明了他是‘中国新文化革命的主将’。”由于“文艺批评是统一战线的具体表现”，“文艺批评可以通过对错误思想的批评，更好地巩固与扩大文艺统一战线的团结”，鲁迅以“党性原则开展文艺批评”，巩固和发展了文艺统一战线，“做到了文艺为新民主主义革命服务的目的”。②

在讲授“鲁迅研究”课程之余，韩长经还在《文史哲》上发表了其他鲁迅研究的文章。有感于当时《人民日报》所发表的“大量创作、出版、发行少年儿童读物”的社论，韩长经认为鲁迅“对儿童问题、农民问题的意见，不但在当时是有指导意义的，就在今天，仍有着崭新的价值”③。1953年，韩长经发表《鲁迅与儿童

① 参见韩长经：《鲁迅的现实主义的发展道路》，《文史哲》1953年第5期。
② 韩长经：《鲁迅与文艺统一战线及文艺批评》，《文史哲》1954年第11期。
③ 韩长经：《学习鲁迅》，上海：新文艺出版社，1956年，“前记”。

问题》一文，文章通过鲁迅的艺术作品与杂文、译著等，分析了他对儿童问题的看法，并呼吁大家在学习鲁迅时，不要忽略他对儿童问题的重视。[①] 1954 年，韩长经又发表《鲁迅与农民问题》一文，从“鲁迅对农民的认识”“农民土地问题”“农民与封建地主阶级的矛盾”“农民革命问题”“农民文学”五个方面来论述鲁迅对农民问题的认识。[②] 这两篇文章经《文史哲》发表后，经过修改补充，又增添了《鲁迅与青年作者》一文，后辑成《学习鲁迅》一书，于 1956 年由上海文艺出版社出版。1957 年，韩长经在北京师范大学学习研究苏联现代文学，此后又将关注点转移到鲁迅与苏联文学的关系上，相继在《文史哲》上发表了《鲁迅与契诃夫》(1958 年第 8 期)、《鲁迅论列夫 · 托尔斯泰》(1958 年第 11 期)、《鲁迅论俄国批判的现实主义文学》(1961 年第 2 期)。

刘泮溪、孙昌熙和韩长经三人在华岗的指导下，以“鲁迅研究”课程为中心，形成了对鲁迅生平、思想和创作等各方面的系统考察，但是也难免具有时代的局限。他们存在的一些局限和不足，或可代表当时学界在鲁迅研究上的普遍问题。

第一，将对鲁迅作品的研究与新中国成立初期的思想改造联系起来。鲁迅的遗产如同思想改造中的知识分子一样，也要重新站在人民的立场上进行改造。但是人们沿着瞿秋白、毛泽东以及华岗分析鲁迅思想发展历程的道路，发现鲁迅前后期由个人主义到集体主义、由进化论到阶级论的思想变化本身就意味着他已经完成了思想改造。而学习鲁迅、了解鲁迅思想发展的过程，就是要学习鲁迅思想的发展“通过了怎样苦痛的自我批判的过程”，以及他怎样放下前期思想这个包袱。[③] 因为从“敢于用新的思想来征服自己的旧的思想”方面来说，“鲁迅可以做一切在自我改造的过程中的知识分子的模范”。[④] 鲁迅自我改造的精神不仅体现在他个人的思想发展中，而且他的作品本身就包含了思想改造所需要的战斗精神。比如孙昌熙在分析鲁迅小说的新意义时称，鲁迅小说所鞭挞的封建旧思想、劣根性“在今天无疑地是仍然残留着的”，“继续思想改造，剔除恶劣性格，在今天还必须大张旗鼓来进行的。因而我们特别应该继承和发

① 参见韩长经：《鲁迅与儿童问题》，《文史哲》1953 年第 2 期。
② 参见韩长经：《鲁迅与农民问题》，《文史哲》1954 年第 1 期。
③ 参见茅盾：《学习鲁迅与自我改造》，《人民日报》1949 年 10 月 19 日。
④ 胡绳：《我们要向鲁迅学习什么？》，《人民日报》1951 年 10 月 20 日。

扬鲁迅的这种战斗精神”。[①] 鲁迅成为思想改造的一个典范,作为一位文豪的艺术成就倒成为从属性的了。

第二,毛泽东对鲁迅的评价及方法,成为鲁迅研究的圭臬与准绳,它既是考察鲁迅文艺思想的前提,也是结论。韩长经在分析鲁迅走向社会主义现实主义的条件时,就在《鲁迅的现实主义的发展道路》中谈道:“后期的鲁迅(约一九二七年以后),是完全以一个非党的布尔什维克的姿态,真正代表着无产阶级文艺向一切反动文化斗争到底的。这在毛主席给鲁迅的崇高、光荣的评价里面,我们可以看得很清楚。”很明显,这里的鲁迅“非党的布尔什维克的姿态”正是毛泽东在《论鲁迅》中所作的“党外的布尔什维克”的评价。与此类似的还有孙昌熙在《鲁迅小说的特色》中的分析,他认为鲁迅小说中“对封建农村阶级对立的关系,剥削与被剥削的关系”的艺术表现,其创作目的和创作方法正符合毛泽东的《在延安文艺座谈会上的讲话》中关于“革命的文艺”的创作方向。他继而分析,“为什么鲁迅能表现得这样深刻而尖锐呢?就是因为他能站稳人民革命的立场,热爱人民”[②]。这又契合了毛泽东对革命文艺工作者所提出的,为将“革命工作”和“人民群众”相结合而提出的“立场问题”的要求,也就是应该“站在无产阶级和人民大众的立场”。[③] 还需要提及的是,毛泽东对鲁迅的评价,也是决定鲁迅专题研究方向的关键。在孙昌熙的《鲁迅整理中国文学遗产的成绩》、刘泮溪的《鲁迅介绍世界文艺的成绩》等文章中,都涉及鲁迅与文学遗产的问题,而如何继承文学遗产是毛泽东于《在延安文艺座谈会上的讲话》中明确指示过的。[④] 这时,鲁迅就成为处理中国文学遗产与当代文学、借鉴世界文艺的模范。反对封建性的糟粕,接受民主性的精华,站在无产阶级的立场做好考据和整理史料工作,也正是50年代整理与研究文学遗产的人应该走的道路。这种研究是缺少怀疑精神和探索精神的,注经的意味却格外浓厚。

---

① 孙昌熙:《鲁迅小说的特色》,《文史哲》1953年第6期。

② 孙昌熙:《鲁迅小说的特色》,《文史哲》1953年第6期。

③ 参见毛泽东:《在延安文艺座谈会上的讲话》,中共中央文献研究室编:《毛泽东文艺论集》,北京:中央文献出版社,2002年,第49页。

④ 参见毛泽东:《在延安文艺座谈会上的讲话》,中共中央文献研究室编:《毛泽东文艺论集》,北京:中央文献出版社,2002年,第57、63页。“对于中国和外国过去时代所遗留下来的丰富的文学艺术遗产和优良的文学艺术传统,我们是要继承的,但是目的仍然是为了人民大众。”“我们必须继承一切优秀的文学艺术遗产,批判地吸收其中一切有益的东西,作为我们从此时此地的人民生活中的文学艺术原料创造作品时候的借鉴。”

四、《文史哲》与“左”倾思潮影响下的鲁迅研究

在华岗的主持下，山大的鲁迅研究取得了引人注目的成就，这些成就都通过《文史哲》这个平台得以面世。但是随着1955年“反胡风”、1957年反右派、1960年以后“反修正主义”等政治运动的开展，从50年代中期开始，一批鲁迅研究专家及成果相继遭到批判，鲁迅研究受到了极“左”思潮的干扰。这在《文史哲》的鲁迅研究中体现尤为明显。

1955年，华岗受“胡风反革命集团”案牵连被冤枉入狱，他的《鲁迅思想的逻辑发展》自然难逃厄运。1956年，刘泮溪、孙昌熙、韩长经三人倒戈一击，合著发表《批判华岗的“鲁迅思想的逻辑发展”》一文。文章批判说，华岗此书，“除了夸大鲁迅、巧妙地歪曲鲁迅来散布资产阶级思想毒素之外，还严重地危害了党的统一战线政策”。华岗与“胡风反革命集团的一些分子”一样，否定鲁迅思想发展的规律性，把鲁迅的主观精神放在决定一切的地位，“而对于阶级斗争的影响，党与马克思主义的教育，则轻描淡写”。他们指责华岗“混淆了前后期的思想本质”。文章否定了华岗对鲁迅关于文艺、文学遗产方面的研究，由此证明“华岗是资产阶级代言人和文化骗子”。[①] 1957年，在反右派斗争中，冯雪峰的政治和学术思想也一并受到批判。1958年，韩长经发表《批判冯雪峰的关于鲁迅与俄罗斯苏维埃文学的谬论》，文章批判“冯雪峰的文艺思想和胡风的文艺思想基本上是一致的”，“都是党和社会主义的敌人，都是时代的渣滓。他们的思想都是反马克思主义的”。[②]

反右运动扩大化后，大批知识分子在受到批判的同时，也进行了自我批判，对自己以往的思想、学术进行了否定。刘泮熙、孙昌熙、韩长经三人发表合著文章，对1957年出版的《鲁迅研究》进行自我剖析，通过揭发“自己资产阶级立场、思想、治学方法”，以“坚决肃清几年来所受到的华岗、冯雪峰的一切恶毒影响”。他们称，《鲁迅研究》一书“不仅不是用马克思列宁主义的立场、观点、方法来写的，恰恰相反，它是在资产阶级的学术思想观点指导下的产品”。最突出且贯穿于全书的错误，“是在资产阶级个人主义思想支配下，夸大了鲁迅，歪曲了鲁迅”，这根源在于“我们自己的资产阶级观点，严重的个人崇拜思想，以及个人名

---

① 刘泮溪、孙昌熙、韩长经：《批判华岗的“鲁迅的逻辑发展”》，《文史哲》1956年第4期。

② 韩长经：《批判冯雪峰的关于鲁迅与俄罗斯苏维埃文学的谬论》，《文史哲》1958年第4期。

利思想,因此就很容易地为所谓'鲁迅研究权威'如华岗、冯雪峰之流所俘虏"。[①]

上述对鲁迅研究的批判用语大同小异,都不理会研究者到底正确与否,反而"上纲上线",并上升到意识形态高度,实质上却道出了问题实质,那就是对鲁迅及鲁迅思想地位的再一次确认。鲁迅即使再"伟大",他的见解也不能当作"我们党当前实践的指南针",在新中国,"指导我们思想的是马克思主义",任何个人奋斗都不能代替社会主义革命。[②] 对鲁迅作品的研究,凡是"没有强调政治斗争对文学发展的决定性作用"的,就是对鲁迅的歪曲。因为鲁迅在文化革命上的贡献,不可能超过党和人民,因此按自己的主观标准和需要"把鲁迅描写成为一个脱离人民,高不可攀,甚至站在党之上的头上带有光圈的圣象"[③],就是对鲁迅作品的错误的评价。这里对"夸大"鲁迅的批判,与80年代对鲁迅研究的反思完全是两码事。50年代的鲁迅研究,存在的"客观真实"就是,革命发展对鲁迅创作的影响、政治斗争对文学的决定性作用。这是研究中必须要突出的内容,假如离开了这一思路去谈鲁迅,那就被视为凭"主观愿望"对鲁迅有所夸大、歪曲了。

对整个学界而言,50年代中期以后,鲁迅逐渐被"异化"为现实社会政治斗争的工具,鲁迅研究出现了教条主义倾向。"思想研究方面,在强调思想发展阶段性的同时,忽视了一贯性,夸大了进化论和改造国民性的局限性,对鲁迅前期思想不同程度地有所贬低。作品研究方面,出现猜谜式的'索隐'法,生搬硬套革命领袖的政治结论,把人物形象的阶级分析简单化、庸俗化,把鲁迅作品研究为政治服务理解为政策图解,混淆了政治革命与思想革命、主观意图与客观效果、现实意义与历史意义的局限。"[④]此外,诸如人道主义、改造国民性等成为鲁迅研究的"禁区"。

与此相呼应,50年代末期和60年代前期,《文史哲》中鲁迅研究的简单化趋势愈发显著。为配合现实中的阶级斗争,鲁迅后期与资产阶级文艺思想斗争的

---

① 刘泮溪、孙昌熙、韩长经:《批判"鲁迅研究"中的资产阶级学术思想——"鲁迅研究"初步自我批判》,《文史哲》1958年第12期。

② 参见刘泮溪、孙昌熙、韩长经:《批判华岗的"鲁迅的逻辑发展"》,《文史哲》1956年第4期。

③ 刘泮溪、孙昌熙、韩长经:《批判"鲁迅研究"中的资产阶级学术思想——"鲁迅研究"初步自我批判》,《文史哲》1958年第12期。

④ 陈金淦:《鲁迅研究六十年的一个轮廓》,《鲁迅研究的历史与现状》,南京:江苏教育出版社,1986年,第11～12页。

经验被突出。刘质灵的《鲁迅和资产阶级文艺思想斗争的现实意义》[①]、刘泮溪与韩长经的《鲁迅思想中的阶级和阶级斗争观点》[②]正是这种"左"倾思潮在学术上的反映。鲁迅"研究"在很大程度上变成了鲁迅"评价"，这种"评价"又往往脱离鲁迅作品本身，完全以毛泽东对鲁迅的评价为纲。孙昌熙指出，毛泽东"研究评论鲁迅运用科学的标准、态度和方法的结果"，"给我们开辟了研究鲁迅的广阔道路，树立了典范"，"主席研究鲁迅的方法，同时也是研究一切英雄人物的方法"。[③] 按照毛泽东在《新民主主义论》《在延安文艺座谈会上的讲话》《论鲁迅精神》等文献中对鲁迅的评价，政治标准应居于第一位，也就是说，鲁迅首先应该是革命家、战士，然后才能为文学家、作家。

然而在鲁迅研究逐渐滑向教条化时，《文史哲》依旧力图保持鲁迅研究的学术性，进一步扩大鲁迅研究范围，将其推向纵深。鲁迅早期的思想斗争仍然是研究的重要部分，朱彤撰文考察了鲁迅在日本留学时期的思想面貌。[④] 鲁迅的文艺思想得到更广泛的挖掘，刘泮溪指出"鲁迅的文艺观点，代表着'五四'以来革命的文艺观点"，文章就鲁迅文艺观点中的几个主要问题加以阐述，包括"关于文艺在社会生活中的作用问题""关于文艺如何反映现实的问题""关于文艺在历史发展过程中的规律性"[⑤]；陈鸣树探讨了鲁迅早期文艺思想中所受的拜伦的影响以及这种影响在他的一生战斗道路中所起的作用[⑥]；胡冰则将"鲁迅日记"视为文学作品，探讨其思想艺术价值[⑦]。

50年代《文史哲》的鲁迅研究，与整个学术界的研究同步，体现了新中国人文学术发展的特色。将鲁迅置于新民主主义革命的框架下，突出鲁迅反帝反封建的政治意义，强调鲁迅从"旧民主主义中的彻底的民主主义者"到"新民主主义革命中的共产主义者"的转变意义。将政治标准放在首位，鲁迅的文学也就代表了社会主义文学的发展方向。沿着"革命性"出发，学界虽然提出了一些新的见解，但是并未从文学本身出发展开正常的讨论和争鸣以至于"'鲁迅学'成

---

① 刘质灵：《鲁迅和资产阶级文艺思想斗争的现实意义》，《文史哲》1958年第9期。

② 刘泮溪、韩长经：《鲁迅思想中的阶级和阶级斗争观点》，《文史哲》1963年第5期。

③ 孙昌熙：《学习毛泽东怎样评价鲁迅》，《文史哲》1961年第2期。

④ 参见朱彤：《鲁迅早期的思想和斗争（1902～1909）》，《文史哲》1956年第10期。

⑤ 刘泮溪：《鲁迅论文学艺术的几个基本问题》，《文史哲》1956年第10期。

⑥ 参见陈鸣树：《鲁迅与拜伦》，《文史哲》1957年第9期。

⑦ 参见胡冰：《论"鲁迅日记"的思想艺术价值》，《文史哲》1957年第11期。

为一种单纯的'学鲁迅'的政治运动","只能表达对最高政治权威关于鲁迅思想性格的评价的体会"。① 但是在这种以领袖评价为核心的体系下,鲁迅研究确也取得了一些实际的成绩。而《文史哲》上的鲁迅研究,主要反映了山东大学学者的系统研究成果,并且在华岗的开拓与领导下,形成了文学与思想并重的研究特色。随着极"左"思潮的蔓延,鲁迅研究中的教条主义、实用主义和庸俗社会学倾向不断恶化,到十年动乱时期发展到了登峰造极的地步,直到新时期思想解放后,鲁迅研究才重新步入正常的轨道。

---

① 张福贵:《从"学鲁迅"到"鲁迅学":鲁迅研究的思想意义与学术理性》,《远离鲁迅让我们变得平庸》,合肥:安徽大学出版社,2013年,第217页。

结语 《文史哲》与共和国学术早期发展的进退得失

学术刊物既为某种学术潮流所形塑,又是学术潮流变动的重要推手。新中国成立初期《文史哲》杂志上展开的人文学术研究和讨论,极一时之盛,成为此一时期民国学术向共和国学术过渡转型的一个缩影。总体而言,共和国学术是对民国学术的一种全面反拨和改造,不但对民国学术的主流价值观念和理论予以了颠覆,而且对具体研究的技术方法进行了严厉批判。共和国学术是一个全新的学术范式和学术形态,使研究者置身于全然不同的学术世界,开辟了一个"学术天地"。将共和国学术取代民国学术视为学术史上的一场革命,并不为过。这一学术革命与社会政治经济上的革命构成一个连环。1949 年后,政权交替虽已完成,但革命并未终结,而是向社会、文化层面继续延伸,向全国全民蔓延,最终走向空前绝后的"灵魂深处闹革命"。学术成为构筑革命大厦的一块基石,革命斗争的逻辑直接投射到学术思想领域,政治充当了学术的监护人。处在这一时代语境下的学术,革命化、政治化在所难免。

概括言之,早期共和国学术呈现出如下特点。

第一,学术研究与政治运动的一体化。

正如马克思在《关于费尔巴哈的提纲》中所言:"哲学家们只是用不同的方式解释世界,而问题在于改变世界。"20 世纪五六十年代的新中国,政治运动成为"改变世界"的一种有力手段。据官方公布的统计数据,从 1949 年到 1976 年,仅全国性的政治运动就有 70 多次,年均超过 2.5 次,而地方性的运动要超过这个数字 10 倍。[①] 新中国几乎是在接二连三、各种各样、大大小小的政治运动中走过了前 30 年的风雨历程。

---

① 参见[美]理查德·马德森:《毛泽东时代的中国群众动员》,萧延中主编:《外国学者评毛泽东 第 4 卷:"传说"的传说》,北京:中国工人出版社,1997 年,第 101 页。

举国上下、方方面面都洋溢着一种"改变世界"的"革命"热情，一种建设新社会、创造新生活的使命感与责任感。中国共产党人取得了新民主主义的胜利，客观世界已经完成一种天翻地覆的改造，然而，旧意识形态因素依然存在。封建主义和帝国主义思想已被判定为反动，资产阶级虽是《共同纲领》中的合法存在物，但资产阶级思想与新民主主义文化的要求却存在冲突。为与新意识形态相适应，主观世界必然要进行一番自我教育与自我改造，这是从旧社会走来的人所必经的脱胎换骨的"自我革命"，否则，就会沦为新社会的"落后者"、人民的"敌人"，走向"我们"的对立面，被新社会抛弃。顾颉刚就清醒地认识到："特我辈自旧社会来，不能无旧社会之习气，非施改革则步伐不齐，是以不惜用严厉之手段以为教育。"①通过"文化革命"改造人们的思想，使广大人民逐渐树立无产阶级的立场、观点和方法，正是毛泽东所认为的建设社会主义的先决条件。②进一步讲，工人阶级帮助资产阶级和小资产阶级"改造自己的思想，统一于工人阶级思想即毛泽东思想"，是新民主主义建设时期彻底实现民主改革和逐步实行国家工业化的准备条件，也是将来走向社会主义社会时消灭资产阶级和小资产阶级的准备条件。③ 之所以接连不断地产生一浪高过一浪的政治运动，正是源于对彻底肃清资产阶级思想、树立马克思主义指导思想地位的规范性"确认"的逻辑，这是思想战线上的革命。

民国学术是由一批知识分子主导的，带有"天然"的五四启蒙色彩。它一整套的学术体系、规范以及效用，都是与人民尤其是与劳动人民相隔阂的。胡适实验主义的影响根深蒂固，政权转移后仍驻留在一大部分知识分子群体的头脑中。这是共和国学术所不能容忍的，共和国学术需要的是以马克思主义为指导思想的新知识分子，并且他们与人民的主体地位必须予以置换。因为按照毛泽东的观点，知识分子历来不是一个独立存在的阶级，新中国的知识分子需要经过改造，从属于工农无产阶级。然而，或出于学术研究的历史惯性，或出于政治觉悟的滞后性，旧知识分子虽从新中国成立初便主动地抑或是被动地进行自我批评、反思，但思想改造效果远远达不到新意识形态的"毛细血管式"的渗透要求。于是，在一种挥

① 陈峰:《顾颉刚:跟随马克思主义者的足迹前进》,《光明日报》2021 年 3 月 15 日。

② 参见杜学霞:《史殇:二十世纪五六十年代的史学研究》,北京:国家行政学院出版社,2013 年,第 22 页。

③ 参见范文澜:《科学工作者应怎样展开"新我"对"旧我"的斗争——在中国科学院研究人员学习会上的讲话》,《人民日报》1952 年 1 月 11 日。

之不去的革命情结的作用下,高层领导者发动的政治运动,席卷思想文化领域,打倒一切资产阶级学术,这既加速了意识形态的重建进程,也扭转了学术发展的方向。

从清算胡适学术思想到《红楼梦》事件,《文史哲》均积极参与到政治运动中去。从《文史哲》中呈现的政治运动发展来看,政治运动大体经历了从政治批判为主到扩大至学术批判的深化过程,这也是学术与政治同步模式的形成轨迹。知识分子在历次政治运动中,经历了从政治上接受新政权,到思想上接受新的国家意识形态,再到学术上接受马列主义方法指导的再造过程。新中国成立初的对马列主义、毛泽东思想的政治理论学习是学术界改变旧立场、站稳新立场的思想基础,是思想领域的解放战争。同时,1950 年至1952 年间的抗美援朝、土地改革运动、“三反”运动等社会运动,又令知识分子以一种亲身参与的方式被纳入新社会的建设中。在理论学习与实地实践相结合的过程中,知识分子接受了“劳动观点”和“群众立场”。政治批判以对《武训传》的批判为滥觞,全国范围内掀起一场思想改造运动。这场运动以高校教师群体为主要参与对象,他们以批评和自我批评的方式,对自己所受的旧社会教育、家庭出身、教学工作等存在的资产阶级思想、封建思想进行检讨。从政治立场的表态到对自我存在的根本性否定,已表明这场运动旨在将知识分子个人中心主义的思想改造为集体主义的思想。1954 年,批判俞平伯《红楼梦》运动发展为全国性胡适思想大批判,意味着新意识形态话语已覆盖学术领域。社会科学领域内彻底清算了以胡适实验主义为中心的民国考据学传统。至 1957 年反右派斗争,已经尝试运用马克思主义方法的旧学人,终以“反马克思主义”的罪名被划为“右派”,资产阶级学术被彻底击溃。此后,随着现实中阶级斗争的发展,无产阶级学术代替资产阶级学术的革命,被视为“两条路线”的斗争。政治运动成为学术转型的主要推手,学术研究处于政治力量的控制之下,形成了一种政治主导型的学术样态。

第二,阶级话语的流行及扩大化。

王汎森曾对近代中国学术社会发展有一段简要描述:1949 年解放军进入北京开始,学人就“开始罩入历史唯物主义这个‘弥天之网’”中,学人研究要遵从新标准:一是必须服膺于阶级理论,文章中不应该有超阶级的观点;二是必须放弃“为学问而学问”的原则,学问要为政治服务。[①] 这几句概述扼要地勾勒出共

① 参见王汎森:《“主义崇拜”与近代中国学术社会的命运——以陈寅恪为中心的考察》,《中国近代思想与学术的系谱》(增订版),上海:上海三联书店,2018 年,第 505 页。

和国学术在指导思想和方法上的转变。随着新政权的建立,马克思主义成为新意识形态,历史唯物主义取代实验主义等非马克思主义,为学术研究指明了新的方向。中国的历史唯物主义理论虽源于马克思、列宁、斯大林等马克思主义经典作家的影响,但直接左右了中国学术研究的是毛泽东对历史唯物主义的解释。毛泽东在1949年8月14日《丢掉幻想,准备斗争》中说:“一些阶级胜利了,一些阶级消灭了。这就是历史,这就是几千年的文明史。拿这个观点解释历史的就叫做历史的唯物主义,站在这个观点的反面的是历史的唯心主义。”① 马克思主义关于阶级斗争的观点由此被凸显,成为历史唯物主义的核心。全国解放前后,“中国共产党发起了对包括社会发展史理论在内的马列主义理论的学习运动,以历史事实来证明中国革命的胜利符合中国社会发展规律和历史潮流”②。通过对社会发展史、经典作家著作及毛泽东理论著作的学习,知识分子接受了辩证唯物论和历史唯物论的若干基本观点,其中除劳动观点、群众观点外,关键的是阶级观点,即“人类文明史是阶级斗争的发展”“阶级斗争是阶级社会历史发展的动力”“人民群众是历史的创造者”等观念。

“阶级是一种历史现象,是社会生产有了一定发展又生产不足这样的历史阶段存在的现象。物质利益根本对立的阶级之间必然存在着斗争。”③阶级观点是从现实的社会发展需要出发,对整个人类社会发展进程特点的抽象,它弥补了民国学术因“为学问而学问”而造成的与现实社会“脱节”,对底层社会缺乏关注,甚至对人类社会缺乏总体认识的弊端。它要求学人必须站在无产阶级立场,诸如史学工作者将理论与史料有机结合,运用阶级分析法和历史主义方法来解释历史现象,发现历史规律,以达到科学性和革命性的统一,这无疑是对民国历史观念的一次“革命”。阶级观点成为人文学术领域用来论述中国革命道路合法性的有力工具,直接塑造了阶级话语和“革命化叙事”。阶级分析方法如水银泻地无孔不入,共和国学术由此呈现出一种特定的学术研究取向。在史学领域,学人“站在劳动人民的立场”,建立“以劳动人民为中心”的新史观,“研究劳动人民生产的历史和革命的历史”。④ 文艺创作中则以为工农兵服务作为宗

① 《毛泽东选集》第4卷,北京:人民出版社,1991年,第1491页。

② 王寿林:《新政权的思想塑造:新中国成立前后的学习社会发展史运动》,《中共党史研究》2009年第10期。

③ 徐光春主编:《马克思主义大辞典》,武汉:崇文书局,2018年,第167页。

④ 翦伯赞:《怎样研究中国历史》,《新建设》1950年11月2日。

旨,“民族的、阶级的斗争与劳动生产”成为文艺作品中压倒一切的主题。“五朵金花”问题研究,尤其是农民战争史研究以及社会主义现实文学的创作及研究强化了学人对阶级观点的认识与运用。这在一定程度上推动了早期共和国学术的发展。

阶级观点的“发现”诚然为人文学术研究增添了新的视野,但是“新”的并不一定自始至终是积极的、正面的。当所有人对“新”的东西发出同样的声音时,其背后就潜藏着危险。阶级观点仅仅是以现实切入学术、以学术“反哺”现实的一个捷径,它不会也绝不能代表马克思主义理论的全部,更不能全面地反映历史与现实生活。但随着现实中“阶级斗争”的急转直上,尤其是 1957 年反右派斗争后,一股“宁左勿右”的政治思潮蔓延至学术领域,阶级话语也不断升级。“历史学只能讲阶级斗争,不能讲阶级社会是不同阶级的对立统一;只能讲农民战争对历史的推动作用,不能讲封建统治阶级也往往采取调节矛盾的措施”,“文艺批评只能强调作品的政治性,不能强调作品的艺术性;只能讲典型的阶级性,不能讲典型的个性……只许写理想,不许写真实”。[①] 这实际上是片面地理解马克思主义关于阶级和阶级斗争的学说,把被阶级矛盾绝对化、扩大化。尽管有一批学人坚守学术求真之旨,但无论是“历史主义”对“阶级观点”的反驳,还是文学创作中重归现实主义的努力,最终仍被淹没于强大的阶级斗争叙事中。

第三,学术格局的一元化。

一元化是共和国学术格局的显著特点,与民国学术多元化适成对照。思想文化的变迁,很大程度上受制于政治生态。民国时期分裂的政治格局与多元化的政治取向,催生了自由多元的学术格局。儒学意识形态被摧毁,中西文化交汇,欧洲实证主义、美国实验主义、马克思主义等外来思想理论的传播,形塑了多样的学术样态与研究群体。知识分子可以选择遁离社会现实,以“求真”为上,追求“为学术而学术”的“无用之用”;亦可以“致用”为先,或为启蒙开智,或救民族于危亡。总之,学术在“左”“右”两派政治力量间有着广阔的驰骋空间。

新中国成立后,作为意识形态的马克思主义成为唯一合法的“主义”,它“把文学、艺术、历史等几乎所有知识领域及生活世界中的形形色色,轻轻罩上一层

---

① 黎澍:《中国社会科学三十年》,《历史研究》1979 年第 11 期。

纱,或染上一缕颜色"[①]。民国时期思想学术的战国时代结束了,大一统局面再度出现。学术定于一尊之后,旧学术、旧学人以及旧学术建制等一同被置于批判改造的境地。其一,研究群体由民国时期独立流动于各学术研究机构,到被纳入共和国体制研究机构内,他们的研究不是出于个人的兴趣,而是服务于马克思主义意识形态。研究内容也有侧重,"革命""群众""阶级""歌颂"等主题成为人文学术的主要观照。比如历史学领域,一度"强化了政治史、事件史、战争史,把原本即已存在并有一定程度发展的社会史、文化史驱逐出去,以让位给阶级斗争和战争史等"[②]。研究方法上,以历史唯物主义和辩证唯物主义为尊,考证学等方法因具有"资产阶级色彩"被鄙薄和放逐。教条化马克思主义产生了强烈的排他性。其二,学科建制上,"基于'阶级观点'对人文社会科学功能的狭隘理解","社会科学的学科建制几乎被整体取消"。[③] 民国时期师法西方而建立的诸如社会学、人类学、心理学、法学、经济学等学科被全部否定,只保留文学、史学、哲学等学科。如此,从指导思想、研究方法,到学人群体、学科建制等方方面面都实现了一元化。在学术一元化体制下,与新民主主义革命以及社会主义建设相关的专题研究确实得到了最大限度的发展。

学术与政治的密切结合,阶级观点的盛行,学术一元化局面的出现,这些特点昭示了共和国早期学术建立了一种学术政治化模式。必须要说明的是,这种学术政治化模式并非从始至终覆盖了学术的方方面面,在新中国成立后的前几年里,民国学术的影子仍若隐若现,一些旧学人觉察到了学术气候从"河东"到"河西"的变化,试图将马列主义理论、方法运用到研究中,但实际上仍主要依仗考据方法。比如郑鹤声在《文史哲》上发表《怎样研究中国近代史》阐述如何运用马克思主义研究中国近代史,体现出与时俱进的一面。[④] 但他发表在《文史哲》创刊号上的《天王洪秀全状貌考》完全是旧传统的延续。该文之所以对洪秀全的状貌作分析、考证,是因为南京举行太平天国 100 周年纪念会,要挂洪秀全

---

① 王汎森:《"主义时代"的来临——中国近代思想史的一个关键发展》,《思想是生活的一种方式:中国近代思想史的再思考》,北京:北京大学出版社,2018 年,第 214 页。

② 王学典:《学术上的巨大转型:人文社会科学 40 年回顾》,《中华读书报》2019 年 1 月 2 日。

③ 王学典:《学术上的巨大转型:人文社会科学 40 年回顾》,《中华读书报》2019 年 1 月 2 日。

④ 参见郑鹤声:《怎样研究中国近代史》,《文史哲》1951 年第 2 期。

像,而且当时得到了华岗的支持与鼓励,并被视为“对革命有益的工作”[①]。但是1958年,该文被当作烦琐考证的代表受到奚落和嘲讽。再者,学术与政治并非融合无间,也有学人将政治立场表态与具体学术研究分开的情况。比如陈垣,他虽然在会议及报纸文章中“强调唯物史观的正确及其对历史研究的指导意义,但他个人的学术研讨,从主题到方法都与早年的治学理路大体一致”,他的学术研究与当时史学界“五朵金花”等热点问题也无关。[②] 旧学者仍依据史料,从具体研究入手,参与到新学术的建设中去。此类旧学术的残余,随着政治运动愈演愈烈而不断被驱逐清洗,至“文化大革命”时期已消失殆尽。

共和国学术的积极意义不容低估,它对民国学术的批判反思有其巨大合理性。民国学术尽管成就辉煌,但其内在缺陷也不容掩饰。第一,民国学术主张“为真理而真理”的求真理念,崇尚“无用之用”,固然是学术独立自由的应有之义,但走到极端即切断了与现实生活的联系,特别是在民族危亡的紧急关头,难以应对“书生何以报国”的诘问。第二,在学术与政治的关系上,民国学术采取对政治敬而远之、漠不关心的态度,而忽视了现实政治也可能为学术研究提供问题意识,从而推进学术的发展,当然,前提是学术要保持基本的独立。单纯地将学术与政治隔离的做法并非上策。第三,在中西关系问题上,民国学术的主流取向是西化。片面西化造成了民族传统的危机。应当有新的方案来平衡和矫正西化造成的偏颇,“马克思主义中国化”即是有价值的探索之一。第四,民国学术具有科学实证倾向,考据之学大行其道,以致形成“非考据不足以言学术”的风气。民国时期最高人文学术研究机构“中央研究院”历史语言研究所即是典型。民国学术诸大师多以考据见长,对理论研究不屑一顾。但学问之道应是考据与义理并重,不宜有所偏废。第五,在宏观研究与微观研究的关系的问题上,民国学术也处置失当。专题研究、微观研究固然是学术发展的基础和起点,但宏观研究也不能忽视。能否处理学术上、理论上的大问题是衡量一个时代学术水准高低的一个重要尺度,将宏观研究等同于主观臆造、空洞无物是不恰当的。所以,共和国学术对民国学术的批评并非完全是无的放矢,相反在某

---

① 郑鹤声:《我对华岗校长的回忆》,青岛市政协文史资料委员会、山东大学青岛校友会编:《华岗纪念文集》,青岛:青岛出版社,2003年,第47页。

② 参见乔治忠、钟学艳:《坚守求真理念 致力新中国史学整体建设——陈垣1949年之后的学术建树》,《学习与探索》2011年第2期。

种程度上击中了其要害。

不难发现,共和国学术在一定程度上纠正了民国学术的偏颇,共和国学术取代民国学术成为主流是有其内在逻辑的,尽管这种逻辑一度被政治强光遮蔽。问题在于,共和国早期学术不是在充分总结继承民国学术的基础上推陈出新、更上一层,而是全盘否定民国学术,将民国学术等同于资产阶级学术,必欲除之而后快。初创的共和国学术缺乏理性、客观、包容的态度,而被一种燃烧的革命激情左右着。这最终导致学术研究沦为政治运动的附庸、政治斗争的工具,酿成玉石俱焚的悲剧。"文化大革命"十年使成长中的共和国学术陷入了一场空前的危机甚至是劫难。"文化大革命"结束后随着社会政治的调整转向,共和国学术也绝处逢生,开始反思过往的失误,逐渐回归到健康的轨道。随着国门的渐次打开,西学再次汹涌而入,外来的冲击为思想学术的变革提供了新的挑战和机遇,共和国学术的第二次转型又要启动了。对时代风向高度敏感、与共和国学术同向同行的《文史哲》,也将重整旗鼓,重新定位,以新的姿态迎接学术史上又一个新时代的来临。

参考文献

一、资料

（一）报刊

《文史哲》

《新建设》

《新史学通讯》

《历史研究》

《历史教学》

《江海学刊》

《人民日报》

《光明日报》

《文汇报》

《进步日报》

《中华读书报》

《中国社会科学报》

《南方都市报》

（二）资料及文集

《毛泽东选集》第2、4卷，北京：人民出版社，1991年。

马克思、恩格斯：《马克思恩格斯选集》第1卷，中共中央马克思恩格斯列宁斯大林著作编译局译，北京：人民出版社，1966年。

中共中央文献研究室编：《建国以来毛泽东文稿》第四册，北京：中央文献出版社，1990年。

中共中央文献研究室编:《毛泽东文艺论集》,北京:中央文献出版社,2002年。

《华岗选集》编辑委员会选编:《华岗选集》第3卷,济南:山东大学出版社,2003年。

《历史研究》编辑部:《建国以来史学理论问题讨论举要》,济南:齐鲁书社,1983年。

《中国农民战争史论丛》编辑委员会:《中国农民战争史论丛》第一辑,太原:山西人民出版社,1978年。

北京大学等主编:《文学运动史料选》第5册,上海:上海教育出版社,1979年。

本社辑:《批判〈红楼梦〉研究中的资产阶级思想》,郑州:河南人民出版社,1955年。

华中师范学院中文系编:《建设共产主义文学》第一辑,武汉:华中师范学院,1958年。

黎澍纪念文集编辑组编:《黎澍十年祭》,北京:中国社会科学出版社,1998年。

南京大学历史系中国古代史教研室编:《中国资本主义萌芽问题讨论集》(续集),北京:三联书店,1960年。

青岛市政协文史资料委员会、山东大学青岛校友会编:《华岗纪念文集》,青岛:青岛出版社,2003年。

三联书店编辑:《胡适思想批判(论文汇编)》第一辑,北京:三联书店,1955年。

山东大学历史文化学院编:《上庠大木——山东大学历史文化学院110年生长史(1901～2011)》,内部本,2011年。

萧光乾选编:《萧涤非文选》,济南:山东大学出版社,2006年。

徐光春主编:《马克思主义大辞典》,武汉:崇文书局,2018年。

杨倩如编著:《冉昭德文存》,济南:山东大学出版社,2014年。

易明善、陆文璧、潘显一编:《何其芳研究专集》,成都:四川文艺出版社,1986年。

张炯主编:《中国新文艺大系——1949～1966(理论史料集)》,北京:中国文联出版公司,1994 年。

郑春、孔令顺编选:《山东大学文学与新闻传播学院校庆 110 周年纪念文集》,济南:山东文艺出版社,2011 年。

中国人民大学中国历史教研室编:《明清社会经济形态的研究》,上海:上海人民出版社,1957 年。

中国人民大学中国历史教研室编:《中国资本主义萌芽问题讨论集》(上),北京:三联书店,1957 年。

中国社会科学院文学研究所编:《俞平伯先生从事文学活动六十五周年纪念文集》,成都:巴蜀书社,1992 年。

周广璜、李扬眉编:《继绝开新:作者读者编者回忆〈文史哲〉》,北京:商务印书馆,2011 年。

(三)传记、年谱

陈清泉、宋广渭:《陆定一传》,北京:中共党史出版社,1999 年。

杜运辉:《侯外庐先生学谱》,北京:中国社会科学出版社,2013 年。

葛剑雄:《悠悠长水:谭其骧传》,广州:广东人民出版社,2014 年。

顾潮:《我的父亲顾颉刚》,北京:人民文学出版社,2010 年。

郭震旦编撰:《〈文史哲〉与中国人文学术编年(1951～2011)》,北京:商务印书馆,2011 年。

胡明:《胡适传论》(下),北京:人民文学出版社,1996 年。

黄仁国:《刘大年年谱》,北京:人民出版社,2017 年。

贾振勇:《郭沫若的最后 29 年》,北京:中国文史出版社,2005 年。

林甘泉、蔡震:《郭沫若年谱长编(1892～1978)》,北京:中国社会科学出版社,2017 年。

陆键东:《陈寅恪的最后 20 年》(修订本),北京:三联书店,2013 年。

彭剑整理:《章开沅口述自传》,北京:北京师范大学出版社,2015 年。

童教英:《童书业传》,北京:中国大百科全书出版社,2017 年。

向阳:《华岗传》,杭州:浙江人民出版社,2003 年。

张传玺:《新史学家翦伯赞》,北京:北京大学出版社,2006 年。

章诒和:《往事并不如烟》,北京:人民文学出版社,2004 年。

赵俪生:《篱槿堂自叙》,上海:上海古籍出版社,1999 年。

二、著作

曹葆华等译:《苏联文学艺术问题》,北京:人民文学出版社,1953 年。

查国华、杨美兰编:《茅盾论鲁迅》,济南:山东人民出版社,1982 年。

陈金淦:《鲁迅研究的历史与现状》,南京:江苏教育出版社,1986 年。

陈徒手:《故国人民有所思:1949 年后知识分子思想改造侧影》,北京:三联书店,2013 年。

陈文华主编:《杜甫与唐宋诗学》,台北:里仁书局,2003 年。

陈晓明:《中国当代文学主潮》,北京:北京大学出版社,2013 年。

程光炜:《文学史研究的兴起》,福州:福建教育出版社,2008 年。

崔志远:《现实主义的当代中国命运》,北京:人民文学出版社,2005 年。

邓拓:《论中国历史的几个问题》,北京:三联书店,1979 年。

杜学霞:《史殇:二十世纪五六十年代的史学研究》,北京:国家行政学院出版社,2013 年。

傅颐、沈传宝、邢和明:《中华人民共和国发展史》第 2 卷,青岛:青岛出版社,2009 年。

高得增、丁东编:《世纪学人自述》第 5 卷,北京:北京十月文艺出版社,2000 年。

郭沫若:《郭沫若全集·历史编》第 1 卷,北京:人民出版社,1982 年。

郭沫若:《李白与杜甫》,北京:人民文学出版社,1971 年。

韩长经:《学习鲁迅》,上海:新文艺出版社出版,1956 年。

韩毓海主编:《20 世纪的中国:学术与社会(文学卷)》,济南:山东人民出版社,2001 年。

何梅琴主编:《中国古代文学二十讲》,西安:陕西人民出版社,2008 年。

洪认清:《中国史学思想会通·近代史学思想后卷》,福州:福建人民出版社,2018 年。

胡适:《白话文学史》,北京:中国和平出版社,2014 年。

胡适:《我的歧路》,沈阳:万卷出版公司,2014 年。

胡文辉:《现代学林点将录》,广州:广东人民出版社,2010 年。

蒋俊:《中国史学近代化进程》,济南:齐鲁书社,1995年。

李辉、应红编:《世纪之问:来自知识界的声音》,郑州:大象出版社,1999年。

李扬:《中国当代文学思潮史》,上海:上海社会科学院出版社,2005年。

李运抟:《中国当代现实主义文学六十年》,南昌:百花洲文艺出版社,2008年。

林甘泉、田人隆、李祖德:《中国古代史分期讨论五十年(1929～1979)》,上海:上海人民出版社,1982年。

鲁太光:《重建当代中国文学想象》,北京:中国言实出版社,2016年。

罗志田主编:《20世纪的中国:学术与社会·史学卷》(上、下),济南:山东人民出版社,2001年。

吕振羽:《中国社会史诸问题》,上海:耕耘出版社,1949年。

欧阳哲生编:《容忍比自由更重要:胡适与他的论敌》,北京:时事出版社,1999年。

山东大学校史编写组:《山东大学校史(1901～1966)》,济南:山东大学出版社,1986年。

苏雪林:《唐诗概论》,上海:商务印书馆,1934年。

孙玉明:《红学:1954》,北京:人民文学出版社,2011年。

汤溢泽、廖广莉主编:《民国文学史研究》,长春:吉林大学出版社,2011年。

王汎森:《思想是生活的一种方式:中国近代思想史的再思考》,北京:北京大学出版社,2018年。

王汎森:《中国近代思想与学术的系谱》(增订版),上海:上海三联书店,2018年。

王富仁:《中国鲁迅研究的历史与现状》,福州:福建教育出版社,2006年。

王辉斌:《杜甫研究新探》,合肥:黄山书社,2011年。

王文胜:《在与思:"十七年"文学现实主义思潮新论》,南京:南京师范大学出版社,2005年。

王学典、陈峰:《二十世纪中国历史学》,北京:北京大学出版社,2009年。

王学典:《20世纪中国史学评论》,济南:山东人民出版社,2002年。

王学典:《二十世纪后半期中国史学主潮》,济南:山东大学出版社,2000年。

王彦辉、薛洪波:《古史体系的建构与重塑——古史分期与社会形态理论研究》,开封:河南大学出版社,2009 年。

王育济主编:《中国历史评论》第四辑,上海:上海古籍出版社,2014 年。

萧延中主编:《外国学者评毛泽东 第 4 卷:“传说”的传说》,北京:中国工人出版社,1997 年。

肖黎主编:《20 世纪中国史学重大问题论争》,北京:北京师范大学出版社,2007 年。

肖黎主编:《中国历史学四十年》,北京:书目文献出版社,1989 年。

谢泳:《当代学人精品:谢泳卷》,广州:广东人民出版社,2017 年。

谢泳:《思想利器——当代中国研究的史料问题》,北京:新星出版社,2013 年。

许纪霖主编:《启蒙的遗产与反思》(《知识分子论丛》第 9 辑),南京:江苏人民出版社,2010 年。

杨向奎著,李尚英整理:《杨向奎学述》,杭州:浙江人民出版社,2000 年。

于风政:《改造:1949～1957 年的知识分子》,郑州:河南人民出版社,2001 年。

余英时:《中国思想传统的现代诠释》,南京:江苏人民出版社,2003 年。

余英时:《重寻胡适历程:胡适生平思想再认识》,上海:上海三联书店,2012 年。

张富贵:《远离鲁迅让我们变得平庸》,合肥:安徽大学出版社,2013 年。

张杰:《张杰回忆散文》,泰安:泰安市新闻出版局,2001 年。

张新木、叶琳、王守仁主编:《战后世界进程与外国文学进程研究 第 1 卷 战后现实主义文学研究》,南京:译林出版社,2019 年。

张艳国主编:《史学家自述——我的史学观》,武汉:武汉出版社,1994 年。

张越:《近代中国史学史论略》,北京:商务印书馆,2017 年。

张一兵:《回到列宁——关于“哲学笔记”的一种后文本学解读》,南京:江苏人民出版社,2008 年。

张忠纲主编:《杜甫研究论集——中国杜甫研究会第六届年会论文集》,西安:西安出版社,2013 年。

赵俪生:《赵俪生史学论著自选集》,济南:山东大学出版社,2009 年。

赵俪生:《赵俪生文集》第一卷,兰州:兰州大学出版社,2002 年。

赵庆云:《创榛辟莽:近代史研究所与史学发展》,北京:社会科学文献出版社,2019 年。

赵睿才:《百年杜甫研究之平议与反思》,北京:人民出版社,2014 年。

中华书局编:《杜甫研究论文集》第 1 辑,北京:中华书局,1962 年。

周朝民、庄辉明、李向平编著:《中国史学四十年》,南宁:广西人民出版社,1989 年。

周晓明、王又平主编:《现代中国文学史》,武汉:湖北教育出版社,2004 年。

[美]R.麦克法夸尔:《剑桥中华人民共和国史:革命的中国的兴起 1949～1965 年》,谢亮生等译,北京:中国社会科学出版社,1990 年。

[美]莫里斯·迈斯纳:《毛泽东的中国及后毛泽东的中国——人民共和国史》,杜蒲、李玉玲译,成都:四川人民出版社,1990 年。

[美]德里克:《革命与历史:中国马克思主义历史学的起源,1919～1937》,翁贺凯译,南京:江苏人民出版社,2008 年。

[英]杰弗里·巴勒克拉夫:《当代史学主要趋势》,杨豫译,北京:北京大学出版社,2006 年。

[美]李怀印:《重构近代中国——中国历史写作中的想象与真实》,岁有生、王传奇译,北京:中华书局,2013 年。

[德]塞巴斯蒂安·康拉德:《全球史是什么》,杜宪兵译,北京:中信出版社,2018 年。

三、论文

(一)期刊论文

卜宪群:《新中国 70 年的史学发展道路》,《当代中国史研究》2019 年第 5 期。

蔡仪:《文学艺术中的典型人物问题》,《文学评论》1962 年第 6 期。

曹守亮:《再论中国资本主义萌芽问题及其研究的史学意义——与杨师群商榷》,《中国社会经济研究》2008 年第 3 期。

陈其泰:《建国后十七年史学“完全政治化”说的商榷》,《学术研究》2001 年第 12 期。

邓京力:《重新评价农民战争的历史价值》,《河北学刊》2002 年第 4 期。

杜晓杰:《“典型”的典型命运》,《宁波大学学报》2015 年第 1 期。

杜真:《关于中国资本主义萌芽问题的讨论》,《历史研究》1956 年第 7 期。

葛懋春:《回忆早期〈文史哲〉杂志社社长华岗同志》,《文史哲》1981 年第 4 期。

何吉贤:《“新爱国主义”运动与新中国“国际观”的形成》,《文化纵横》2014 年第 4 期。

何兆武:《历史研究中的一个假问题——从所谓中国封建社会的长期停滞论说起》,《百科知识》1989 年第 5 期。

何兹全、宁欣:《古代经济的衍化与中国社会的发展道路——何兹全教授访谈录》,《河北学刊》2008 年第 6 期。

何兹全:《九十自我学术评述》,《北京师范大学学报》2001 年第 5 期。

侯云灏:《从三十年代的两部中国农民战争史论著看早期中国农战史研究》,《史学理论研究》1997 年第 3 期。

胡明:《胡适批判的反思》,《二十一世纪》(香港)1991 年 12 月号。

胡尚元:《胡适思想批判运动及其消极影响——史学领域的一个视角》,《安徽大学学报》2005 年第 3 期。

胡晓:《胡适思想批判运动述评》,《安徽史学》2009 年第 6 期。

黄广友:《改革开放以来“十七年史学”研究评估》,《中共党史研究》2014 年第 12 期。

黄敏兰:《评农战史专题中的严重失实现象》,《史学理论研究》1995 年第 4 期。

黄敏兰:《中国农战史专题的形成与发展——在领袖、政权及史学家的三重作用下》,《齐鲁学刊》2006 年第 4 期。

黄子平、陈平原、钱理群:《论“二十世纪中国文学”》,《文学评论》1985 年第 5 期。

黄宗智:《中国研究的规范认识危机——社会经济史的悖论现象》,《史学理论研究》1993 年第 1 期。

嵇文甫:《胡适唯心论观点在史学中的流毒——十二月十九日中国史学会河南分会对开封市大中小学历史教师的报告》,《新史学通讯》1955 年第 1 期。

翦伯赞:《论十八世纪上半期中国社会经济的性质——兼论〈红楼梦〉中所

反映的社会经济情况》,《北京大学学报》1955 年第 2 期。

蒋大椿:《重看历史主义与阶级观点论战》,《安徽史学》1997 年第 1 期。

蒋海升:《从主流到边缘:20 世纪 50 年代初期的史料考订派》,《山东大学学报》(哲学社会科学版)2005 年第 6 期。

蒋海升:《政治与学术的互动——20 世纪 50 年代的〈文史哲〉》,《文史哲》2001 年第 4 期。

蓝棣之:《毛泽东心中的鲁迅》,《南方文坛》2001 年第 2 期。

黎澍:《关于中国资本主义萌芽问题的考察》,《历史研究》1956 年第 4 期。

黎澍:《中国的近代始于何时?》,《历史研究》1959 年第 3 期。

黎澍:《中国社会科学三十年》,《历史研究》1979 年第 11 期。

李伯重:《“资本主义萌芽情结”》,《读书》1996 年第 8 期。

李帆:《民国学术的清学传统》,《史学理论研究》2020 年第 1 期。

李方祥:《现代学术批判对马克思主义中国化的双重影响——以 20 世纪 50 年代胡适思想批判为个案》,《当代中国史研究》2007 年第 6 期。

李希凡、蓝翎:《论红楼梦的人民性》,《新建设》1954 年第 11 期。

李希凡:《华岗校长与“百家争鸣”》,《文史哲》2003 年第 3 期。

李新宇:《1949:进入新时代的鲁迅——“鲁迅与当代中国”研究之一》,《齐鲁学刊》2007 年第 3 期。

李振宏:《社会危机应对视域下的农民战争史研究》,《社会科学文摘》2016 年第 1 期。

李治安:《从“五朵金花”到“皇权”“封建”之争》,《中国经济史研究》2020 年第 5 期。

林继中:《“知人论世”批评方法的升华——〈杜甫研究〉学习札记》,《文史哲》1992 年第 2 期。

林继中:《百年杜甫研究回眸》,《河北大学学报》(哲学社会科学版)1999 年第 2 期。

林建刚:《沉默·抵制·反抗——胡适思想批判运动中的“学衡派”文人》,《齐鲁学刊》2017 年第 6 期。

林木:《五十年代中期批判俞平伯始末》,《南京党史》1996 年第 3 期。

刘大年:《关于尚钺同志为“明清社会经济形态的研究”一书所写的序言》,

《历史研究》1958年第1期。

刘芬:《中国农民战争史研究会第十二届学术讨论会综述》,《东方论坛》2008年第6期。

刘光裕:《华岗与〈文史哲〉》,《出版史料》2006年第4期。

刘京希、李扬眉、郭震旦:《学术期刊的学术史角色建构——以〈文史哲〉的历史变迁为视角》,《中国编辑》2017年第10期。

刘克宽:《现实主义的时代性改造——"十七年文学沉思"之一节》,《海南师院学报》1997年第2期。

刘培平:《华岗与20世纪50年代山东大学的辉煌》,《山东大学学报》(哲学社会科学版)2003年第5期。

刘泰隆:《鲁迅研究七十年(上)》,《广西师范大学学报》(哲学社会科学版)1989年第2期。

栾昌大:《典型问题论争三十年》,《吉林大学社会科学学报》1980年第2期。

罗守让:《革命现实主义和中国当代文学》,《理论与创作》1991年第3期。

罗志田:《"文革"前"十七年"中国史学的片段反思》,《四川大学学报》(哲学社会科学报)2009年第5期。

罗志田:《杜威对胡适的影响》,《四川师范大学学报》(社会科学版)2002年第6期。

罗竹风:《回顾以往 激励未来》,《文史哲》1986年第5期。

马勇:《现代化起点:以资本主义萌芽为中心的讨论》,《文化学刊》2015年第4期。

苗怀明:《青史凭谁定是非——从学术史角度对1954年批判俞平伯运动的重新考察》,《明清小说研究》2004年第1期。

明欣:《翻天覆地的革命——毛泽东关于农民战争论述的理论意义》,《山东社会科学》(双月刊)1990年第2期。

欧阳健:《1955年〈文史哲〉"胡适思想批判"正论》,《粤海风》2017年第4期。

欧阳健:《历史背景与事实细节的还原——北大学人"胡适思想批判"一瞥》,《辽东学院学报》(社会科学版)2019年第1期。

欧阳哲生:《民国学术之历史定位》,《史学理论研究》2020年第1期。

欧阳哲生:《中国现代哲学史上的胡适》,《学术界》2006 年第 1 期。

潘殊闲、张志烈:《杜甫研究百年回顾与展望》,《西华大学学报》(哲学社会科学版)2019 年第 1 期。

彭燕:《杜甫研究一百年》,《杜甫研究学刊》2015 年第 3 期。

齐涛:《王仲荦先生二三事》,《许昌学院学报》2018 年第 7 期。

祁和晖、濮禾章:《建国以来杜甫研究情况述略》,《杜甫研究学刊》1988 年第 1 期。

乔治忠、钟学艳:《坚守求真理念 致力新中国史学整体建设——陈垣 1949 年之后的学术建树》,《学习与探索》2011 年第 2 期。

秦晖:《而今诸神皆粪土,犹有深山问道人——赵俪生先生的思想与学问》,《文史哲》2011 年第 5 期。

尚钺:《关于古代史分期问题》,《中国史研究》1979 年第 3 期。

尚钺:《清代前期中国社会之停滞、变化和发展》,《教学与研究》1955 年第 6 期、第 7 期。

尚钺:《如何理解历史人物、事件和现象》,《教学与研究》1956 年第 4 期。

生力:《孙昌熙教授与鲁迅研究》,《文史哲》1986 年第 1 期。

舒翼:《郦纯与太平天国史研究》,《浙江学刊》1990 年第 6 期。

宋剑华:《二十世纪中国现实主义文学运动之反省》,《文学评论》1999 年第 5 期。

孙玉明:《“〈红楼梦〉研究批判运动”发生的偶然与必然(上)》,《新文学史料》2012 年第 4 期。

田刚:《毛泽东与鲁迅:“文艺与政治的歧途”》,《文史哲》2012 年第 2 期。

王桂琴:《赵俪生先生的治学历程与学术成就》,《文史哲》2003 年第 5 期。

王建伟:《20 世纪二三十年代的专业期刊与史学革新》,《史学月刊》2008 年第 1 期。

王克平:《〈文学论稿〉的版本介绍》,《上海鲁迅研究》2011 年第 4 期。

王寿林:《新政权的思想塑造:新中国成立前后的学习社会发展史运动》,《中共党史研究》2009 年第 10 期。

王兴福:《辛勤耕耘 嘉惠学林——怀念太平天国史专家郦纯先生》,《浙江学刊》1990 年第 6 期。

王学典、黄广友:《华岗:中国马克思主义学术范式的构建者》,《文史哲》2011年第5期。

王学典:《近五十年的中国历史学》,《历史研究》2004年第1期。

王学典:《六十年来中国史学之变迁》,《文史知识》2009年第8期。

王学典:《五朵金花:意识形态语境中的学术论战》,《文史知识》2002年第1期。

王学典:《意识形态与历史:近50年来农战史研究之探讨》,《史学月刊》2005年第7期。

吴承明:《关于中国资本主义萌芽的几个问题》,《文史哲》1981年第5期。

吴富恒:《〈文史哲〉的创刊与发展》,《文史哲》2001年第3期。

吴富恒:《努力把〈文史哲〉办好》,《文史哲》1981年第4期。

吴晗:《明初社会生产力的发展》,《历史研究》1955年第3期。

吴怀祺:《新中国史学五十年》,《河北学刊》1999年第12期。

吴秀明:《关于"十七年文学"整体评价的思考》,《学术月刊》2007年第6期。

夏春涛:《50年来的太平天国史研究》,《近代史研究》1999年第5期。

谢泳:《胡适思想批判与〈胡适思想批判参考资料〉》,《开放时代》2006年第6期。

徐泓:《中国资本主义萌芽问题研究范式与明清社会经济史研究》,《中国经济史研究》2018年第1期。

徐显明:《〈文史哲〉与山东大学文科建设——〈文史哲〉创刊50周年献辞》,《文史哲》2001年第3期。

阎书钦:《民国时期社会科学理论体系构建的双重路径》,《史学理论研究》2020年第1期。

杨丹丹:《理论观念、创作方法与文学实践——马克思主义文论与新中国现实主义文学》,《文艺论坛》2019年第4期。

杨凤城、付吉佐:《新中国马克思主义史学发展历程研究(1949～1966)——基于对〈历史研究〉的考察》,《现代哲学》2020年第4期。

杨海燕:《脸谱化改写:"十七年"鲁迅接受的话语策略》,《齐鲁学刊》2011年第2期。

杨敏:《〈文史哲〉的1950年代:在学术与政治之间》,《中国新闻周刊》2011

年第44期。

杨师群:《明清城镇不存在资本主义萌芽——与欧洲中世纪城市的比较研究》,《浙江社会科学》2005年第1期。

杨师群:《再论明清资本主义萌芽问题是伪命题——答曹守亮》,《浙江社会科学》2006年第6期。

叶建:《近代报刊媒介与中国马克思主义史学的发展》,《出版科学》2017年第4期。

易竹贤:《六十年来鲁迅研究工作评介》,《江汉论坛》1981年第3期。

禹权恒、陈国恩:《政治规训与形象书写——1950年代新文学史著中的鲁迅》,《山西大学学报》(社会科学版)2013年第3期。

袁良骏:《建国之初鲁迅研究的新开拓、新侧面》,《河北学刊》1986年第6期。

臧知非:《制度设计与农民历史命运——农民战争史研究视角问题琐议》,《史学月刊》2005年第7期。

张广志:《中国古史分期讨论七十年》,《文史知识》2005年第10期。

张洪军:《孙昌熙先生研治鲁迅和现代文学的成就》,《文史哲》2011年第5期。

张少鹏:《建国初期知识分子与思想改造运动》,《湖北大学学报》(哲学社会科学版)2010年第3期。

张越:《"五朵金花"问题再审视》,《中国史研究》2016年第2期。

张越:《浅论"五朵金花"的理论成就和学术意义》,《史学史研究》2011年第3期。

张越:《新中国建立后十七年"中生代"史家群体与马克思主义史学》,《史学理论研究》2012年第2期。

张忠纲、赵睿才:《20世纪杜甫研究述评》,《文史哲》2001年第2期。

郑大华:《要重视对民国学人群体的研究》,《史学理论研究》2020年第1期。

郑临川:《闻一多先生说唐诗(下)——纪念一多师诞生八十周年》,《社会科学辑刊》1979年第5期。

郑庆笃:《杜甫研究论文综述(1950~1976年)》,《文史哲》1987年第1期。

仲伟民:《资本主义萌芽问题研究的学术史回顾与反思》,《学术界》2003年第 4 期。

朱春龙:《“旧史家”与“五朵金花”的讨论(1949～1966)》,《史学理论研究》2015 年第 2 期。

朱洪涛:《1955 年上海市高教界批判胡适的相关情况》,《粤海风》2018 年第 3 期。

朱文华:《鲁迅研究史的六个阶段》,《江汉论坛》1982 年第 1 期。

左玉河:《民国学术研究的体制化及其局限性》,《史学理论研究》2020 年第 1 期。

(二)报纸文章

茅盾:《学习鲁迅与自我改造》,《人民日报》1949 年 10 月 19 日。

翦伯赞:《怎样研究中国历史》,《新建设》1950 年 11 月 2 日。

《纪念太平天国革命百周年》,《人民日报》1951 年 1 月 11 日。

《〈实践论〉开辟了我们学术革命的思想道路》,《人民日报》1951 年 2 月 16 日。

《学习鲁迅,坚持思想斗争》,《人民日报》1951 年 10 月 19 日。

胡绳:《我们要向鲁迅学习什么?》,《人民日报》1951 年 10 月 20 日。

范文澜:《科学工作者应怎样展开“新我”对“旧我”的斗争——在中国科学院研究人员学习会上的讲话》,《人民日报》1952 年 1 月 11 日。

《继承鲁迅的革命爱国主义的精神遗产——纪念鲁迅逝世十六周年》,《人民日报》1952 年 10 月 19 日。

钟洛:《应该重视对〈红楼梦〉研究中的错误观点的批判》,《人民日报》1954 年 10 月 23 日。

王若水:《清除胡适的反动哲学遗毒——兼评俞平伯研究红楼梦的错误观点和方法》,《人民日报》1954 年 11 月 5 日。

吴晗:《关于中国资本主义萌芽的一些问题——在北京大学历史系所作的报告》,《光明日报》1955 年 12 月 22 日。

余冠英:《读“中国文学史稿”》,《人民日报》1956 年 6 月 6 日。

《伟大的作家,伟大的战士》,《人民日报》1956 年 10 月 19 日。

《争取文学艺术的更大跃进》,《人民日报》1958 年 9 月 30 日。

德朋、洪源、苗家生:《展望新世纪中国史学发展趋势》,《光明日报》2001 年

10月2日。

尤小立:《对“胡适思想批判”运动的两种忏悔》,《南方都市报》2011年6月3日。

王大建:《王仲荦、何兹全先生与魏晋封建论》,《中华读书报》2012年12月12日。

许纪霖:《读书人的面子》,《东方早报·上海书评》2013年6月30日。

李长银:《“两个小人物”致函〈文艺报〉事件真相再探》,《中华读书报》2014年5月14日。

张越:《正视“五朵金花”的当代价值》,《中国社会科学报》2014年5月30日。

苏全有:《为民国学术热降降温、消消毒》,《中国社会科学报》2014年12月8日。

周广璜、王静:《〈文史哲〉与中国古典小说研究》,《中华读书报》2015年3月4日。

李方祥:《被禁锢的民国“学术自由”》,《中国社会科学报》2015年3月13日。

葛剑雄:《被高估的民国学术》,《文汇报》2015年10月17日。

吴中胜:《抗战时期的“杜甫热”》,《光明日报》2015年11月30日。

姚正平:《从普通读书人的史地知识看民国学术》,《中国社会科学报》2016年11月10日。

汪朝光、杨瑞、薛其林:《高估民国学术有失科学理性》,《中国社会科学报》2017年3月28日。

屈宁:《十七年史学期间农战史研究争鸣》,《中国社会科学报》2018年7月10日。

王学典:《学术上的巨大转型:人文社会科学40年回顾》,《中华读书报》2019年1月2日。

陈峰:《顾颉刚:跟随马克思主义者的足迹前进》,《光明日报》2021年3月15日。

(三)学位论文

白佳玉:《赵俪生的农民战争史研究》,河南大学硕士学位论文,2020年。

陈宁:《一体与异质——阶级论思维及其对十七年文学批评中异质理念的批判》,山东师范大学博士学位论文,2011年。

陈扬:《“〈红楼梦〉研究批判”之研究》,南京大学博士学位论文,2015年。

段晓亮:《郑天挺史学研究》,南开大学博士学位论文,2014年。

盖志芳:《〈历史研究〉(1954～1966)研究》,山东大学博士学位论文,2010年。

谷学峰:《1958年“史学革命”研究》,山东大学博士学位论文,2011年。

胡现岭:《胡绳史学研究》,南开大学博士学位论文,2009年。

胡一峰:《中国“社会发展史”话语考论(1924～1950)》,清华大学博士学位论文,2012年。

蒋海升:《“西方话语”与“中国历史”之间的张力——以“五朵金花”为重心的探讨》,山东大学博士学位论文,2006年。

李凌翔:《新中国的旧史学——建国初期的中国历史学与现代实证传统》,山东大学博士学位论文,2008年。

齐山德:《苏联时期史学研究述论》,吉林大学博士学位论文,2010年。

王洁:《建国后十七年文学与政治文化之关系研究》,南京师范大学博士学位论文,2003年。

朱春龙:《“初入新境”的学术之路——新中国“十七年”间“旧史家”与马克思主义史学》,北京师范大学博士学位论文,2015年。

后　记

大概没有哪一份学术刊物像山东大学的《文史哲》一样对一个大学的存在具有非同寻常的意义，与大学的名字如此紧密地联系在一起。《文史哲》杂志已经成为山东大学的一个学术地标、一个文化品牌。多数综合性大学的人文学科都有文学院、哲学院、历史学院等机构设置，但拥有一份有广泛影响力的学术刊物的却寥寥无几。《文史哲》在很大程度已经成为山东大学人文学科的一个代名词，也是山东大学的骄傲。但《文史哲》成功的关键不在于它为所在的大学做了什么，而在于它与共和国学术建立了血肉相连的关系，一度成为早期共和国学术的弄潮儿。《文史哲》杂志诞生和成长于从民国学术向共和国学术的转型时代，不但是这场学术转型的亲历者和见证者，而且曾充当了推动者和引领者。《文史哲》杂志既载入了这一段学术史，又堪为这一段学术史的代表。

2021年是《文史哲》杂志的70华诞，庆典活动的筹备在2020年春就已提上日程，尽管当时还笼罩在新冠肺炎疫情防控的紧张氛围中。其中一项工作是编辑出版《〈文史哲〉与共和国人文学术七十年书系》，其主体部分包括《〈文史哲〉与中国人文学术编年（1951～2021）》和《〈文史哲〉与中国人文学术七十年（1951～2021）》两部书稿。前者由儒学高等研究院的郭震旦老师承担，后者由编辑部的李梅、邹晓东两位老师和我共同完成。全书大致以时间为序分为三编，我负责第一编20世纪50年代部分。编辑部数次开会商讨写作提纲，初步确定后，各部分作者立即进入实战状态。

对于写作这样一部书稿，我有一个基本认识，不能仅仅写成一份刊物的成长史，而要与校史、学术史密切结合起来。追寻刊物的历史沧桑、总结办刊的经验得失,仅仅体现了一种编辑的眼光,尽到了一个期刊人的职责。要对《文史哲》杂志做出准确到位的总结评价,不能缺少学术史的视角。必须将《文史哲》置于中国现代学术演变的大脉络、大趋势中进行观察评估,着眼于作为载体平台的《文史哲》与中国现代学术的互动,使《文史哲》的历史不仅呈现为一份期刊的历史,更呈现为一段学术变迁的历史,一种新的学术范式形塑的历史。也就是说,研究对象是刊物,研究的视角方法则是学术史的。这也正契合了《文史哲》本身具有学术史价值这一特点。

为《文史哲》杂志做学术传记可能是70周年庆典活动中最具学术意义的节目了,作为《文史哲》的一名普通的作者、读者,我能够参与其中,深感荣幸和喜悦。我所承担的这一段落既是《文史哲》的初创期,又是《文史哲》的辉煌期。我深感责任重大,决心全力以赴。首先借助郭震旦老师编纂的《〈文史哲〉与中国人文学术编年(1951～2011)》了解《文史哲》的发展史,形成一个大体的认识轮廓。随后借来编辑部珍藏的《文史哲》杂志,逐页翻阅并随手做摘记,但进度并不理想。为保证按期交稿,我请当时已经录取为博士生但尚未正式入学的董彩云同学参加工作。董彩云的硕士论文是研究《光明日报》史学专刊与新时期史学发展的,在报刊研究方面已经具备了较好的基础。董彩云欣然接受,开始按照拟定的提纲着手撰写。我则继续浏览刊物做摘记。直到2020年底,初稿大体完成。我根据所做摘记又核查一遍,确保不出现重要遗漏。随后我重点改写了引言和结语,并完成后期的统稿工作。

书稿初步完成后,仅我负责的部分就已逾20万字,作为第一编显然篇幅过大,与其他两编不平衡,于是主动压缩到10万字。进行压缩时,删除的文字并非毫无学术价值,而更多的是顾及全书整体风格的协调一致。主持全套丛书编辑出版的王学典先生提出,此部分具有相对的独立性、重要性,20万字的原稿可以单独成书,作为丛书之一出版。于是,这部分书稿有了以完整面目付梓的机会。

这部书稿能够面世,首先要感谢我的导师、《文史哲》杂志主编王学典先生。他为我参与这项有意义的工作提供了机缘,在思路框架上进行了重要指导,并慨然应允此书稿单独出版。其次要感谢编辑部的刘京希、李扬眉、孙齐诸位学者型编辑，他们在提纲和初稿的讨论中奉献智慧，带来灵感。还要感谢合作者编辑部的李梅、邹晓东两位老师，我们之间的相互鼓励鞭策成为完成这一工作的重要动力。最后感谢博士生董彩云同学，她在整部书稿的撰写中实际承担了大部分工作量，任务最为繁重，没有她的援手，书稿不可能如期完成。

2021年春夏之交，《文史哲》杂志再度站上了风口，引起期刊界、学术界乃至意识形态领域的瞩目。我们期待、祝愿今后《文史哲》杂志不但推出更多精品力作，而且在学风塑造、学术生态改良上有更大作为，有更不凡的表现，成为学术期刊界的常青树。

陈 峰

2021年6月于济南